高等院校经济管理系列精品教材

华侨华人留学生高等教育系列精品教材

21世纪的网络营销
——理论与方法

21 SHIJI DE WANGLUO YINGXIAO

主编◎ 胡矗明　叶生洪　周　密　陈　倩

暨南大學出版社
JINAN UNIVERSITY PRESS
中国·广州

图书在版编目（CIP）数据

21世纪的网络营销：理论与方法/胡矗明，叶生洪，周密，陈倩主编．—广州：暨南大学出版社，2012.10

（高等院校经济管理系列精品教材）

ISBN 978-7-5668-0206-4

Ⅰ.①21… Ⅱ.①胡…②叶…③周…④陈… Ⅲ.①网络营销—研究 Ⅳ.①F713.36

中国版本图书馆CIP数据核字（2012）第090368号

出版发行：暨南大学出版社

地　址：中国广州暨南大学
电　话：总编室（8620）85221601
营销部（8620）85225284　85228291　85228292（邮购）
传　真：（8620）85221583（办公室）　85223774（营销部）
邮　编：510630
网　址：http：//www.jnupress.com　http：//press.jnu.edu.cn

排　版：广州市天河星辰文化发展部照排中心
印　刷：湛江日报社印刷厂

开　本：787mm×1092mm　1/16
印　张：12.75
字　数：321千
版　次：2012年10月第1版
印　次：2012年10月第1次
印　数：1—2000册

定　价：25.00元

目　录

前 言

互联网从1990年问世以来，发展迅猛，尤其是2000年以后，其应用范围扩展到了人类社会的各个领域。如今，对任何一个企业来说，借助现代信息技术和互联网有效地开展市场营销，寻觅和挖掘潜在的商机，扩大自己的市场，建立和确保其所处行业中的领先优势，已是一个迫切需要思考的问题。因此，全面了解网络营销理论知识，掌握网络营销的工具和方法并应用于实践活动，已成为众多管理者的自觉行为。

网络营销，是一门新兴的研究网上营销活动运行及其规律的综合性学科，其产生是有一定理论基础的，同时又具有极强的实践特色。本书在借鉴国内外同行已有研究成果的同时，结合在线市场的发展现状，对网络营销的理论和实践两方面都做了系统的介绍和探讨。此外，本书的特点主要体现在以下两个方面：

其一，“授人以鱼不如授人以渔”。本书更注重告诉读者究竟什么是网络营销，网络营销从哪些方面区别于传统营销，如何更深刻地理解网络营销的核心理念，从而有效地发挥传统营销的特长，以及如何有战略、有步骤地开展网络营销。至于具体的网络营销方法，则放在相应的营销策略篇章中介绍，如 Web2.0 章节中的理论阐述与实践方法的统一。这样读者在学完本书后，对网络营销的认识不会仅仅局限于搜索引擎营销、E-mail 营销等具体方法，而是能灵活地运用网络营销的理念与思维框架，发现并创造新的网络营销技巧。

其二，体例新颖、案例丰富。在篇章结构安排方面，本书没有试图对网络营销的各个方面事无巨细、面面俱到地阐述，而是精心组织庞杂的网络营销内容，将其纳入营销理论的框架中，为读者提供清晰的阅读思路。每章在导入正式内容之前，都有学习目标模块的设计，让读者对所学知识有较清晰的了解，且对学习任务有较具体的规划。之后是相关案例的引入，以此来吸引读者对本章内容的关注，激发他们的学习兴趣并启发其思考。引入案例丰富生动，内容取材于各个不同行业，涉及近年来网络营销的最新进展。如全球领先的综合性网上购物中心——当当网，专业的综合性网上购物商城——京东商城，中国最大、最全的分类信息网站——赶集网等。这些案例不只是宣扬了当代电商的成功，更多的是呈现电商们在发展过程中所遇到的困惑和选择，让读者更切实地理解网络营销。不论是大型企业，还是一般的创业者，都要面对同样的网络规则，同样要去寻找或创造商机，并发展壮大。而正文后的本章小结与思考题又再次帮助读者梳理与回顾本章主要内容，加强学习效果。

总之，本书无论在内容上，还是在编排体系上，都希望能够体现网络营销这门学科的特点，即理论性与实践性的统一。本书可以作为大学本科及大中专院校学生的学习辅助教材，也适合在网络上销售产品或提供服务的企业管理人员、准备制订网络计划和投入网络环境的决策人员。

胡矗明

2012年3月21日

1 网络营销概论

学习目标

1. 了解网络营销兴起的基础
2. 掌握网络营销的相关理论
3. 了解网络营销常用的工具和方法

本章结构图

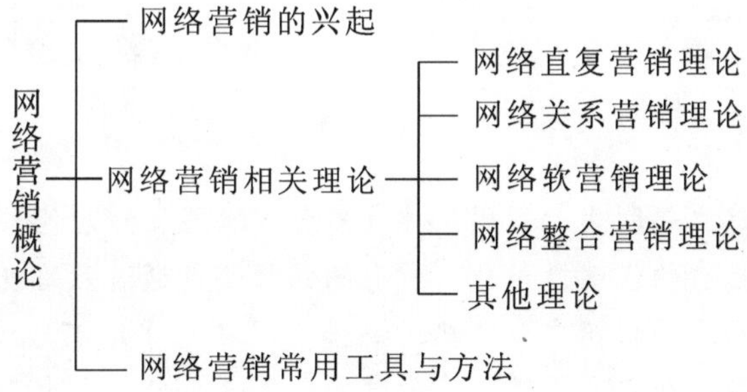

引 例

亚马逊网络战略："伙伴计划"让人人为我挣钱

在电子商务占主导地位的现代经济生活中，即使无所不能的企业也不可能全凭自己的力量发展且保持发展速度。因为在线顾客要求高度个性化的服务，没有哪家公司能够以一己之力满足这么多具体而微的要求。亚马逊网上书店尝试用一种解决方法应对这一挑战，这个方法就是提供机会给其他公司，让他们成为自己的伙伴。事实证明，同在传统媒体上一掷千金做广告的营销手段相比，亚马逊的做法更持久，也更加符合网络的特性。

亚马逊的法宝"伙伴计划"（Affiliate Program），就是建立网站之间的一种合作关系。发展计划的网站被称为"赞助商"，而加入计划的网站被称为"目标网站"。以亚马逊书店为例，它向加入计划的企业会员表示："我们创建网络商店的经验将帮助你建立一流的网络商店。加入伙伴计划，你将能像亚马逊一样快速成长。"并将如何加入伙伴计划的信息刊登在亚马逊网站上。加入这项计划不仅能分红，会员网站本身仍能保留原来的顾客群，且不需付任何费用。亚马逊于1996年开始首先在网上实施这项计划。它允许其他人在自己的网站上摆放亚马逊书店及其出售产品的图标，顾客通过点击这些图标进入亚马逊网站，接着，当然就是购买。亚马逊书店将每笔交易的15%提成给为他们带来客户的网站。据不完全统计，伙伴计划在零售方面取得了约13%的相关交易。这种计划既高效，又具有非常大的灵活性。

亚马逊网上书店建立起联盟，联盟伙伴注册加入联盟，然后他们就能因其为亚马逊书店带来的销售而得到后者的报偿性付款。所有的销售都是通过网络点击及旗帜广告链接取得的。伙伴计划令亚马逊的旗帜广告及热门链接出现在几乎所有最受欢迎的搜索引擎上，更有成千上万家独立网站与亚马逊链接。伙伴计划的会员包括大大小小的网站，如音乐网站、出版网站等，还有像雅虎这样的大型门户网站。加入计划的网站甚至包括亚马逊的直接竞争对手（同样出售书籍、音乐和影像制品等）。对亚马逊而言，与其他网站结盟将为它的网络商店带来更多人潮。该公司的优惠计划在让小型独立书商和音乐制作公司能够进入主要销售渠道的同时，也丰富了亚马逊销售的商品内容。亚马逊把网络社区效应发挥得淋漓尽致。这个效应是如何显现的呢？举例来说，某位顾客醉心于古董老爷车，自行创办了一个“老爷车网站”，以便与同好交换心得及信息。这家名不见经传的网站一旦连上赫赫有名的亚马逊网站，日后如果有爱好古董车的网民经由这个渠道在亚马逊购买任何一本书，“老爷车网站”的拥有者就可以抽取高达15%的买卖佣金。这个自助方式再简单不过，任何人都可以充当中间抽成的老板，成为亚马逊的“关系企业”。

伙伴计划的实行，使得亚马逊网站成为公认的互联网上的龙头网站。亚马逊创始人杰夫·贝索斯说：“我的目标是尽可能地使顾客能够在网上以最低的价格、凭最好的服务找到想要的商品。这并不表示我们自己经手直接贩卖，但是我们会与其他从业者成为伙伴共同经营。”其实建立网络伙伴关系，从一开始就是贝索斯经营壮大策略的重要一环。亚马逊书店深刻地了解合作伙伴可能对电子商务产生的影响。亚马逊并不一味地追求让世界上的每个人都来访问他们的网站，相反，它将精力集中在怎样让其他人能主动参与到交易中来。它的伙伴发展计划中，现已有超过5万名的成员。通过这种手段，亚马逊书店建立了另一种形态的忠诚，并让其他人尽心竭力地通过自己的网站来宣传相关的亚马逊书店中的商品。

如今亚马逊选择伙伴的标准，可以大致归纳为以下几项：满足市场的需求；使客户得到最大满意度；与自己的解决方案互补；占领更多的市场份额；最后，还要符合自己的战略发展目标。

（资料来源：DO News TMT 社交媒体，http：//home. donews. com/donews/article/4/46308. html，案例有修改）

21世纪，人类社会迅速进入数字化时代，电子商务改变着工业化社会传统的、物化的营销模式。互联网对于传统的市场营销最具有革命性的影响就在于缩短了生产与消费之间的距离，减少了商品流通环节，消费者可以直接操纵鼠标在网上完成购买行为。网络与经济的紧密结合，推动市场营销走入了崭新的阶段——网络营销阶段。

从营销的角度定义网络营销：网络营销是企业整体营销战略的一个组成部分，是建立在互联网基础之上、借助于互联网的特性来实现一定营销目标的一种营销手段。网络营销不是市场营销的简单延伸，网络虚拟市场有别于传统市场，其竞争游戏规则和竞争手段发生了根本性的改变。它带给人们一个充满创造性和想象力的世界，带给社会的效益在目前是无法估量的，它带给网络营销学习者丰富多彩的新知识，既充满挑战而又富于诱惑力。

1.1 网络营销的兴起

20世纪90年代初，Internet的飞速发展在全球范围内掀起了因特网应用热潮，世界各大公司纷纷利用因特网提供信息服务和拓展公司的业务范围，并且按照因特网的特点积极改组企业内部结构和探索新的营销管理方法，网络营销应运而生。

1994年10月27日，美国著名的*Hotwired*杂志推出网络版*Hotwired*，其主页上开始有AT&T等14个客户的广告Banner，这被认为是网络营销的开始。其后，亚马逊公司于1995年上线运营，开始时在网上售书，之后很快扩展到销售其他各类商品，包括音乐CD、录像带、软件、消费电子产品、厨房用品、玩具、电子游戏产品、婴儿用品、卫生保健用品等。同年成立的eBay开创了一种新的销售模式——限时竞拍。eBay只提供一个平台，由消费者自行相互进行交易，并鼓励通过第三方平台（PayPal）进行支付。这一切标志着网络营销的兴起。

网络营销带来了一场营销观念的革命。它的出现促使企业积极利用新的技术和手段来改变企业的经营理念、经营组织、经营方式和经营方法，为企业提供了适应全球网络技术发展与信息网络社会变革的新技术和新手段，是现代企业跨世纪的营销策略。网络营销的兴起有其在特定条件下的技术基础、观念基础和现实基础，是多种因素综合作用的结果。

1.1.1 技术基础

网络营销的技术基础主要是以计算机网络技术为代表的信息技术。计算机网络是现代通信技术与计算机技术相结合的产物，它把分布在不同地理区域的计算机与专门的外部设备用通信线路互联成一个规模大、功能强的网络，从而使众多的计算机可以方便地互相传递信息，共享硬件、软件、数据信息等资源。与网络营销密切相关的计算机网络主要有三种：互联网、外联网以及内联网。

1.1.2 观念基础

当今企业正面临前所未有的激烈竞争，市场正从卖方向买方转变，消费者主导的营销时代已经来临。在买方市场上，消费者将面对更为纷繁复杂的商品和品牌选择，这一变化使当代消费者的心理与以往相比呈现出以下的特点和趋势：

1. 个性化消费的回归

消费者以个人心理愿望为基础挑选和购买商品或服务，心理上的认同感是做出购买决策的先决条件，以商品供应千姿百态为基础的单独享有成为社会时尚。

2. 消费主动性增强

消费者对购买的风险感随选择的增多而上升，而且对传统营销单向的“填鸭式”沟通感到厌倦和不信任。网络时代商品信息获取的方便性，促使消费者主动通过各种可能的途径获取与商品有关的信息并进行分析比较，以减少购买风险。

3. 对购物方便性的需求与购物乐趣的追求并存

如今人们的工作压力愈益增大，生活节奏加快，普遍以购物的方便性为目标，追求时间和劳动成本的尽量节省，特别是对于某些品牌的消费已经形成固定偏好，一些消费者更是如此，而网络消费的便捷性迎合了他们的需要；与此同时，另一些消费者则由于劳动生产率的提高，增加了其可供支配的时间，比如自由职业者或家庭主妇，希望通过购物来消遣时间和寻找生活乐趣，而网络消费正好能使他们保持与社会的联系，减少心理孤独感，满足他们的心理需求。

4. 价格依然是影响消费心理的重要因素

营销活动的组织者总是通过各种营销手段以各种差别化来减弱消费者对价格的敏感度，避免恶性价格竞争，但价格始终对消费心理有重要影响。即使在先进的营销技术面前，价格的作用仍旧不可忽视。当价格变化幅度超过消费者的心理预期时，消费者难免会改变既定的购物原则。

消费者价值观的改变，是使人们普遍接受网络营销的重要基础，为网络营销提供了普及的可能。网络营销则从不同的方面满足了消费者价值观的变化。

5. 网络营销以消费者为导向，强调个性化的营销

网络的最大特点在于以消费者为主导。消费者拥有比任何时候都更大的选择自由，他们可以根据自己的个性特点和需求在全球范围内找寻满意的商品和服务，不受时间和地域的限制。消费者进入自己感兴趣的企业网址或虚拟商店，随意获取产品的相关信息，决定

购买与否，使网络购物更显个性化。企业也可根据消费者反馈的信息和要求，通过自动服务系统提供特别服务。

6. 网络营销可以实现全程营销的互动性

营销的核心在于满足消费者的需求，企业必须实行全程的营销，即必须从产品的设计阶段就开始充分考虑消费者的需求和意愿，但是在实际操作中这一点往往很难做到，原因是消费者与企业之间缺乏合适的沟通渠道，沟通成本过高。但是在网络环境下，企业可通过电子公告栏和电子邮件等方式，以极低成本在营销的全过程中对消费者进行即时的信息搜集，消费者则有机会对产品从设计到定价和服务等一系列问题发表意见。这种双向互动的沟通方式提高了消费者的参与性和积极性，更重要的是它能使企业的营销决策有的放矢，从根本上提高消费者满意度。

7. 网络营销可提高消费者的购物效率

信息社会生活的快节奏使消费者用于在商店购物的时间越来越短，因为人们越来越珍惜闲暇时间，越来越希望把闲暇时间用在一些有益于身心的活动上，并充分地享受生活。在传统的购物方式下，一个买卖过程的完成短则几分钟，长则数小时，加上为购买商品的往返路途和逗留时间，消费者为购买商品必须付出很多的时间和精力。而利用网络进行购买，消费者的购物效率提高很多。网络营销中消费者的购买过程如下：

售前：向消费者提供丰富生动的产品信息及相关资料（如质量认证、专家品评等），而界面友好清晰，易于操作。消费者可以在得出各种同类产品的性能价格比后，做出是否购买的决定。

售中：消费者无须驾车到很远的地方购物，交款时也无须排长队，最后也无须为联系送货而与商场工作人员交涉。在网上，一切都是那么简单迅速。坐在家里，即可逛虚拟的商店，用电子货币结算等。

售后：在商品使用过程中发现的问题，消费者可以随时与厂家联系，得到来自卖方及时的技术支持和服务。

8. 网络营销可以满足重视价格型消费者的需求

网络营销能为企业节省巨额的促销和流通费用，使产品成本和价格的降低成为可能。而消费者则可在全球范围内找寻最优惠的价格，甚至可绕过中间商直接向生产者订货，因而能以更低的价格实现购买。消费者迫切需要新的购买方式和服务，从而最大限度地满足自身需求。消费者价值观的这种改变，促使了网络营销的产生，而网络营销也正好在很大程度上满足了消费者的这种需求。

1.1.3 现实基础

网络营销产生的现实基础是商业竞争的日益激烈化。企业为了占取竞争优势，使出了浑身解数来吸引顾客。但市场竞争已不能仅依靠表层的营销手段的竞争，已经演变成更深层次的经营组织形式上的竞争。企业的经营者迫切地去寻找变革，以尽可能地降低商品在从生产到销售的整个供应链上所占用的成本和费用比例，缩短运作周期。企业开展网络营销，可以节约大量昂贵的店面租金，可以减少库存商品的资金占用，可以使经营规模不受场地限制，便于采集客户信息等，这些都能使企业经营的成本和费用降低，运作周期变短，从根本上增强企业的竞争优势。

1.2 网络营销相关理论

客观现实和技术基础是现有市场营销理论赖以生存和发展的根基。网络强大的通信能力和电子商务系统提供了便利的商品交易环境，改变了原有市场营销理论的根基。

在网络环境和电子商务中，信息的需求和传播模式发生了很大的变化。信息的传播由单向的传播模式逐步演变成一种双向的交互式的信息需求和传播模式，即在信息源积极地向用户展现自己信息产品的同时，用户也在积极地向信息源索要自己所需要的信息；同时，市场的性质也发生了深刻的变化，生产厂商和消费者可以通过网络直接进行商品交易，从而避开了某些传统的商业流通环节。另外，消费者参与企业营销的过程、市场的不确定因素减少，生产者更容易掌握市场对产品的实际需求。同时，网络和电子商务系统巨大的信息处理能力，为消费者挑选商品提供了空前规模的选择余地。

这些变化使得传统营销理论不能完全胜任指导网络营销的责任，但是网络营销仍然属于市场营销理论的范畴，它在强化了传统市场营销理论的同时，也提出了一些不同于传统市场营销的新理论。目前网络营销主要建立在以下一些基础理论之上。

1.2.1 网络直复营销理论

根据美国直复营销协会（ADMA）为直复营销下的定义，直复营销是一种为了在任何地方产生可度量的反应和（或）达成交易而使用一种或多种广告媒体的相互作用的市场营销体系。直复营销的“直”来自英文的“Direct”，即直接的意思，是指不通过中间分销渠道而直接通过媒体连接企业和消费者；直复营销中的“复”来自英文中的“Response”，即“回复”的意思，是指企业与顾客之间的交互。顾客对这种营销能够有一个明确的回复，企业可以统计到这种明确回复的数据，由此可以对以往的营销效果进行评价。“回复”是直复营销与直接销售的最大区别。网络作为一种交互式的可以双向沟通的渠道和媒体，它可以很方便地为企业与顾客之间架起桥梁，顾客可以直接通过网络订货和付款，企业可以通过网络接收订单、安排生产，直接将产品交付给顾客。

基于互联网的特点，互联网式的直复营销更加吻合直复营销的理念。这表现在以下四个方面：

第一，直复营销作为一种相互作用的体系，特别强调直复营销者与目标顾客之间的“双向信息交流”，以克服传统市场营销中的“单向信息交流”方式的营销者与顾客之间无法沟通的致命弱点。互联网作为开放、自由的双向式信息沟通渠道，企业与顾客之间可以实现直接的一对一的信息交流和直接沟通，企业可以根据目标顾客的需求进行生产和营销决策，在最大限度满足顾客需求的同时，提高营销决策的效率和效用。

第二，直复营销活动的关键是为每个目标顾客提供直接向营销人员反映的渠道，企业可以凭借顾客反应找出不足，为下一次直复营销活动做好准备。互联网的方便性、快捷性使得顾客可以方便地通过互联网直接向企业提出建议和购买需求，也可以直接通过互联网获取售后服务。企业也可以从顾客的建议、需求和要求的服务中找出企业的不足，按照顾客的需求进行经营管理，减少营销费用。

第三，直复营销活动中，强调在任何时间、任何地点都可以实现企业与顾客的“信息双向交流”。互联网的全球性和持续性的特性，使得顾客可以随时随地直接向企业提出要求和反映问题，企业也可以利用互联网实现低成本与顾客双向交流，跨越空间和突破时间限制。这是因为利用互联网可以自动地全天候提供网上信息沟通交流工具，顾客可以根据自己的时间安排任意上网获取信息。

第四，直复营销活动最重要的特性是直复营销活动的效果是可测定的。互联网作为最直接简单的沟通工具，可以很方便地为企业与顾客进行交易提供沟通支持和交易实现平台，通过数据库技术和网络控制技术，企业可以很方便地处理每一个顾客的订单和需求，而不用管顾客的规模大小、购买量的多少，这是因为互联网的沟通费用和信息处理成本非常低廉。因此，通过互联网可以实现以最低成本最大限度地了解和满足顾客需求，细分目标市场，提高营销效率和效用。

网络营销作为一种有效的直复营销策略，具有可测试性、可度量性、可评价性和可控制性。因此，利用网络营销这一特性，可以大大提高营销决策的效率和营销执行的效用。

1.2.2　网络关系营销理论

“关系营销”一词是1983年首先引入文献的，1985年巴巴拉·杰克逊就产业市场营销领域关系提出了这个概念。自20世纪90年代以来，关系营销的重要性越来越受到企业决策者的认同，得到了广泛的应用。关系营销理论主要包括两个基本点：首先，在宏观上认识到市场营销会对范围很广的一系列领域产生影响，包括顾客市场、劳动力市场、供应市场、内部市场、相关者市场，以及影响者市场（GVM、金融市场）；其次，在微观上认识到企业与顾客的关系不断变化，市场营销的核心应从过去简单一次性的交易关系转变到注重保持长期的关系上来。企业是社会经济大系统中的一个子系统，企业的营销目标要受到众多外在因素的影响，企业的营销活动是一个与消费者、竞争者、供应商、分销商、GVM机构和社会组织发生相互作用的过程，正确理解这些个人与组织的关系是企业营销的核心，也是企业成功的关键。

关系营销的核心是保持顾客，为顾客提供高度满意的产品和服务价值，通过加强与顾客的联系，提供有效的顾客服务，保持与顾客的长期关系，并在与顾客保持长期关系的基础上开展营销活动，实现企业的营销目标。实施关系营销并不是以损伤企业利益为代价的。根据研究，争取一个新顾客的营销费用是老顾客费用的五倍，因此加强与顾客关系并建立顾客的忠诚度，是可以为企业带来长远利益的，它提倡的是企业与顾客双赢策略。此外，根据“二八”定律，必须优先与创造企业75%～80%利润的20%～30%的那部分重要顾客建立牢固关系，他们是公司关系营销的宝贵财富。

互联网作为一种有效的双向沟通渠道，企业与顾客之间可以实现低费用成本的沟通和交流，它为企业与顾客建立长期关系提供了有效的保障。这是因为，首先，利用互联网，企业可以直接接收顾客的订单，顾客可以直接提出自己个性化的需求。企业根据顾客的个性化需求利用柔性化的生产技术最大限度满足顾客的需求，为顾客在消费产品和服务时创造更多的价值。企业也可以从顾客的需求中了解市场、细分市场和锁定市场，最大限度降低营销费用，提高对市场的反应速度。其次，利用互联网，企业可以更好地为顾客提供服务和与顾客保持联系。互联网的不受时间和空间限制的特性能最大限度方便顾客与企业进行沟通，顾客可以借助互联网在最短时间内以简便方式获得企业的服务。此外，通过互联网交易，企业还可以实现对整个从产品质量、服务质量到交易服务等过程的全程质量的控制。

另一方面，通过互联网，企业还可以实现与企业相关的企业和组织建立关系，实现双赢发展。互联网作为最廉价的沟通渠道，它能以低廉成本帮助企业与企业的供应商、分销商等建立协作伙伴关系。如联想电脑公司，通过建立电子商务系统和管理信息系统实现与分销商的信息共享，降低库存成本和交易费用，同时密切双方的合作关系。

1.2.3 网络软营销理论

软营销理论认为顾客在购买产品时，不仅要满足基本的生理需要，还要满足高层次的精神和心理需求。它是针对工业经济时代以大规模生产为主要特征的“强势营销”（无论是有直接商业利润目的的推销行为，还是没有直接商业目标的主动服务）提出的新理论。软营销和强势营销的一个根本区别就在于：软营销的主动方是消费者，而强势营销的主动方是企业。

软营销的一个主要特征是对网络礼仪的遵循，通过对网络礼仪的巧妙运用获得希望的营销效果。它强调企业在进行市场营销活动的同时必须尊重消费者的感受和体验，让消费者能舒服地主动接收企业的营销活动。传统营销活动中最能体现强势营销特征的两种促销手段是传统广告和人员推销。在传统广告中，消费者常常是被动被迫地接受广告信息的“轰炸”，它的目标是通过不断的信息灌输方式在消费者心中留下深刻的印象，至于消费者是否愿意接收、需要不需要则不考虑；在人员推销中，推销人员根本不考虑被推销对象是否愿意和需要，只是根据推销人员自己的判断强行展开推销活动。

在互联网上，由于信息交流是自由、平等、开放和交互的，强调的是相互尊重和沟通，网上使用者比较注重个人体验和隐私保护。因此，企业采用传统的强势营销手段在互联网上展开营销活动势必适得其反。如美国著名 AOL 公司曾经对其用户强行发送 E-mail 广告，结果招致用户的一致反对，许多用户约定同时给 AOL 公司服务器发送 E-mail 进行报复，结果使得 AOL 的 E-mail 邮件服务器处于瘫痪状态，最后不得不道歉以平息众怒。网络软营销恰好是从消费者的体验和需求出发，采取拉式策略吸引消费者关注企业来达到营销效果。在互联网上开展网络营销活动，特别是促销活动，一定要遵循一定的网络虚拟社区形成规则，有的也称为“网络礼仪（Netiquette）”。网络软营销就是在遵循网络礼仪规则的基础上巧妙运用营销策略以达到一种微妙的营销效果，正如丝丝春雨，“随风潜入夜，润物细无声”。

1.2.4 网络整合营销理论

整合营销是一种通过对各种营销工具和手段的系统化整合，根据环境进行即时性动态修正，以使交换双方在交互中实现价值增值的营销理论与营销方法。整个营销以市场为调节杠杆，以价值为联系纽带，以互动为行为模式，是现代企业面对动态复杂环境的有效选择。整合营销强调将营销中的各要素组合，使各种作用力统一方向，形成合力，共同为企业的营销目标服务。

整合营销有三方面含义：第一，传播资讯的统一性，消费者无论从哪种媒体所获得的信息都是统一的、一致的；第二，互动性，即企业与消费者之间展开富有意义的交流，能够迅速、准确、个性化地获得信息和反馈信息；第三，目标营销，即企业的一切营销活动都应该围绕企业目标来进行，实现全程营销。

1. 4P 理论

在传统市场营销策略中，由于技术手段和物质基础的限制，产品的价格、宣传和销售的渠道、商家（或厂家）所处的地理位置以及企业促销策略等就成了企业经营、市场分析和营销策略的关键性内容。美国密歇根州立大学的麦卡锡将这些内容归纳为市场营销策略中的 4P 组合，即产品（Product）、价格（Price）、渠道（Place）和促销（Promotion）。

传统的以 4P 理论为典型代表的营销理论的经济学基础是厂商理论，即利润最大化。所以 4P 理论的基本出发点是企业的利润，而没有把顾客的需求放到与企业的利润同等重要的位置上，它指导的营销决策是一条单向的链。而网络互动的特性使得顾客能够真正参与到整个营销过程中来，顾客不仅增强了参与营销过程的主动性，而且选择的主动性也得到加强，在满足个性化消费需求的驱动之下，企业必须严格地执行以消费者需求为出发点、以满足消费者需求为归宿的现代市场营销思想，否则，顾客就会选择其他企业的产品。所以，网络营销首先要求把顾客整合到整个营销过程中来，从他们的需求出发开始整个营销过程。这样，要求企业同时考虑顾客需求和企业利润。这是整合营销理论的第一个层面。

传统的 4P 理论并不是被抛弃了，因为企业仍然有利润要求，营销过程中的产品、价格等问题仍然存在。所以，传统的 4P 理论应该与以消费者为中心的 4C 理论很好地整合，逐步形成和完善网络营销中的整合营销理论，这是整合营销理论的第二个层面，即传统理论和现代理论的整合。

2. 4C 理论

以美国罗伯特·劳特朋学者为首的一批营销学者从顾客需求的角度出发研究市场营销理论，把消费者的需求放到了首位，提出了 4C 组合。其要点是：

第一，先不急于制定产品策略（Product），而以研究消费者的需求和欲望为中心，卖消费者（Consumer）想购买的产品。

第二，暂时把价格策略（Price）放到一边，而研究消费者为满足其需求所愿付出的成本（Cost）。

第三，忘掉渠道策略（Place），着重考虑怎样给消费者方便（Convenience）以购买到商品。

第四，抛开促销策略（Promotion），着重加强与消费者的沟通和交流（Communication）。

也就是说，4P 反映的是销售者关于能影响购买者的营销工具的观点。从购买者的观点来看，每一种营销工具都是为了传递顾客利益（即所谓的 4C）。企业关于 4P 的每一个决策都应该给顾客带来价值，否则，这个决策即使能达到利润最大化的目的也没有任何用处，因为顾客在有很多商品选择余地的情况下，他不会选择对自己没有价值或价值很小的商品。但反过来讲，企业如果从4P对应的4C出发（而不是从利润最大化出发），在此前提下寻找能实现企业利益最大化的营销决策，则可能同时达到利润最大和满足顾客需求两个目标。所以，这应该是网络营销的理论模式：营销过程的起点是消费者的需求；营销决策（4P）是在满足4C要求的前提下的企业利润最大化；最终实现的是消费者需求的满足和企业利润最大化。

由于消费者个性化需求得到了较好的满足，在他第二次需求该产品时，会对企业的产品、服务产生偏好，会首先选择企业的产品和服务，随着这两轮的交互，产品和服务可能更好地满足其需求。如此循环往复，一方面，顾客的个性化需求不断得到越来越好的满足，建立起对企业产品的忠诚意识；另一方面，由于这种满足是针对差异性很强的个性化需求，就是说其他企业的进入壁垒变得很高。我们把上述这个理论框架称为网络整合营销理论，体现以顾客为出发点及企业和顾客不断交互的特点。

1.2.5 其他理论

1.2.5.1 长尾理论

“长尾”（The Long Tail）这一概念由美国《连线》杂志主编Chris Anderson在2004年10月的《长尾》一文中最早提出，用来描述诸如亚马逊和Netflix之类网站的商业和经济模式。长尾术语也普遍使用于统计学中，如对词汇应用的统计。长尾理论的基本原理是，只要产品的存储和流通的渠道足够大，需求不旺或销量不佳的产品所共同占据的市场份额就可以和那些少数热销产品所占据的市场份额相匹敌甚至更大，即众多小市场汇聚可产生与主流相匹敌的市场能量。也就是说，企业的销售量不在于传统需求曲线上那个代表“畅销商品”的头部，而是那条代表“冷门商品”经常为人遗忘的长尾。

根据国内外研究者发布的与用户检索信息相关的部分研究，长尾理论对用户的关键词检索行为及效果转化有很好的解释，对制定有效的搜索引擎营销策略具有积极意义。比如，用户通过搜索引擎检索的所有关键词中，50%的关键词产生了80%的访问量。是不是另外20%的访问量就不值得花费精力关注了？新竞争力网络营销管理顾问的研究认为，事实可能正好相反，因为另外仅带来20%访问量的关键词转化率可能更高。这与Pareto提出的“二八”定律所解释的含义是截然不同的。长尾理论中，“尾巴”的作用是不能忽视的，经营者不应该只关注头部的作用。长尾理论已经成为一种新型的经济模式，被成功应用于网络经济领域。

例如，Google有效地利用了长尾策略。数以百万计的小企业和个人，此前他们从未打过广告，或从没大规模地打过广告。他们小得让广告商不屑，甚至连他们自己都不曾想过可以打广告。Google把广告这一门槛降下来了：广告不再高不可攀，它是自助的、价廉的、谁都可以做的；另一方面，对成千上万的Blog站点和小规模的商业网站来说，在自己的站点放上广告已成举手之劳。Google的AdWords广告使得无数中小企业都能自如地投放网络广告，而传统的网络广告投放只是大企业才能涉足的领域。AdSense因此汇聚了成千上万的中小企业和中小网站，这些中小企业代表了一个巨大的长尾广告市场。其产生的巨大价值和市场能量足以抗衡传统网络广告市场。如果Google只是将市场的注意力放在20%的大企业身上，就很难创造现在的辉煌了。此外，亚马逊网络书店的图书销售额中，有1/4来自排名10万以后的书籍。这些“冷门”书籍的销售比例正以高速成长，预计未来可占整个书市的一半。其实还有很多，诸如维基百科、Netflix等。“长尾”一直深刻地影响着全球各地互联网业的发展。

长尾理论对于搜索引擎营销中的关键词策略非常有用。虽然少数核心关键词或通用关键词可以为网站带来可能超过一半的访问量，但那些搜索人数不多然而非常明确的关键词的总和，即长尾关键词同样能为网站带来可观的访问量，并且这些长尾关键词检索所形成的顾客转化率更高，往往大大高于通用关键词的转化率。比如，一个利用通用词汇“律师”进行检索到达网站访问者与一个搜索“北京遗产律师”到达网站的访问者相比，后者更加容易转化成该网站的客户。把注意力完全集中在少数热门关键词上是远远不够的，何况利用搜索引擎关键词检索的行为研究表明：大部分用户并不仅用一个词汇进行检索，为了获得更为准确的检索效果，往往采用2～3个关键词组合来搜索，有些用户甚至采用5个以上词汇的组合，这些多词汇组合往往就是关键词“长尾”的主要组成部分。

1.2.5.2　精准营销理论

精准营销就是在精准定位的基础上，依托现代信息技术手段建立个性化的顾客沟通服务体系，实现企业低成本可持续发展之路。

精准营销的核心思想就是通过可量化的精确的市场定位技术突破传统营销定位只能定性的局限；借助先进的数据库技术、网络通信技术及现代高度分散物流等手段保障和顾客的长期个性化沟通，使企业摆脱繁杂的中间渠道环节及对传统营销模块式营销组织机构的依赖，实现个性关怀，降低营销成本，同时使营销达到可度量、可调控等精准要求；摆脱传统广告沟通的高成本束缚，使企业低成本快速增长成为可能；运用系统手段保持企业和客户的密切沟通互动，从而不断满足客户个性需求，建立稳定的企业忠实顾客群，实现客户链式反应增值，从而达到企业的长期稳定高速发展的需求。

1. 精准的市场定位

市场的区分和定位是现代营销活动中关键的一环。只有对市场进行准确区分，才能保证有效的市场、产品和品牌定位。通过对消费者的消费行为的精准衡量和分析，建立起相应的数据体系，再通过数据分析进行客户优选，并通过市场测试验证来区分所做的定位是否准确有效。对一个大规模上市的产品投入很少的测试费用就可以知道上千万投入的效果。这就是精准定位的魅力。

2. 与顾客建立特定的沟通

从精准营销的字面上，大家就可以看到它采用的不是大众传播，它要求的是精准。这种传播大概有以下几种形式：DM（Direct Mail，直邮广告）、EDM（Electronic Direct Mail，电子直邮）、直返式广告、电话、短信、网络推广等。

3. 建立一对一营销的集成销售体系

精准营销的销售组织包括两个核心组成部分：精准营销颠覆了传统的框架式营销组织架构和渠道限制，它必须有一个全面可靠的物流配送及结算系统，例如赢家同盟在精准营销的实践中借助国家邮政网络来实现货物配送及货款结算。另一个是顾客个性沟通主渠道，即呼叫中心（Call Center）。传统营销关心的是市场份额，而精准营销关心的是客户价值和增值。精准营销的运营核心是CRM。Call Center是通过网络技术和电话建立起来的实现和顾客一对一沟通的平台，它的主要职能是处理客户订单、解答客户问题、通过客户关怀来维系客户关系。精准营销摆脱了传统营销体系对渠道及营销层级框架组织的过分依赖，实现一对一的营销。

4. 提供个性化的产品

与精准的定位和沟通相适应，只有针对不同的消费者、不同的消费需求，设计、制造、提供个性化的产品和服务，才能精准地满足市场需求。个性化的产品和服务在某种程度上就是定制。以戴尔为例：计算机本身标准化很高，要全方位地满足客户对计算机性能、外观、功能和价格等各方面的综合需求，相对比较容易。通过综合运用先进的供应链管理、流程控制、呼叫中心、电子商务等多种手段，戴尔能够实现按需生产，即大规模定制。而对于其他标准化程度不高、客户需求更加复杂，既要实现大规模生产，实现成本最优，又要适应日益差异化的客户需求，就必须有选择地满足能够实现规模和差异化均衡的客户需求。通过精准定位、精准沟通找到并“唤醒”大量的、差异化的需求，通过个性化设计、制造或提供产品、服务，才能最大限度地满足有效需求，获得理想的经济效益。

5. 顾客增值服务体系

精准营销最后一环就是售后客户保留和增值服务，提供客户需要的、销售协议之外的服务。对于任何一个企业来说，完美的质量和服务只有在售后阶段才能实现。同时，营销界一般认为，忠诚顾客带来的利润远远高于新顾客。只有通过精准的顾客服务体系，才能留住老顾客，吸引新顾客，达到顾客的链式反应。

1.2.5.3 网络价值理论

网络创造了强大的用户价值的新来源。这种价值超出了摩尔定律（相同表面积的情况下能容纳两倍的元件以产生两倍的能力）所预言的原始计算能力的加速度。网络将产生新的商业机会，并创造新的产业。

当网络被普遍应用时，网络就会变得非常有价值。即一个网络的价值以该网络规模的平方为速度开始增加。网络规模和网络价值之间的这种关系就叫做梅特卡夫（Metcalfe）定律。

梅特卡夫定律把互联网看做是一个通信媒介、一个用于与其他参与者交换信息的网络。该定律认为，当有更多人参与时，一个网络的价值就会迅速增加。梅特卡夫定律不像摩尔定律那样来自于一种工程结果的统计。更恰当地说，它诞生于通信逻辑。当通信有价值时，一个新的用户就为每一个在网络上想要进行通信的人创造了价值。新用户创造价值是梅特卡夫定律的中心。如果只有两个人，则只可能有一次沟通。有三个人，就有三次沟通。如果增加5~6个人时，沟通数量开始加速。梅特卡夫指出，一个网络的价值以该网络规模的平方为速度的量值增加。

梅特卡夫定律定量地揭示了沟通中个别参与者与团队网络价值的关系，也很好地解释了网络价值、网站价值形成的根本原因。

1.3 网络营销常用工具与方法

网络营销职能的实现需要通过一种或多种网络营销工具与方法。下面简要介绍几种常用的网络营销工具与方法，其中一些方法会在之后的章节中详细展开。

1. 搜索引擎营销

SEM 是 Search Engine Marketing 的缩写，中文意思是搜索引擎营销。SEM 是一种新的网络营销形式。SEM 所做的就是全面而有效地利用搜索引擎来进行网络营销和推广。SEM 追求最高的性价比，以最小的投入，获得最大的来自搜索引擎的访问量，并产生商业价值。竞价推广作为一种按效果付费的新型而成熟的搜索引擎广告，由百度在国内率先推出。它是把企业的产品、服务等通过以关键词的形式在搜索引擎平台上作推广，企业在购买该项服务后，通过注册一定数量的关键词，其推广信息就会率先出现在网民相应的搜索结果中，实现企业销售额的提升。

2. 交换链接

交换链接或称互换链接，它具有一定的互补优势，是两个网站之间简单的合作方式，即分别在自己的网站首页或者内页放上对方网站的 LOGO 或关键词并设置对方网站的超级链接，使得用户可以从对方合作的网站中看到自己的网站，达到互相推广的目的。交换链接主要有几个作用，即可以获得访问量、增加用户浏览时的印象、在搜索引擎排名中增加优势、通过合作网站的推荐增加访问者的可信度等。更值得一提的是，交换链接的意义已经超出了是否可以增加访问量，比直接效果更重要的在于业内的认知和认可。

3. E-mail 营销

E-mail 营销又叫 EDM（E-mail Direct Marketing）营销、电子邮件营销、电子邮件广告、许可电子邮件等，是企业在推广其产品或服务时，在用户事先许可的前提下，通过电子邮件方式向目标用户传递产品、服务和一些促销信息等有价值信息的一种网络营销手段。E-mail 营销的内容有可能全部是广告信息，也可能在电子邮件中穿插一些实用的相关信息；可能是一次性的，也可能是多次的或者定期的。

4. 病毒式营销

病毒式营销（Viral Marketing）是一种常用的网络营销方法，并非真的以传播病毒的方式开展营销，而是利用网民主动在线传播，通过用户的口碑宣传推广，让某个带有广告信息的咨询像病毒那样传播和扩散出去，利用快速复制的方式传向数以千计、数以百万计的受众，从而达到网络营销的目的。也就是说，通过提供有价值的产品或服务，“让大家告诉大家”，通过别人的宣传，实现“营销杠杆”的作用。病毒式营销已经成为网络营销最独特的手段，被越来越多的商家和网站成功利用。现在几乎所有的免费电子邮件提供商都采取类似的推广方法。

5. 博客营销

博客营销是通过博客网站或博客论坛接触博客作者和浏览者，利用博客作者个人的知识、兴趣和生活体验等传播商品信息的营销活动。博客营销不直接推销产品，而是通过影响消费者的思想来影响其购买行为。现在也有“微博客”（Micro-Blog）营销，就是一种非正式的迷你型博客，简称微博或者一句话博客。世界上最著名的微博网站是 Twitter，我国也有新浪微博、搜狐微博等。

6. 播客营销

播客（Podcasting）指的是一种在互联网上发布并允许用户订阅，自动接收新文件的方法或用此方法来制作的电台节目。这种新方法在 2004 年下半年开始在互联网上流行，用于发布音频文件，简单地说，播客就是以视频或者音频为主要内容的博客。播客和博客一样，都具有网络特点、强调个性和分享、支持 RSS 等，只不过播客主要内容的表现形式不是文字、图片，而是视频、声音。播客营销就是以播客为主要传播载体的营销方式。或者更通俗地说，播客营销就是通过播客来推广产品和服务。由于播客的目标群体有很明显的共性，使得播客广告的效率非常高。

7. 论坛营销

论坛营销就是企业利用论坛这种网络交流的平台，通过文字、图片、视频等方式发布企业的产品和服务的信息，从而让目标客户更加深刻地了解企业的产品和服务，最终达到宣传企业的品牌、加深市场认知度的网络营销方法。论坛活动具有强大的聚众能力，利用论坛作为平台举办各类踩楼、灌水、贴图、视频等活动，调动网友与品牌之间的互动。由于论坛话题的开放性，几乎企业所有的营销诉求都可以通过论坛传播得到有效的实现。

8. 网络社区营销

网络社区营销是网络营销的主要手段之一，社区就是把具有共同兴趣的访问者集中到一个虚拟空间，使成员相互沟通，从而达到商品的营销效果。一个优秀的网络社区的功能包括电子公告牌（BBS）、电子邮件、聊天室、讨论组，回复即时通知和博客的功能。网络社区是网站所提供的虚拟频道，让网民产生互动、情感维系及资讯分享，社区中的“意见领袖”们所发表的观点和经验，不自觉地影响着其他社区用户的消费理念和消费行为；从网站经营者的角度来看，网络社区经营成功，不仅可以带来稳定及更多的流量，增加广告收入，注册会员更能借此拥有独立的资讯存放与讨论空间，会员多，人气旺，还给社区营销造就了良好的场所。网络社区针对性强、黏性高和互动性强等特点和优势决定了社区具有非常高的营销价值。典型的网络社区有百度贴吧、天涯社区、猫扑大杂烩、MySpace 交友社区等。

9. RSS 营销

RSS 营销是指利用 RSS 这一互联网工具传递营销信息的网络营销方法，RSS 是在线共享内容的一种简易方式（也叫聚合内容）。通常在时效性比较强的内容上使用 RSS 订阅能更快速地获取信息，网站提供 RSS 输出，有利于让用户获取网站内容的最新更新。RSS 营销的特点决定了其比其他邮件列表营销具有更多的优势，是对邮件列表的替代和补充。RSS 的送达率几乎为 100%，完全杜绝未经许可发送的垃圾邮件，RSS 也没有图片被邮箱系统阻止显示等问题；从信息的点击率来看，RSS 信息的点击率也比电子邮件高；从营销成本来看，购买每千次 RSS 广告展示的成本比购买每千次 E-mail 展示的 CPM 广告成本低。

10. 电子书营销

电子书营销就是某一主体（个人或企业）以电子信息技术为基础，借助电子书这种媒介和手段进行营销活动的一种网络营销形式。企业、站长或者网店主可以通过制作实用电子书并嵌入广告内容，然后发布供人免费下载这种方式来传递产品或者网站信息。

电子书具有信息完整、保存时间长、离线阅读等特点。电子书与网页不同，不需要一个页面一个页面地逐个打开，一部电子书的内容就是一个完整的文件，读者下载后书中所有的信息都将完整地被保留，而且书中内容不会因为原提供下载的网站发生变动而改变，只要读者不从电脑等设备上删除。电子书下载后还可以方便地通过电子邮件、P2P 等方式向别人继续传播，甚至可以在一定范围内共享，如果书中内容对读者有足够的吸引力，这种继续传播是自发的，效果也会更好。阿里巴巴是最擅长使用电子书营销的中国企业，目前发行的有《外贸操作手册》、《阿里巴巴：让天下没有难做的生意》、《如何识别真正的买家》等。在其网页上虽名为电子杂志，实为不定期更新的实用电子书。

11. 网络视频营销

网络视频营销就是通过数码技术将产品营销现场实时视频图像信号和企业形象视频信号传输至因特网上，企业将各种视频短片以各种形式放到互联网上，达到一定宣传目的的营销手段。网络视频广告的形式类似于电视视频短片，平台却在互联网上。“视频”与“互联网”的结合，让这种创新营销形式具备了两者的优点。它具有电视短片的种种特征，例如感染力强、形式内容多样、肆意创意等，又具有互联网营销的优势，例如互动性、主动传播性、传播速度快、成本低廉等。可以说，网络视频营销，是将电视广告与互联网营销两“宠爱”集于一身。

本章小结

网络营销是企业整体营销战略的一个组成部分，是建立在互联网基础之上、借助于互联网的特性来实现一定营销目标的一种营销手段。网络营销的兴起有其在特定条件下的技术基础、观念基础和现实基础，是多种因素综合作用的结果。网络营销仍然属于市场营销理论的范畴，它在强化了传统市场营销理论的同时，也提出了一些不同于传统市场营销的新理论。其相关理论包括直复营销理论、关系营销理论、软营销理论、整合营销理论与长尾理论等。网络营销职能的实现需要通过一种或多种网络营销手段与方法。常用的网络营销方法有搜索引擎营销、交换链接、E-mail 营销、病毒式营销、网络社区营销等。

思考题

1. 什么是网络营销？简述网络营销兴起的基础。
2. 试分析软营销理论与强势营销理论的区别。
3. 怎样理解长尾营销理论在网络营销中的实际应用？
4. 常用的网络营销方法有哪些？
5. 你认为未来的网络营销手段和方法会有哪些创新？

2

网络营销战略

学习目标

1. 掌握网络市场调研方法及其特点
2. 了解网络营销平台的含义与作用
3. 理解网络市场细分的含义及细分标准
4. 了解目标市场选择策略
5. 掌握市场定位的含义，了解市场定位的常用方法和步骤

本章结构图

- 网络营销战略
  - 网络市场调研
    - 含义与特点
    - 方法
  - 网络营销平台
    - 含义
    - 功能与作用
    - 分类
  - 网络市场细分
    - 必要性
    - 作用
    - 标准
  - 网络目标市场
    - 网络目标市场选择的评估
    - 网络目标市场的覆盖方式
    - 目标市场策略
  - 网络市场定位
    - 方法
    - 步骤

引 例

凡客：站在巨人（PPG）的肩上

2005 年 PPG 作为国内 B2C 模式的开山企业正式成立。2007 年，这家成立仅 27 个月

的公司销售额达到了10亿元人民币。然而在经历了短暂的辉煌之后，PPG陷入资金链断裂、拖欠巨额广告费的丑闻中。PPG倒下了，然自此网络平台的网络直销模式走进了中国服装从业者的视线。一批服装电子商务企业迅速站在PPG的肩膀上，快速成长起来。作为后PPG时代表现最突出的服装网络经销商，凡客（VANCL）不可不提。

2008年12月12日，VANCL正式发布全新的品牌定义：“VANCL坚持国际一线品质，中产阶级合理价位，提倡简单得体的生活。”VANCL看到了PPG致命的软肋，对其网络营销模式、渠道定位和广告手段等方面进行了反思和重新的修正。

首先，以与广告商分成的营销推广方式来控制成本。实际上，凡客的启动资金根本无法支付高昂的电视广告费。这时的凡客为了迅速将市场做大，开始了门户网站的广告投放，采取的则是按销售分成的方式。也就是说，每销售一单，广告商从中间拿走一定的比例。正是凭这种分成推广的方式，凡客很好地控制了成本投入，这便是凡客比PPG大量投放电视广告高明的地方。从当时来看，PPG真正能形成的销售大概只有广告费的三分之一，对于一家企业来说，这可是一道很大的鸿沟，一旦控制不好，瞬间便会失败。

其次，利用设计精巧、界面友善的销售网页提升了下单率。网站设计注重细节。VANCL的网页是典型的2次点击：产品展示在第一层，将所有产品及折扣套餐都展示在消费者面前，第二层点下去就是购物车了。相比之下，PPG采用典型的树状目录来展示产品，如果消费者对网页上的某项产品不感兴趣，会直接关闭浏览器，网站上的其他产品会因此失去展示的机会。VANCL的页面还讲究全面性。在购物车页面，VANCL尽量把相关产品的礼包优惠装展示出来，这个做法也让VANCL的用户经常会从单买一件转而选择优惠套装，这在其他网站也并不多见。

再次，质量过关是竞争制胜的根本。对于凡客这样的B2C企业来说，重复购买率的重要性是毋庸置疑的，质量过硬才会重复购买，通过已购买者也可影响其他消费者的决策。凡客目前具有完备的质量管控体系，推行全员、全面、全过程的质量管控“三刃戟”。第一刃是指全员，即凡客内部的设计、生产、营销、推广等各部门，每个部门的每个人都将质量作为头等大事；第二刃是指全面，凡客的北京、上海、广州三地品控架构中都有品检中心，凡客对供应商的选择也有一定的标准，对每一家供应商都会进行品控验厂流程，在供应商的生产过程中凡客还会派出专业人员进行产前辅导、产中检测，以确保质量；第三刃是指全过程，凡客自第一道工序就开始质量管控，一直持续至成衣生产出来，生产过程中可以随时解决可能出现的质量问题，避免事后出现难以弥补的错误和损失。

最后，品牌文化顺应互联网潮流。2011年4月，凡客签约了韩寒及王珞丹为其代言。众所周知，韩寒可以说是整个80后的代言人之一，在互联网世界拥有难以匹敌的话语权和舆论导向作用。而王珞丹是当下备受瞩目的新生代演员，80、90后争相模仿的对象。签约这两个代言人无疑是一次针对目标消费者的精准投放，一把攫取了80后网民的心。而就在代言广告于7月推出后不久，其广告文案宣传的文体，即凡客体一炮走红。网络上出现了大批恶搞凡客体的帖子，代言人也被掉包成小沈阳、郭德纲等名人。其广告词更是极尽调侃，令人捧腹。凡客不知不觉中在网民狂欢中成就了自己的品牌形象，以低价格做了一次高效果的品牌营销。

如今凡客的发展可谓蒸蒸日上，就其所处的细分服装行业来看，在中国的发展前景更不可小视。但网购与实体消费的特点有着很大差异，因此凡客该如何调控运营成本和操作模式或将又是一次挑战。但总的来说，凡客的成功不是偶然的，其成功经验启示我们：网商的成功与否并不完全取决于广告投入的多少，而是体现在每一个步骤和环节，尤为重要的是搭建一个具有良好客户体验的商城平台。同时，进行网络营销需要更多新的想法，新的创意，新鲜的事物来迎合网民的喜好，互联网时代的机遇更属于有预见者。

（资料来源：中国企业家网，http：//www. ccboss. com，案例有修改）

营销的核心使命是吸引和保留客户，为了实现这一目标，企业的营销人员会利用各种营销变量来满足已有客户和新客户的需求。在网络营销时代，新的营销手段被加入到营销组合当中，市场被细分为更细小的阶层，消费者对于方便性的期望被永久地改变了，竞争者随之跟进，这些变化对营销实践产生了深远的影响。这对网络营销者改变传统调研方式，选定目标市场，进行更有效精准的市场定位提出了更高的要求。

2.1 网络市场调研

市场调研是营销链中的重要环节，没有市场调研，就把握不了市场。互联网作为21世纪新的信息传播媒体，它的高效、快速、开放是无与伦比的。它加快了世界经济结构的调整与重组，形成了数字化、网络化、智能化与集成化的经济走向；它强烈地影响着国际贸易的环境，正在迅速改变着传统的市场营销方式乃至整个经济的面貌。互联网将成为21世纪信息传播媒体的主流。

适应信息传播媒体的变革，一种崭新的调研方式——网上调研随之产生。网上调研就是利用互联网发掘和了解顾客需要、市场机会、竞争对手、行业潮流、分销渠道以及战略合作伙伴等方面的情况，Internet正是实现这些目的的良好资源。从某种意义上说，全球互联网上的海量信息、几万个搜索引擎的免费使用已对传统市场调研和营销策略产生很大的影响。它大大丰富了市场调研的资料来源，扩展了传统的市场调研方法，特别是Internet在线调研和二手资料方面具有无可比拟的优势。

2.1.1 网络市场调研的含义与特点

2.1.1.1 网络市场调研的含义

我们把基于互联网的系统地进行营销信息的收集、整理、分析和研究的过程称为网络市场调研。网络市场调研是指在互联网上针对特定的营销环境进行简单调研设计、收集资料和初步分析的活动，为企业的网络营销决策提供数据支持和分析依据。网络市场调研是企业网站的基本功能之一，这种高效的调研手段也被许多调研咨询公司广泛应用。

2.1.1.2 网络市场调研的特点

传统的市场调研，无论是询问法、观察法还是实验法，企业都需要投入大量的人力、物力和财力。如果调研范围较小，则不足以全面掌握市场信息；而调研范围过大，则周期长，调研费用大。同时，传统调研方法无论采用哪种手段，被调研者始终处于被动地位。一方面，企业难以针对不同的消费个体发出不同的问卷；另一方面，消费者也难以表达自己的意识和欲望，而更多的消费者是对企业的调研不予反应和回复。而网络市场调研可以充分利用互联网作为信息沟通渠道的开放性、平等性、广泛性和直接性等特性，这使得网络市场调研具有传统的一些市场调研手段和方法所不具备的一些独特优势。两者在调研费用、范围等方面的比较见表2-1。

表2-1 网络市场调研与传统市场调研的比较

比较项目	网络市场调研	传统市场调研
调研费用	较低，主要是设计费和数据处理费，每份问卷所要支付的费用几乎为零	昂贵，包括问卷设计印刷、发放、回收、聘请和培训访问员、录入调研结果、由专业公司对问卷进行统计分析等多方面的费用
调研范围	全国乃至全世界，样本数量庞大	受成本限制，调研地区和样本的数量均有限
运作速度	很快，只需搭建平台，数据库可自动生成，几天就可能得出有意义的结论	慢，至少需要2~6个月才能得出结论
调研的时效性	全天候进行	不同的被访问者对其可进行访问的时间不同
被访者的便利性	非常便利，被访者可自由决定时间、地点回答问卷	不太方便，一般要跨越空间障碍，到达访问地点

（续上表）

比较项目	网络市场调研	传统市场调研
调研结果的可信性	相对真实可信	一般有督导对问卷进行审核，措施严格，可信性高
适用性	适合长期的大样本调研，适合要迅速得出结论的情况	适合面对面的深度访谈，食品类等需要对受访者进行感官测试

从表2－1中可知，网络市场调研有以下几个特点：

1. 及时性和共享性

（1）网络的传输速度非常快，网络信息能迅速传递给连接上网的任何用户。

（2）网上调研是开放的，任何网民都可以参加投票和查看结果，这保证了网络信息的及时性和共享性。

（3）网上投票信息经过统计分析软件初步处理后，可以看到阶段性结果，而传统的市场调研得出结论需经过很长的一段时间。如人口抽样调研统计分析需3个月，而CNNIC在用Internet进行调研时，从设计问卷到实施网上调研和发布统计结果，总共只需1个月时间。

2. 便捷性和低费用

（1）网上市场调研可节省传统的市场调研中所耗费的大量人力和物力。

（2）在网络上进行调研，只需要一台能上网的计算机即可。

（3）调研者在企业站点上发出电子调研问卷，网民自愿填写，然后通过统计分析软件对访问者反馈回来的信息进行整理和分析。

（4）网上市场调研在收集过程中不需要派出调研人员，不受天气和距离的限制，不需要印刷调研问卷，调研过程中最繁重、最关键的信息收集和录入工作将分布到众多网上用户的终端上完成。

（5）网上调研可以是无人值守、不间接地接受调研填表，信息检验和信息处理工作均由计算机自动完成。

3. 交互性和充分性

网络的最大优势是交互性。这种交互性在网上市场调研中体现在如下两点：

（1）在网上调研时，被访问者可以及时就问卷相关的问题提出自己的看法和建议，可减少因问卷设计不合理而导致的调研结论出现偏差等问题。

（2）被访问者可以自由地在网上发表自己的看法，同时没有时间的限制，而传统的市场调研是不可能做到这些的。例如，面谈法中的路上拦截调研，它的调研时间较短，不能超过10分钟，否则被调研者肯定会不耐烦，因而对访问调研员的要求非常高。

4. 调研结果的可靠性和客观性

由于企业站点的访问者一般都对企业产品有一定的兴趣，所以这种基于顾客和潜在顾客的市场调研结果是客观和真实的，它在很大程度上反映了消费者的消费心态和市场发展的趋向。

（1）被调研者在完全自愿的原则下参与调研，调研的针对性更强。而传统的市场调研中的面谈法中的拦截询问法，实质上是带有一定的“强制性”的。

（2）网络调研问卷的填写是自愿的，不是传统调研中的“强迫式”，填写者一般对调研内容有一定的兴趣，回答问题相对认真，所以问卷填写可靠性高。

（3）网上市场调研可以避免传统市场调研中人为因素所导致的调研结论的偏差，被访问者是在完全独立思考的环境中接受调研的，能最大限度地保证调研结果的客观性。

5. 无时间和地域的限制

网上市场调研可以24小时全天候进行，这与受区域和时间制约的传统的市场调研方式有很大的不同。例如，某家电企业利用传统的调研方式在全国范围内进行市场调研，需要各个区域代理商的密切配合。而同样目的的网络市场调研则只需在一些著名的站点发布广告，把链接指向自己的调研表就可以了。澳大利亚一家市场调研公司（www. consult. com）进行针对中国等7个国家互联网用户在线的调研活动，他们在中国的在线调研活动是与10家访问率较高的ISP和在线网络广告站点联合进行的。而这样的市场调研活动如果利用传统的方式是无法完成的。

6. 可检验性和可控制性

利用Internet进行网上调研收集信息，可以有效地对采集信息的质量实施系统的检验和控制。

（1）网上市场调研问卷可以附加全面规范的指标解释，有利于消除因对指标理解不清或调研员解释口径不一而造成的调研偏差。

（2）问卷的复核检验由计算机依据设定的检验条件和控制措施自动实施，可以有效地保证对调研问卷的复核检验，保证检验与控制的客观公正性。

（3）通过对被调研者的身份验证技术可以有效地防止信息采集过程中的舞弊行为。

2.1.2 网络市场调研的方法

网络市场调研的具体方法与传统调研有很多相似之处，但也有一些差异。总体来说，网络市场调研根据收集的数据的性质不同，也分为直接调研方法和间接调研方法。所谓网络市场直接调研，是指为当前特定的目的在互联网上收集一手资料或称原始资料的过程；而网络市场间接调研就是网上二手资料的收集。在互联网上，二手资料的来源很多，也非常容易获得，企业往往先收集二手资料，但二手资料有时并不能完全解决企业的特定问题，所以在收集二手资料的基础上，企业也需要采用适当的方法收集第一手原始资料。

1. 网络直接调研方法

（1）按调研者组织调研样本的行为，网上调研可以分为主动调研法和被动调研法。主动调研法，即调研者主动组织调研样本，完成统计调研的方法。被动调研法，即调研者被动地等待调研样本造访，完成统计调研的方法，被动调研法的出现是统计调研的一种新情况。

（2）按网上调研采用的技术可以分为站点法、电子邮件法、随机IP法和视讯会议法等。

①站点法。是将调研问卷的HTML文件附加在一个或几个网络站点的Web上，由浏览这些站点的网上用户在此Web上回答调研问题的方法。站点法属于被动调研法，这是目前出现的网上调研的基本方法，也将成为近期网上调研的主要方法。

②电子邮件法。是通过给被调研者发送电子邮件的形式将调研问卷发给一些特定的网上用户，由用户填写后以电子邮件的形式再反馈给调研者的调研方法。电子邮件法属于主动调研法，与传统邮件法相似，优点是邮件传送的时效性大大地提高了。

③随机 IP 法。是以产生一批随机 IP 地址作为抽样样本的调研方法。随机 IP 法属于主动调研法，其理论基础是随机抽样。利用该方法可以进行纯随机抽样，也可以依据一定的标志排队进行分层抽样和分段抽样。

④视讯会议法。是基于 Web 的计算机辅助访问，是将分散在不同地域的被调研者通过互联网视讯会议功能虚拟地组织起来，在主持人的引导下讨论调研问题的调研方法。

（3）根据采用调研方法的不同，可以分为专题讨论法、在线问卷调研法和 E-mail 问卷调研法等。网上使用最多的是专题讨论法和在线问卷法。调研过程中具体应采用哪一种方法，要根据实际调研的目的和需要而定。但都需注意应遵循网络规范和礼仪。

①专题讨论法。专题讨论法通常通过 Usernet 新闻组、电子公告牌或邮件列表讨论组进行。专题讨论的步骤如下：确定要调研的目标市场；识别目标市场中要加以调研的讨论组；确定可以讨论或准备讨论的具体话题；登录相应的讨论组，通过过滤系统发现有用的信息，或创建新的话题，让大家讨论，从而获得有用的信息。

具体地说，目标市场的确定可根据 Usernet 新闻组、BBS 讨论组或邮件列表讨论组的分层话题选择，也可向讨论组的参与者查询其他相关名录。还应注意查阅讨论组上的 FAQ（常见问题解答），以便确定能否根据名录来进行市场调研。

②在线问卷调研法。在线问卷调研法是将问卷在网上发布，被调研对象通过 Internet 完成问卷调研。在线问卷调研一般有两种途径：一种是将问卷放置在 WWW 站点上，等待访问者访问时填写问卷，如 CNNIC 每半年进行一次的“中国互联网络发展状况调研”就是采用这种方式。这种方式的好处是填写者一般是自愿性的，缺点是无法核对问卷填写者真实情况。为达到一定问卷数量，站点还必须进行适当宣传，以吸引大量访问者。

③E-mail 问卷调研法。即通过 E-mail 方式将问卷发送给被调研者，被调研者完成后将结果通过 E-mail 返回。这种方式的好处是，可以有选择性地控制被调研者，缺点是容易遭到被访问者的反感，有侵犯个人隐私之嫌。因此，采用该方式时，首先应争取被访问者的同意，或者估计被访问者不会反感，并向被访问者提供一定补偿，如有奖回答或赠送小礼品，以降低被访问者的敌意。

（4）其他网上直接调研方法。前面讨论的是采用最多的问卷调研方法，它比较客观、直接，缺点是不能对某些问题进行深入调研和分析原因。因此，许多企业设立了 BBS 以供访问者对企业产品进行讨论，或者参与某些专题的新闻组进行讨论，以更多深入调研获取有关资料。及时跟踪和参与新闻组与公告栏，有助于企业获取一些问卷调研无法发现的问题，因为问卷调研是从企业角度出发考虑问题，而新闻组和公告栏是用户自发的感受和体会，他们传达的信息也是最接近市场和最客观的，缺点是信息不够规范，需专业人员进行整理和挖掘。

2. 网络间接调研方法

间接信息的来源包括企业内部信息源和企业外部信息源两个方面。与市场有关的企业内部信息源，主要是企业自己搜集整理的市场信息、企业产品在市场销售的各种记录、档案材料和历史资料，如客户名称表、购货销货记录、推销员报告、客户和中间商的通信、信件等。企业外部的市场信息源包括的范围极广，主要是国内外有关的公共机构，如政府网站、图书馆、银行等。企业用得最多的还是网络间接调研方法，因为它的信息广泛，能满足企业管理决策需要，而网络直接调研一般只适合于针对特定问题进行专项调研。网络间接调研方法主要有以下几种。

（1）利用搜索引擎收集资料。搜索引擎提供了一种快速、准确地获取有价值信息的解决方案，成为 Internet 网上最突出的应用。搜索引擎使用自动索引软件来发现、收集并标引网页，建立数据库，以 Web 形式提供给用户一个检索界面，供用户以关键词、词组或短语等检索项查询与提问匹配的记录，搜索引擎的使用者可以获得大量的相关信息。使用较多的中文搜索引擎有：搜狐（http：//www. sohu. com）、新浪（http：//www. sina. com）、网易（http：//www. yeah. com）、百度（http：//www. baidu. com）、谷歌（http：//www. google. com. hk）等。

（2）利用 BBS 论坛、新闻组、聊天室收集资料。网络消除了时间和空间的界限，许多虚拟社区应运而生。虚拟社区的方式有很多种，常见的主要有 BBS、新闻组、聊天室和各种论坛等。这些各种各样的虚拟社区把具有相同和相似爱好的客户联系起来，对于企业而言，这是一个很好的目标市场，也是一个重要的信息来源。

（3）利用 E-mail 收集资料。E-mail 是 Internet 使用最广的通信方式，它不但费用低廉，而且使用方便快捷，最受用户欢迎，许多用户上网主要是为收发 E-mail 信件。目前许多 ICP 和传统媒体以及一些企业都利用 E-mail 发布信息。一些传统的媒体公司和企业，为保持与用户的沟通，也定期给公司用户发送 E-mail，发布公司的最新动态和有关产品服务信息。因此，通过 E-mail 收集信息是最快捷有效的渠道，收集资料时只需要到有关网站进行注册，以后等着接收就可以了。

（4）访问相关的网站和数据库收集查找资料。如果知道某一专题的信息主要集中在哪些网站，可直接访问这些网站，获得所需的资料。如为中小企业提供海量商业机会、公司资讯的阿里巴巴全球华商站（http：//chinese. alibaba. com），提供供应商与产品详细资料的环球资源（http：//www. globalsources. com）等网站。网上数据库有付费和免费两种。在国际上影响较大的商情数据库检索系统有 DIALOG 系统（http：//www. dialog. com）、ORBIT 系统（http：//www. orbit. com）、STN 系统（http：//www. stn. com）、DUN&BRADSTREET 系统（http：//www. dundb. com）等。

2.2 网络营销平台

2.2.1 网络营销平台的含义

网络营销平台是企业电子商务平台的重要组成部分。电子商务平台是指企业或个人利用因特网进行信息发布、产品展示、客户沟通并实现网上交易与物流管理的综合性管理平台，通常包括技术平台选择与构建、管理功能的设计与开发、安全保障措施的制定与实施等多个方面的内容。

网络营销平台是指在电子商务交易过程中，侧重于与客户进行沟通互动的综合信息协作平台，包括电子商务平台的大部分功能，例如：新闻动态、信息发布、网上调查、提醒机制、会员注册、会员管理、产品展示、客户关怀、信息反馈等多项功能。

2.2.2 网络营销平台的功能与作用

网络营销平台是电子商务平台的重要组成部分，担负着与客户进行沟通互动，发布与传送信息的重要作用，其主要功能包括以下方面：

1. 新闻动态

在网络营销过程中，企业或个人利用网络营销平台向客户与顾客动态发布公司的新闻信息、重大事件及公司的最新发展情况，起到公共媒介的宣传作用。

2. 信息发布

信息发布功能主要是指在网络营销过程中，公司或个人利用信息发布功能及时动态地发布各种产品与服务的需求与供应信息，从而构建一个虚拟的网上市场。

3. 网上调查

网上调查是指在网络营销过程中，企业利用电子商务平台，针对网民的消费心理特征与行为特征，来进行网上产品与服务需求特性调查的创新市场营销调研方式，这种方式成本低、效率高、时效性好。

4. 提醒机制

网络营销提醒机制，是指针对网络营销平台的目标客户的访问情况的提醒，例如：邮件提醒、短信提醒、语音提醒等。

5. 会员注册

会员注册是网络营销中发展客户、获得客户资料的重要手段，通过会员注册功能，为有效进行会员管理提供了保障。

6. 会员管理

会员管理是指在网络营销过程中针对不同类型的客户进行分类管理，通常分类的方式包括分级制、星级制等。在网络营销过程中，根据客户的购买数量与访问数量来进行会员的管理与升级活动。

7. 产品展示

产品展示是网络营销平台提供的针对产品与服务的动态展示功能，主要包括模板的设计、展示模型的设计、展示的美工处理、产品展示的更新与维护等。

8. 客户关怀

网络营销平台为企业与客户进行动态交流提供了空间，其目的是为了解决在客户购买过程中出现的问题，提高客户满意度与忠诚度。

9. 信息反馈

信息反馈是网络营销平台的另一个与客户互动的方式，客户可以通过电子邮件、短信发送、网页互动、QQ 聊天、BBS 等多种方式向公司反馈信息，从而营造一个动态的网络营销平台。

2.2.3 网络营销平台的分类

网络营销平台是一个综合性管理平台，其功能强大、结构复杂，主要可以根据以下几方面来分类：

1. 根据网络营销平台的功能分类

网络营销平台可以根据其功能的结构进行分类，主要包括以下几种类型：信息发布平台、客户管理平台、交易协作平台、系统管理平台及安全保障平台等。

2. 根据网络营销平台的客户对象分类

网络营销平台根据客户对象不同进行分类，主要包括以下几种类型：企业对企业采购平台（B2B）、企业对消费者的直销平台（B2C）、企业对组织销售平台（B2G）、消费者对消费者的转让平台（C2C）等。

3. 根据网络营销平台的所有者分类

根据电子商务企业开展电子商务所使用的网络营销平台的归属权来分类平台可分为：企业自建网络营销平台、租用中介方的网络营销平台、购买第三方的营销平台中间件进行二次开发。

2.3 网络市场细分

互联网的诞生，不仅为人们提供了一种全新的传播手段，其自身也日益成为一个生机勃勃的市场。在这个市场中，全球的网民是消费者，一个个的网站好似一个个商家。信息、软件、服务、广告等无形产品，以及书籍、计算机产品、电信产品、音像制品、服装等实体产品，在网上被广泛交易。网络的发展，买方市场的形成，网民的多样化，都成为网络营销市场细分的前提。网络营销市场细分是指为实现网络营销的目标，根据网上消费者对产品不同的欲望与需求，不同的购买行为与购买习惯，把网络上的市场分割成不同的或相同的小市场群。

2.3.1 网络市场细分的必要性

网络市场细分的理论基础在于网络顾客的异质性所导致的网络顾客消费需求的多样性与差别性。基于以下原因，对网络市场进行细分是必要的。

1. 资源有限

今天，互联网已成为全球最大的信息源，是人类巨大的信息财富。互联网已遍及人类生活的各个方面，其使用者的构成也不像只有最初的科研人员那样简单，而是遍及几乎全人类的所有领域。因而其组成十分复杂，无论是实体市场还是虚拟市场，都要面对成千上万乃至百万、千万个顾客，这些顾客的需求通常是各不相同的。任何一个企业，都不可能同时满足所有顾客对某个产品的各种要求，根本原因在于企业的资源有限。市场营销的原则要求企业必须为顾客提供最佳服务，使其获得最大的满足，因此只有通过市场细分，为企业选择有利的细分市场，并集中人、财、物及信息等一切资源投放到该细分市场，把握住力所能及的机会，才能以最低的经营成本取得较高的经营效益。

市场细分有助于企业满足顾客的异质性，在顾客存在多种需求和资源有限的两难境地中达到一个平衡。对于大多数企业来说，要满足整个市场上不同的顾客需求是不现实的。所以，通过营销努力将这些力量聚集于某些细分市场，有限的资源才能够得到更大的利用。

2. 注意力有限

营销学中的“二八”原理，指的是企业的80%的利润常常是由那20%的顾客所带来的。这个事实说明了企业必须将注意力集中于那些能够带来利润的顾客身上。互联网经济被称为“注意力经济”，争取网络顾客的注意力自然成为企业网站最为热衷的。为了提高网站知名度，现在越来越多的网络企业投入大量经费做广告，企业往往不惜成本来进行宣传。然而，日访问量高并不代表网页设计效果好，知名度并不等于忠诚度，企业通过广告吸引来的注意力并不一定能给企业带来利润。同时，企业本身的注意力也是有限的，如果不能排除那些不能带来利润的访问者，就会影响企业对那些真正存在营销机会的顾客的服务质量。

因此，企业网站面对日访问量和网页浏览量数目的增长，绝不能沾沾自喜。应该认识到网民在网络间转换非常容易，只需要按一下鼠标即可。由于网民的耐心有限，同时网上新事物多，任何网民都会有许多尝试机会，所以，常常有许多因素在诱惑着网民使其很容易表现出不忠诚。受企业本身的注意力资源所限，企业应该整合自己的注意力资源，利用新的“数据挖掘”技术在浩如烟海的顾客数据中分析出真正有潜力的顾客。

3. 信息及实际处理能力有限

互联网的全球性给企业带来了新的营销机会，企业很容易发现原来自己面对的是如此广大的全球市场，也常常会很轻率地做出定位于全球市场的决定。然而，互联网并不是万能的，网络可以缩短时空距离，但是电子商务过程的完成，不仅包含信息流，还有赖于物流、资金流的完成。网络营销只是电子商务的一部分，它必须为电子商务的最终完成提供便利和可能。如果物流平台、支付平台未能完全建立，营销渠道无法到达企业选定的目标市场，那么电子商务全过程是无法完成的，反而不利于企业的形象建设。你能想象出全球消费者登录中国企业的网站使用电子商务的状况吗？全球如此多的风俗习惯，企业要准备多少应对方式才能不犯忌讳？来自国外消费者的订单需要多少手续、多长时间才能送到消费者手中？

企业的信息处理能力是有限的。如果不能对顾客及时反馈信息，则很难留住顾客，使顾客保持忠诚度。比如，我国一些网上书店，吸引了大批顾客订单，但对于一些无法提供的书籍，一般都要到两三个星期后才给顾客发邮件告知。这不仅仅是责任心、服务质量的问题，更多的是企业人力资源有限、信息处理能力滞后所造成的后果。因此，企业必须根据自己的资源、营销能力细分市场，才是真正有效的细分。

2.3.2 网络市场细分的作用

1. 有利于分析网络市场，开掘新市场

在网络市场细分的基础上，企业可以深入了解网络市场顾客的不同需求，并根据各子市场的潜在购买数量、竞争状况及本企业实力的综合分析，发掘新的市场机会，开拓新市场。

2. 有利于集中使用企业资源，取得最佳营销效果

企业通过网络市场细分，可以深入了解每一个细分市场的需求状况和购买潜力以及同行竞争者的情况，并根据主客观条件的分析选定网络目标市场。因此，可以将企业资源集中用于最有利的子市场，争取较理想的市场份额，以使有限资源得到较充分的利用，取得最佳营销效果。

3. 有利于提高企业的适应能力与应变能力

企业重视市场细分，市场信息反馈较快，能及时地掌握用户的需求变化。一旦市场发生变化，企业能灵活有效地调整商品结构和市场布局，使自己具有高度的适应能力与应变能力。

4. 有利于企业扬长避短，发挥优势，提高竞争能力

企业通过市场细分，尤其是那些实力相对较弱的中小企业，在网上具有与大企业平等的机会。如果自己的网站有特色，所卖的商品有特点，只要认真研究市场细分策略，完全有可能在复杂的市场竞争中，发掘某些特定的市场，满足这部分用户的特定需要。

5. 有利于制定和调整市场营销组合策略，与竞争对手抗衡

市场细分后，每个市场变得小而具体了，细分市场的规模、特点显而易见。消费者的需要明晰了，企业就可以根据不同的需求制定出不同的市场营销组合策略，由于为不同的细分市场提供不同的市场营销组合，企业较易觉察和估计消费者需求满足和需求变化以及竞争者的市场营销策略变化，信息反馈比较灵敏，企业能够迅速而正确地调整其市场营销策略，不断提高目标市场的顾客满意度。否则，离开了市场细分，所制定的市场营销组合策略必然是无的放矢的。

2.3.3 网络市场细分的标准

市场细分是一个辨别具有不同需求和不同行为的消费者并加以分类组合的过程。经过细分的子市场之间，消费者需求具有较为明显的差异；而在同一子市场之间，消费者需求则具有相对的类似性。市场细分的内在依据在于消费者需求和行为等方面的差异性，凡是构成消费者需求差异的因素都可以成为市场细分的依据。传统的市场细分主要考虑地理因素、人口因素、心理因素、行为因素四大变量来细分市场。一般来说，对网民的细分可以依据网民的自然人口特征，譬如性别、年龄、学历、职业、收入等，也可以基于其社会经济特征，譬如地理区域、社会经济阶层、城市类别特征等，还可以基于其他更复杂的因素，譬如生活方式、性格特征、媒介习惯等来确定。

1. 地理因素

在传统营销中，由于消费者需求往往呈现出地区性差异，尤其是在中国这样一个幅员辽阔、历史悠久的国度，受区域地理、人文环境的影响，同一地区人们的消费需求具有一定的相似性，而不同区域消费者又会有差异较大的消费习惯与偏好。如就食品市场而言，我国就有“南甜、北咸、东辣、西酸”之说。所以，反映消费者地理特征的有关因素，可作为市场细分的重要变量。

而互联网络由于其超越时空的虚拟化及其信息传递的全球化特点，最大程度地淡化了地域因素所带来的需求差异。所以，在网络营销中，区域的划分更加宽泛，比如可以根据互联网在我国目前的发展情况划分为沿海、中部、西部。比如有关调查数据表明，西部拥有电脑的家庭上网率更高一些，说明西部的电脑还只是在受教育程度比较高的人群中有较高的拥有率，而东部的家庭电脑更为普及。但鉴于网络市场的虚拟化，地理因素不作为网络市场细分的重点。

2. 人口因素

人口因素历来是细分市场常用的重要因素。因为消费者的欲望、需求偏好和使用频率往往和人口因素有着直接的关系，而且人口因素较其他因素更易测量，影响网络营销的人口因素主要包括以下几个方面：

（1）性别。依据性别因素细分市场一直应用于服装、鞋帽、化妆品等领域，现已扩大到许多方面。随着妇女经济地位和社会地位的提高，女性市场已成为一个越来越重要的市场。企业应高度重视女性市场需求的变化和发展。

（2）年龄。不同年龄的消费者对商品需求有着明显的差异，按年龄细分市场有利于满足各年龄阶段消费者的特定需要。互联网用户是一个年龄特点非常明显的群体。根据CNNIC 从 1997 年开始的历次调查，18 ~24 岁的年轻人所占比例最高。

（3）家庭婚姻状况。许多产品的消费主要是以家庭为单位的，如商品房、私家车、高档家用电器等。因此网络消费者的家庭婚姻状况也值得网络营销者研究。第十次 CNNIC 调查结果显示，未婚者占 58.9%，已婚者占 41.1%，未婚者在目前仍然是中国网民的主体。与已婚者相比，未婚者有更多的时间，更容易接受新鲜事物，生活压力也相对较轻，因此更倾向于使用互联网，这可能是目前网民中未婚网民占据多数的主要原因。

（4）收入。收入水平是购买力形成的重要因素，因此收入细分在传统营销中一直被广泛应用。例如汽车、服装、化妆品、金融业务和旅游等。根据 CNNIC 的最新调查数据，互联网用户的收入水平并不明显高出普通消费者，以中等收入水平的用户居多，特别是由于学生网民的大量存在，低收入网民占据相当比例。这提醒我们的网络营销者，不要全都把富人市场当作目标市场，今天的互联网越来越趋于大众化，互联网从过去那种受过高等教育的、中高收入的人的专利，转变成受过基本教育的、收入还过得去的普通人都能使用的工具。这使得网络营销的收入细分更有文章可做。

3. 心理因素

传统的市场细分的标准和依据比较宽泛，与网络营销有很大的区别，在网络营销条件下，市场细分有“精深”的要求。细分的依据应把焦点放在顾客的期望上，即用户的心理因素。主要从生活方式、个人性格、需求动机等因素划分，这些因素相互联系，交叉发生作用。就目前我国网民的构成而言，网络环境下的心理变量主要表现在：

（1）对待个人信息的态度，如是否愿意通过网络把自身的信息透露出去。

（2）对待网络安全的态度，如是否愿意在网络上使用信用卡购买物品。

（3）对待新技术的态度，如在使用网络获取信息时，对待可能出现的延迟以及技术问题时的态度，对待用 Java Applet、Frame、动态网页技术等制作的网页的态度。

4. 行为因素

行为因素是指购买者对产品的了解程度、态度、使用以及反应等因素，行为变量被认为是建立市场细分的最好的出发点。网络营销在了解消费者购买行为方面有得天独厚的条件，通过网络技术不仅可以获得消费者网上购物的时间、品种、数量、付款方式，而且可以观察消费者在网上的浏览和购物决策过程，这些对于研究网络用户的行为是非常有帮助的。

传统营销的行为因素包括购买动机、购买时机、使用频率、忠诚程度等。除此以外，网上行为变量还包括：接入互联网的方式（专线接入、局域网接入、拨号接入）；到达途径（相关链接、搜索引擎、直接键入）；访问时间；上网地点；访问的规律性；顾客忠诚度；访问频率；对站点的态度；互联网用户使用网络的水平；上网的经济来源；上网经常使用的服务（WWW、E-mail、BBS、新闻组、网络游戏、网上购物）等。

2.4 网络目标市场

市场细分的目的就是要进入目标市场，目标市场的选择直接关系到企业的生存和发展，只有选择了正确的市场，在恰当的时候进入该目标市场，企业的营销目标才能实现。

2.4.1 网络目标市场选择的评估

网络目标市场选择的基础是评估细分市场的经济价值，评估的标准是企业能在哪个市场上获得更多的收益。企业可从以下几方面进行评估：

1. 目标市场规模和增长潜力

首先要评估目标市场是否有适当规模和增长潜力。企业在进入市场时，要进行一系列的投资。如果目标市场太小，购买力有限，企业就很难实现盈利。同时，由于现代市场的竞争很激烈，太小的市场很难形成规模效应，这样也就降低了企业的竞争能力。

2. 细分市场的吸引力

所谓吸引力主要指长期获利率的大小。一个网络市场可能具有适当规模和增长潜力，但从获利观点来看不一定具有吸引力。决定网络整体市场或细分市场是否具有长期吸引力的力量有五种：现实的竞争者、潜在的竞争者、替代产品、购买者和供应者。企业必须充分估计这五种力量对长期获利率所造成的威胁和机会。

如果某个网络市场上已有为数众多、实力强大或者竞争意识强烈的竞争者，该网络市场就失去吸引力；如果某个网络市场可能吸引新的竞争者进入，他们将会投入新的生产能力和大量资源，并争夺网络市场占有率，这个网络市场也没有吸引力；如果某个网络市场已经存在现实的或潜在的替代产品，这个网络市场也不具有吸引力；如果某个网络市场购买者的谈判能力很强或正在加强，他们强求降价，或对产品或服务苛求不已，并强化卖方之间的竞争，那么，这个网络市场就缺乏吸引力；如果企业的供应者——原材料和设备供应商、公用事业、银行等，能够随意提高或降低产品和服务质量，或减少供应数量，该网络市场也同样没有吸引力。

3. 企业本身的目标和资源

有些目标市场虽然规模适合，也具有吸引力，但还必须考虑：第一，是否符合企业长远目标，如果不符合，就不得不放弃；第二，企业是否具备在该网络市场获胜所必需的能力和资源，如果不具备，也只能放弃。

2.4.2　网络目标市场的覆盖方式

企业在评估不同的细分市场后，可以根据自己的具体情况，决定为多少个子市场服务，通常可以采用5种覆盖方式：

1. 密集单一方式

这种方式是指在众多网上子市场中，企业只选择一个细分市场，并且集中力量生产或经营一种产品，供应这一网上细分市场。这种方式比较适宜于中小企业，它可以帮助企业实现专业化生产或经营，在取得成功后再逐步向其他网上细分市场扩展。

2. 产品专业化方式

企业选择几个细分市场，对其顾客群同时供应某种产品。面对不同的子市场，产品式样、档次不同。这种方式的优点是能够减少企业经营风险，投资也不大，即使在某个细分市场失去了吸引力，企业还能在其他细分市场营利。

3. 市场专业化方式

企业将所有产品供应给某一类顾客群，产品性能有所区别。

4. 选择性专业化方式

企业有选择性地专门服务于几个不同的细分市场的顾客群体，提供各种性能、生命力较强的同类产品，尽力满足不同的消费者的各种需求。这是一种市场机会增长型模式，采用这种模式要注意的是，选择的细分市场必须以可以实现盈利为前提，否则风险较大。

5. 全方位进入方式

企业全方位进入各网络细分市场，为所有网络细分市场提供他们所需要的不同类型的产品。这是实力强大的企业为了占据市场领先地位而采取的战略，一般企业很少使用。

2.4.3　目标市场策略

为了有效地选择目标市场，企业通常采用以下3种策略：

1. 无差异性营销

采用一种市场营销组合，试图在整个市场上满足尽可能多的消费者需要，集中力量为之服务。

2. 差异性营销

差异性营销即选择性市场营销策略或非同一性市场策略。这种策略是企业对市场进行细分，推出多种产品，针对各个不同的细分市场运用不同的市场营销组合，满足多个目标市场消费者需要的策略。

采用这种策略的企业主要着眼于消费者需求的异质性，试图把原有的市场按消费者的一定特性进行细分，然后根据各个子市场的不同需求和爱好，推出各种与其相适应的产品和采用与其相适应的市场营销组合分别加以满足。

3. 密集性营销

密集性营销即集中性市场营销策略。这种策略是指企业在市场细分过程中集中所有力量，以一个或少数几个细分市场为目标市场，运用全部市场营销组合为一个或几个细分市场服务。

以上3种策略各有利弊，各自适用于不同的情况。企业在选择目标市场策略时，必须全面考虑各种因素，权衡得失，慎重决策。

2.5 网络市场定位

网络营销的目标市场定位，是指根据所选定的目标市场上的竞争者现有产品所处的位置和企业自身的条件，从各方面为网络产品创造一定的特色，塑造并树立一定的市场形象，以求在目标顾客中形成一种特色的偏爱。传统营销的目标市场定位的选择是单向的，可以拿着从市场出来的产品到市场上寻找顾客，也可以选定顾客群后再找产品。而网络营销的目标市场定位是双向的，一方面，营销者必须了解上网用户的各种情况；另一方面，营销者必须了解自己的产品是否适合网络销售，否则网络营销不可能给企业带来丰厚的利润。

2.5.1 网络市场定位的方法

网络市场定位的基本原则，并不是塑造全新而独特的东西，而是掌握已存在于人们心中的想法，打开客户的联想之门，目的是要使产品在顾客心目中占据有利地位。因此，定位的起点是网民的消费心理。只要把握了网民的消费心理，并借助恰当的手段把这一定位传播给目标网民，就可以收到较好的营销效果。

在虚拟市场中，仅仅做到这一点是不够的，心理定位毕竟需要兑现，成为产品的实际定位。在掌握消费心理的同时，也要琢磨产品，使品牌的心理定位与相应产品的功能和利益相匹配，定位才会成功。企业所定位的目标市场，应具备以下两个条件：

首先，目标市场内所有的人必须具备一至两条基本相同的条件，比如收入、受教育程度、职业、消费习惯等，这样才能明确地划分出目标市场的范围。

其次，市场必须具备一定的规模。因为太小的目标市场购买力相应也小。如果投资过大，就会得不偿失。

网络营销的定位方法有以下几种：

1. 初次定位与重新定位

初次定位是在新成立的企业初入网络市场，或企业新产品投入网络市场，或产品进入虚拟市场时，企业必须从零开始，运用所有的市场营销组合，使产品特色符合所进入的目标市场的要求。

但是企业要进入目标市场时，往往是竞争者的产品已在市场露面或形成了一定的市场格局。这时，企业就应认真研究在目标市场上竞争对手产品所处的位置，从而确定本企业产品的有利位置。

重新定位，也称二次定位或再定位，它是指企业变动产品特色，改变目标顾客对产品原有的印象，使目标顾客对其产品新形象有一个重新的认识过程。市场重新定位对于企业适应市场环境、调整市场营销战略是必不可少的。一般来说，企业产品在市场上的初次定位即使很恰当，但在出现下列情况时也需考虑重新定位：一是在本企业产品定位附近出现了强大的竞争者，挤占了本企业品牌的部分市场，导致了本企业产品市场萎缩和产品品牌的目标市场占有率下降；二是消费者的偏好发生变化，从喜爱本企业品牌转移到喜爱竞争者的品牌，使本企业产品销售量骤减。

然而，企业在重新定位前必须慎重考虑两个问题：一是企业将自己的品牌定位从一个目标市场转移到另一个目标市场时所付出的全部成本有多大；二是企业将自己的品牌定在新位置上的销售价格能够定多高等。经过慎重论证后，重新定位可以进行的基本条件是至少能够确保企业一定量的总利润。

重新定位对于企业适应市场环境、调整市场营销战略是必不可少的，可以视为企业的战略转移。重新定位可能导致产品的名称、价格、包装和品牌的更改，也可能导致产品用途和功能上的变动，企业必须考虑定位转移的成本和新定位的收益问题。

2. 对峙性定位与回避性定位

对峙性定位，又称竞争性定位，或称为针对式定位。它指企业选择靠近于现有竞争者或与其重合的市场位置，争夺同样的顾客，彼此在产品、价格、分销及促销各个方面区别不大。

回避性定位，又称为创新式定位。它是指企业回避与目标市场竞争者直接对抗，将自身位置定在市场上某处空白领地或空隙，开发并销售目前市场上还不存在的、具有某种特色的新产品，以开拓新的市场。

3. 心理定位

心理定位是指企业从顾客需求心理出发，积极创造自己产品的特色，以自身最突出的优点来定位，从而达到在顾客心目中留下特殊印象和树立市场形象的目的。心理定位应贯穿于产品定位的始终，无论是初次定位还是重新定位，无论是对峙性定位还是回避性定位，都要考虑顾客的需求心理，赋予产品更新的特点和突出的优点。

2.5.2 网络市场定位的步骤

市场定位的关键是企业要设法在自己的产品上找出比竞争对手更具有优势的特性。竞争优势一般有两种基本类型：一是价格竞争优势，就是在同样的条件下比竞争者定出更低的价格。这就要求企业采取一切努力来降低单位成本。二是偏好竞争优势，即能提供确定的特色来满足顾客的特定偏好。这就要求企业采取一切努力在产品特色上下工夫。因此，企业市场定位的全过程可以通过以下三大步骤来完成：

1. 分析目标市场的现状，确认潜在的竞争优势

这一步骤的中心任务是要回答以下三个问题：一是竞争对手产品定位如何？二是目标市场上顾客欲望满足程度如何以及确实还需要什么？三是针对竞争者的市场定位和潜在顾客的真正需要的利益要求企业应该及能够做什么？要回答这三个问题，企业市场营销人员必须通过一切调研手段，系统地设计、搜索、分析并报告有关上述问题的资料和研究结果。通过回答上述三个问题，企业就可以从中把握和确定自己的潜在竞争优势在哪里。

2. 准确选择竞争优势，对目标市场初步定位

竞争优势表明企业能够胜过竞争对手的能力。这种能力既可以是现有的，也可以是潜在的。选择竞争优势实际上就是一个企业与竞争者各方面实力相比较的过程。比较的指标应是一个完整的体系，只有这样，才能准确地选择相对竞争优势。通常的方法是分析、比较企业与竞争者在经营管理、技术开发、采购、生产、市场营销、财务和产品等七个方面究竟哪些是强项，哪些是弱项。借此选出最适合本企业的优势项目，以初步确定企业在目标市场上所处的位置。

3. 显示独特的竞争优势和重新定位

这一步骤的主要任务是企业要通过一系列的宣传促销活动，将其独特的竞争优势准确传播给潜在顾客，并在顾客心目中留下深刻印象。为此，企业首先应使目标顾客了解、知道、熟悉、认同、喜欢和偏爱本企业的市场定位，在顾客心目中建立与该定位相一致的形象。其次，企业通过各种努力强化目标顾客形象，保持目标顾客的了解，稳定目标顾客的态度和加深目标顾客的感情来巩固与市场相一致的形象。最后，企业应注意目标顾客对其市场定位理解出现的偏差或由于企业市场定位宣传上的失误而造成的目标顾客模糊、混乱和误会，及时纠正与市场定位不一致的形象，适时进行重新定位。

本章小结

我们把基于互联网的系统地进行营销信息的收集、整理、分析和研究的过程称为网络市场调研。网络市场调研与传统的市场调研相比，具有以下特点：①及时性和共享性；②便捷性和低费用；③交互性和充分性；④调研结果的可靠性和客观性；⑤无时间和地域的限制；⑥可检验性和可控制性。网络市场调研根据收集的数据的性质不同，分为直接调研方法和间接调研方法。网络市场直接调研，是指为当前特定的目的在互联网上收集一手资料或称原始资料的过程，而网络市场间接调研就是网上二手资料的收集。网络市场直接调研可根据调研者组织调研样本的行为、网上调研采用的技术等不同分类标准进行分类。网络间接调研的信息来源包括企业内部信息源和企业外部信息源两个方面，可利用搜索引擎、BBS 论坛、新闻组、聊天室、E-mail 及访问相关的网站和数据库收集查找资料。网络营销平台是企业电子商务平台的重要组成部分，其主要功能包括发布新闻动态、网上调查、会员注册与管理、产品展示等。网络营销平台可根据其功能、客户对象、所有者等分

类标准进行分类。网络营销市场细分是指为实现网络营销的目标，根据网上消费者对产品不同的欲望与需求，不同的购买行为与购买习惯，把网络上的市场分割成不同的或相同的小市场群。市场细分是有效进行目标市场选择和市场定位的前提。网络目标市场选择的基础是评估细分市场的经济价值，评估的标准是企业能在哪个市场获得更多的收益。网络目标市场的覆盖方式通常有5种，包括密集单一方式、产品专业化方式、市场专业化方式、选择性专业化方式与全方位进入方式。常用目标市场策略有无差异性营销、差异性营销和密集性营销。3种策略各有利弊，各自适用于不同的情况。网络营销的目标市场定位，是指根据所选定的目标市场上的竞争者现有产品所处的位置和企业自身的条件，从各方面为网络产品创造一定的特色，塑造并树立一定的市场形象，以求在目标顾客中形成一种特色的偏爱。网络营销的定位方法有以下几种：初次定位与重新定位；对峙性定位与回避性定位；心理定位。网络市场定位的步骤是：①分析目标市场的现状，确认潜在的竞争优势；②准确选择竞争优势，对目标市场初步定位；③显示独特的竞争优势和重新定位。

思考题

1. 比较网络市场调研与传统市场调研，简述网络市场调研的特点。
2. 你如何看待在线问卷调研结果的可靠性和可控制性？
3. 简述营销网络平台的功能与作用。
4. 网络市场细分的标准有哪些？
5. 简述目标市场选择策略与市场定位步骤。

3

网络营销产品与定价

学习目标

1. 了解网络营销产品的内涵、分类及产品组合策略
2. 了解网络新产品开发的特点与面临的挑战
3. 掌握网络营销新产品的开发策略
4. 理解网络营销定价的内涵、基础与特点
5. 掌握网络营销定价策略，尤其是拍卖竞价策略的使用

本章结构图

- 网络营销产品与定价
  - 网络营销产品
    - 产品的内涵与分类
    - 产品组合
  - 网络营销新产品的开发
    - 开发的特点与面临的挑战
    - 开发策略
  - 网络营销定价
    - 内涵与基础
    - 定价特点
    - 定价策略

引　例

京东商城：野蛮生长

Fashion，什么是Fashion？眼镜要戴没有镜片的，看不清戴隐形啊；西服不一定要打领带，混搭才是王道……从服饰到数码产品，一则《男人帮》的京东新广告，已经诠释了京东全品类电商的新形象。

作为目前国内最大的综合性网络零售企业，始终保持领跑行业的增长速度，2007年完成第一轮融资，当年销售额即达到3.6亿元，2008年为13.2亿元，2009年近40亿元，2010年销售额达102亿元。几年以来，京东的销售额始终保持着200%以上的增长速度。

除了增长速度，京东商城更是选择了为现有的顾客提供更多产品的增长途径。京东商

城拥有遍及全国各地2 500万注册用户。在线销售家电、数码通信、电脑、家居百货、服装服饰、母婴、图书、食品等11大类数万个品牌百万种优质商品，奢侈品网站toplife.com也于2011年11月份上线。

低价战略

今年36岁的刘强东并非是中国最早触网的互联网网民之一，2004年之前，他唯一接触过的只有QQ。“他有做零售的某种气质”，这是今日资本总裁徐新眼里的刘强东，“京东最重要的价值是，它在进行一场渠道变革。”

20世纪90年代的大学毕业生不是去政府当官，就是出国或者进外企。1998年，刘强东也不例外，刚一毕业就进了外企，两年月薪4 000元的日子让他并不甘心如此生活，于是他拿着20 000块钱的积蓄开始创业。

最初他在中关村做传统的IT代理和零售，靠一点点建立起来的诚信渐渐地为自己代理的产品打开了销路。2004年，深谙销售渠道和经验的他发现：上游是神舟数码等大的分销商，下游是零售商，代理则处于不上不下，被裹挟的处境之中，前途晦暗。于是他选择下层渠道做零售，由线下实体触网转型做电子商务，并成立了京东商城。

割舍传统渠道，转型线上的刘强东深知线上渠道的必胜优势，那就是低价。

商城家电产品的销售价格比传统渠道低10%，数码产品的价格比传统渠道低15%。家电产品的低价主要是网上销售成本低带来的，成本只占整体产品销售额的5%，但传统渠道商的成本费用达到11%～12%。而数码产品的低价是销售渠道的日渐扁平化，刘强东省去了IT产品的层层代理，供货商直接供货就能获得最低的价格。目前，京东商城与供货商的合作模式主要是买断式销售，利润来源于产品的差价和返点这两个方面。

随着京东商城在3C市场地位的建立，以及年销售额3倍以上的增长，当时京东已拥有200万注册用户，每日浏览量上千万，而来商城的消费者则希望能在京东网上买到所有的东西，扩充产品品类成了消费者新的需求。

2008年下半年，京东决定在3C和家电的基础上，增加日用百货商品。

“实际上，京东进军百货业，并非贸然之举。”刘强东直言。产品品类扩充的关键是产品供应商的高效管理。进军日用百货的前3年，京东打通了与供应商的关系，其基础是较低运营成本和较高供应链效率为品牌厂商带来的价值。零售业的竞争就是成本和效率的竞争，电子商务在渠道成本和运营效率方面具有明显的优势。

在电子商务的模式下，网络零售的渠道成本从30%～50%下降到6%～15%，运营效率从60~90天减少到7~30天。电子商务企业有能力在给消费者带来低价的同时，让品牌厂商获取合理利润，促进整个产业的良性发展，给产业链带来价值。

而从企业长期发展战略上看，京东的目标是成为全球前五的综合性网络零售企业，品类扩充仍将是京东商城最近3年的重要战略目标。

但在全面扩充品类的同时，借助第三方合作方式扩充品类的比重越来越大。最近，京东商城最新上线的在线机票和在线医药市场，都是这种合作模式扩充的新品类。越来越多的第三方合作能否保证京东商城原有的一系列配送服务质量，这也让更多的消费者质疑。

2010年10月，京东商城“品牌直销”频道正式上线，宣告第三方开放平台正式运营。目前在京东商城的品牌开放平台系统上，加盟的品牌数超过4 000个，月销售额突破2亿元。平台商户可以借助仓储、配送、客服、售后、货到付款、退换货、自提货等体系，丰富品类。与此同时，削减自建服务体系的成本负担才是京东此举的关键。

京东商城扩张变身网上百货公司后，很多领域也面临竞争对手的冲击，如图书领域的当当、服装类的凡客、数码类的新蛋等。京东的扩张品类更为苏宁、国美等的发展留出空隙，也使自己丧失了快速做大3C产品，提升品类议价能力的机会。

（资料来源：哈佛商业评论网，http：//www.ebusinessreview.cn/articledetail-109882.html，案例有修改）

营销的一个重要目的是要为企业创造一个高于平均值的投资回报率。如何制定适当的价格，将独特的、差异度较高的产品或服务提供给消费者，对企业来说是一个挑战。在网络环境下，网络自身的特点对企业产品的设计、价格的制定带来了较大的影响。比如由于网络的互动性，消费者比以往更大程度地参与到产品的设计与开发中。网络营销产品的定价虽然还是由市场供应方和需求方共同决定，但网上商家常常能够以低于边际成本的价格出售商品（甚至免费赠送）。总之，网络营销的产品与定价策略和传统策略有很大不同。

3.1 网络营销产品

3.1.1 网络营销产品的内涵与分类

3.1.1.1 网络营销产品的内涵

产品是指向市场提供的，供人们获取、使用或消费，从而满足人们某种欲望或需要的一切东西。广义的产品包括有形商品、服务、人员、场所、组织和构思。作为企业利益与消费者利益的桥梁，产品在网络营销中发挥着重要作用。但是由于网络的虚拟性，网络营销产品的内涵与传统产品的内涵有一定的差异性，主要表现在网络营销产品的层次与传统营销产品的层次相比大大拓展了。网络营销产品包括以下5个层次：

1. 核心利益层次

这是指产品能够提供给消费者的基本效用或益处，是消费者真正想要购买的基本效用或益处。如消费者购买电脑是为了学习电脑、利用电脑作为上网工具；购买软件是为了压缩磁盘空间、播放 MP3 格式的音乐或上网冲浪等。由于网络营销是一种以顾客为中心的营销策略，企业在设计和开发产品核心利益时，要从顾客的角度出发，根据上次营销效果来设计开发本次产品；要注意的是网络营销的全球性，企业在提供核心利益和服务时要针对全球性市场，如医疗服务可以借助网络实现远程医疗。

2. 有形产品层次

这是产品在市场上出现时的具体物质形态。对于物质产品来说，首先，产品的品质必须保障；其次，必须注重产品的品牌；再次，注意产品的包装；最后，在式样和特征方面要根据不同地区的亚文化来进行针对性加工。

3. 期望产品层次

在网络营销中，顾客处于主导地位，消费呈现出个性化的特征，不同的消费者可能对产品的要求不一样，因此产品的设计和开发必须满足顾客这种个性化的消费需求。顾客在购买产品前对所购产品的质量、使用方便程度、特点等方面有一定的期望值。为满足这种需求，对于物质类产品，企业在设计、生产和供应等环节必须实行柔性化的生产和管理；对于无形产品如服务、软件等，企业能根据顾客的需要来提供服务。

4. 延伸产品层次

这是指由产品的生产者或经营者提供的、主要是帮助用户更好地利用产品的核心利益和服务。在网络营销中，对于物质产品来说，延伸产品层次要注意提供满意的送货、质量保证、售后服务等。

5. 潜在产品层次

这是在延伸产品层次之外，由企业提供能满足顾客潜在需求的产品层次，它主要是产品的一种增值服务。与延伸产品层次的主要区别是，顾客没有潜在产品层次仍然可以很好地使用产品的核心利益和服务。在高新技术发展日益迅猛时代，有许多潜在需求和利益还没有被顾客认识到，这需要企业通过引导和支持，以更好地满足顾客的潜在需求。

3.1.1.2 网络营销产品的分类

网络营销产品按照产品性质的不同，可以分为两大类：实体产品和虚体产品，具体分类见表 3－1。

表3-1 网络营销产品分类

产品形态	产品品种	产品
实体产品	普通产品	消费品、工业品等实体产品
虚体产品	软件	计算机系统软件、应用软件、电子游戏等产品
	普通服务	远程医疗、法律援助、航空、火车订票、入场券预订、饭店、旅游服务预约、医院预约挂号等
	信息咨询服务	法律咨询、医药咨询、金融咨询、行业咨询、股市行情咨询、资料库检索、电子报刊、电子研究报告、网上专家咨询、网上论文搜索

1. 实体产品

实体产品是指具有物理形状的物质产品。我们使用的多数产品都属于这一形态，也就是说，作为“原子”形式存在的实体产品是可以触摸的。在网络上销售实体产品不能采取传统的面对面的买卖方式，买卖双方以交互方式交流。买方通过卖方的主页考察其产品，通过填写相关“协议”表达自己对品种、质量、价格、数量的选择；而卖方则将面对面的交货改为邮寄产品或送货上门，这一点与产品邮购颇为相似。从理论上看，任何普通的实体产品都可以以这种方式进行交易，但是在生活中，并不是所有产品都适合网络销售。例如，金银首饰等贵重物品，因为许多人对贵重产品的安全问题十分敏感，他们更愿意用传统的方式来购买。而图书、音像制品、家用电子产品、玩具、计算机硬件、农产品等可以通过网络营销来开展业务。这类产品本身并不贵重，而且邮寄过程中也不容易出现破损和损耗，所以对于消费者来说，通过网络来购买这些产品，风险不大；而对于厂商来说，这些产品是发展网络营销的首选种类。如著名的Amazon网上书店就是先网上销售书籍，然后开始销售音像制品等，获得了成功。

2. 虚体产品

虚体产品与实体产品的本质区别是虚体产品一般是无形的，即使表现出一定形态也是通过其载体体现出来，但产品本身的性质和性能必须通过其他方式才能表现出来。在网络上销售的虚体产品可以分为两大类：软件和服务。

软件包括计算机系统软件和应用软件。网上软件销售商常常可以提供一段时间的试用期，允许用户尝试使用并提出意见。好的软件能够很快吸引顾客，使他们爱不释手并予以购买。

服务可以分为普通服务和信息咨询服务两大类，普通服务包括远程医疗、法律救助、航空和火车订票、入场券预订、饭店旅游服务预约、医院预约挂号、网络交友、电脑游戏等；而信息咨询服务包括法律咨询、医药咨询、股市行情分析、金融咨询、资料库检索、电子报刊等。对于普通服务来说，顾客不仅注重所能够得到的收益，还关心自身付出的成本。通过网络这种媒介，顾客能够尽快地得到所需要的服务，免除恼人的排队等候的时间成本。同时，消费者利用浏览软件，能够得到更多更快的信息，提高信息传递的效率。对于信息咨询服务来说，网络是最好的媒体选择。用户上网的最大诉求就是寻求对自己有用的信息，信息服务正好提供了满足这种需求的机会。网络技术的发展对服务的影响是巨大的，它改变了我们传统上对于服务特征的认识。在网络营销中，以下几个方面的要求是网络服务活动中所特有的：

可靠性（Reliability）。指网站独立和准确提供服务的能力。例如是否消费者每一次登录都能成功；是否每一封 E-mail 都能得到回复。

响应能力（Responsiveness）。指帮助顾客和提供即时服务的意愿。例如网上响应顾客访问的速度及支持并发访问的规模等等。

保证性（Assurance）。指员工具备的知识和礼仪，以及其获得顾客信任的能力。例如一对一的回复能力和顾客信息的保密性和安全性。

交流工具（Tangible）。指硬件设施、用以沟通的设备是否便于使用，迅速及时应用新技术等。

情感投入（Empathy）。指向每位消费者提供人文关怀的能力。事实上，语言的魅力使得在非面对面接触的情况下也能实现情感的表达。

3.1.2 网络营销产品组合

3.1.2.1 产品组合概念

产品组合，服务性企业也称业务组合，是指网络营销企业向网上目标市场所提供的全部产品或业务的组合或搭配。

产品组合中的全部产品可以分成若干条产品线，每条产品线中的每一种产品又叫产品项目。所有这些产品大类和项目按一定比例搭配，就形成了企业的产品组合。

产品线是指产品组合中所有产品根据某一分类标准划分成的产品大类。产品组合中的产品可以依据产品功能上相似、消费上具有连带性、供给相同的顾客群、有相同的分销渠道、属于同一价格范围进行分类。

产品项目是指每一产品大类中所包括的每一种产品，即产品组合中各种不同品种、档次、质量、价格或其他属性的特定产品。

一个企业提供给目标市场的一般不会是单一的产品，而是产品组合，可能又包含若干不同的品牌、包装和服务等内容。网络营销活动中，企业不但要在产品的品牌、包装、服务和配送等方面做出决策，而且要从整体上对产品组合、产品线和产品项目做出决策。

3.1.2.2 产品组合决策

产品组合决策，一般是从产品组合的宽度、长度、深度和关联性等方面做出决策与规划的。

产品组合的宽度是指一个企业生产经营的产品大类的多少，即拥有多少条产品线，多则称之为宽，少则称之为窄。产品组合的宽度主要反映企业网络营销活动所涉及的产品或业务面的宽窄问题。产品组合的长度是指企业产品组合中包含在各条产品线中的所有产品项的总数，产品组合的长度反映企业在网络营销活动中所经历的产品项目内容的多少，多则称之为长，少则称之为短。一条产品线中所包含的项目越多，说明企业经营的某一大类产品越齐全，开发的深度越大。所以，产品组合的深度是指企业产品组合中平均每条产品线所包含的产品项目数。产品组合的关联性是指各条产品线在最终使用、生产条件、分销渠道或其他方面的关联程度。

3.1.2.3　网络营销产品组合策略

企业在调整自己的网络营销产品组合时可选择以下策略：

1. 产品组合扩充策略

产品组合扩充策略主要包括扩大企业网上营销的产品范围，在原有产品线内增加新的产品项目。增加企业网络营销产品组合，扩大企业网上营销的范围，可充分发挥企业各项资源的潜力，提高效益，减少风险；增加网络营销活动中所经营的产品项目内容，增加企业经营产品的某一大类，加大产品开发的深度等，可以迎合广大网上用户的部分需要和爱好，吸引更多的顾客，从而占领同类产品的更多细分市场。

2. 产品组合减缩策略

从产品组合中剔除那些获利很少甚至不获利的产品大类或产品项目，使企业可以集中力量发展获利多的产品大类和产品项目。

3. 产品线延伸策略

产品线延伸策略就是突破企业网络营销原有经营档次的范围，使产品线加长的策略。其实，产品线延伸策略是实现扩充产品组合策略的一种重要途径。一般可供选择的产品线延伸策略主要有以下3种：

（1）向下延伸。有些生产或经营高档产品的企业逐步增加一些较低档的产品，称为向下延伸。当企业生产经营的高档产品由于种种原因，不能再提高销售增长速度，而且企业具备生产经营低档产品的条件，这时可增加一些较低档的产品，能最大限度避免向下延伸带来的风险时，可以采用该策略。

（2）向上延伸。企业的网络营销原本只经营低档产品，现在逐步增加中高档产品，称为向上延伸。它一般适合于下述几种情况：一是高档产品有较高的销售增长率和毛利率；二是为了追求高中低档产品齐全的完整的产品线；三是以某些高档的产品来调整整条产品线的档次。这时要逐步增加中高档的产品或业务。

（3）双向延伸。有些经营中档产品的企业，在一定条件下，逐渐向高档和低档两个方向延伸，称为双向延伸。

3.2　网络营销新产品的开发

网络营销学中所讲的新产品是从网上市场和企业网络营销两个角度来认识的。对网上市场而言，第一次出现的产品即为新产品，或者说，凡是能给消费者带来某种新的满足、新的利益的产品，都可称为新产品；对企业网络营销而言，第一次生产与销售的产品就叫新产品，或者说，只要产品整体概念中任何一部分有所创新、改革、改进的都属新产品。

3.2.1 网络新产品开发的特点与面临的挑战

3.2.1.1 网络新产品开发的特点

借助于网络技术，网络环境下的新产品开发具备了新的特点。网络营销新产品开发的特点表现为以下方面：

1. 提高了新产品开发的速度和效率

网络向新产品开发过程中引入了新的柔性标准，“边走边学”和“察觉并响应”是很多网络公司的信条。柔性产品开发投入延迟到最终的设计配置直到可能的最后时刻，使产品开发的过程得以简化，从而提高了新产品开发的效率。网络作为一种新型的营销要素，它的介入提高了市场信息的透明度，加剧了市场竞争的激烈程度，使企业在开发新产品时可以提前介入新产品创意构思的商业可行性评估，客观地评价自身的实力与构思的市场认可度。尤其是在评估市场认可度时，可以利用网络营销的互动优势，直接向顾客征求意见，以确保能筛选出最具商业价值的新产品构思。

2. 丰富了新产品的创意来源和空间

顾客是新创意产生的重要来源，利用网络的互动性，可以生成和管理一个庞大的基于顾客需求的数据库系统。由此企业可以尽快发现顾客的现实需求和潜在需求，从而更有助于更多新产品创意的出现。利用网络数据库来发现需求并形成创意是比较有效的渠道，但对于快速发展的网络技术，许多需求是顾客难以感知到的。这对相关专业人员的依赖仍然是必需的。总之，网络平台的充分利用，大大扩展了创意的产生和来源的空间。在创意选择上，要注意网络营销与传统营销的区别，网络时代的新产品看重的首先是产品创新性和市场发展潜力，对于产品的短期市场盈利和风险的考虑还在其次。目前有很多风险投资愿意在新产品开发方面投入，愿意承担一定风险，但要求的回报率较高。

3. 实现了新产品开发中顾客的全程参与和互动

在网络营销环境下，顾客参与可以伴随整个研发过程。公司可以在产品开发的早期阶段制订一个详尽的鼓励客户反馈的计划，使得新产品开发的整个过程建立在对客户当前和未来需求以及持续可靠的客户反馈深入理解的基础之上。网络即时沟通、成本低廉且交互性强的特点使得网络成为激发这类沟通的最理想工具。网络营销中，产品的定制过程就是由客户发起并控制的，客户介入整个设计过程，而实际产品可以在客户购买之后进行制造。

4. 降低了新产品的开发成本和风险

网络环境下，一方面新产品开发的柔性过程提高了新产品开发的效率，从而降低了新产品的开发成本；另一方面，各种网络技术支持下的虚拟开发的应用也为新产品开发成本的降低做出了保障。

目前，集成 Internet 网络软件、快速原型设备和面向 CAD/CAM/CAE 系统的用户接口和数据库等技术，可以实现新产品的虚拟开发与设计。虚拟产品开发将现实产品开发环境和全过程的一切活动及产品演变成基于数字化的模型，利用该模型对产品开发的行为进行预测与评价。虚拟产品开发将从根本上改变设计、试制、设计修改和规模生产以及维护的传统模式。在产品真正制造和销售之前，首先在虚拟开发环境中生成数字化产品原型或软产品原型代替传统的硬样件，对其性能、可制造性、可维护性和成本、外观等进行测试和评价，从而缩短产品开发周期，降低开发成本，提高企业快速适应市场变化的能力。

3.2.1.2 网络新产品开发面临的挑战

新产品开发是许多企业市场取胜的法宝。在网络时代，由于信息和知识的共享，科学技术扩散速度加快，企业的竞争从原来简单依靠产品的竞争转为拥有不断开发新产品能力的竞争。互联网的发展，使得在今后获得新产品开发成功的难度增大，其原因如下：

1. 在某些领域内缺乏重要的新产品构思

一些科学家认为，随着时间的推移，在汽车、电视机、计算机、静电印刷和特效药等领域内，值得投资的切实可行的新技术微乎其微。目前许多的传统优势企业正面临着严峻挑战，Cisco 公司在短短的 15 年就成为美国市场价值第三大公司，超过了 Intel 公司。Intel 公司正准备从“计算机产业的建筑模块供应商”向“互联网建筑模块供应商”转移。未来的产品构思开发必须适应网络时代的需要。

2. 不断分裂的市场

激烈的竞争正在导致市场不断分裂，各个公司不得不将新产品的目标对准较小的细分市场，而不是整个市场。这就意味着每一个产品只能获得较低的销售额和利润额。互联网的发展加剧了这种趋势，市场主导地位正从企业主导转为消费者主导，个性化消费成为主流，未来的细分市场必将是以个体为基准的。

3. 社会和政府的限制

网络时代强调的是绿色发展，新产品必须以满足公众利益为准则，诸如消费者安全和生态平衡。政府的一些要求已使得医药行业的创新进度减慢，并使工业设备、化工产品、汽车和玩具等行业的产品设计和广告决策工作难以开展。

4. 新产品开发过程中的昂贵代价

网络时代竞争加剧，公司为了最终找出少数几个良好的构思，通常需要形成许多新产品构思。因此，公司就得面对日益上升的研究开发费用、生产费用和市场营销费用。

5. 新产品开发完成的时限缩短

许多公司很可能同时得到同样的新产品构思，而最终胜利往往属于行动迅速的人。反应灵敏的公司必须压缩产品开发的时间，其方法可采用：计算机辅助的设计和生产技术，合伙开发，提早产品概念试验及先进的市场营销规划等。

6. 成功产品的生命周期缩短

当一种新产品成功后，竞争对手立即就会对之进行模仿，从而使新产品的生命周期大为缩短。网络时代，特别是互联网的发展带来的新产品开发的困难，对企业来说既是机遇也是挑战。企业开发的新产品如果能适应市场需要，可以在很短时间内占领市场，打败其他竞争对手。如果企业的新产品开发跟不上，企业很可能马上陷入困境。

3.2.2 网络营销新产品的开发策略

在互联网时代，由于信息和知识的共享，科学技术扩散速度加快，企业的竞争从原来简单依靠产品的竞争转为拥有不断开发新产品能力的竞争。当一种新产品成功后，竞争对手立即就会对之进行模仿，从而使新产品的生命周期大为缩短。因此，就突显出制定适当的新产品开发策略的重要性。与传统新产品开发一样，网络营销新产品开发策略也有以下几种类型：

1. 首创产品策略

首创产品策略即企业向网上市场推出全新产品的一种产品开发策略。全新产品是指企业应用新技术、新材料研制出的具有全新功能的新产品，这种产品无论对企业还是市场来说都属于新产品。全新产品的开发通常需要投入大量的资金，具有足够的需求潜力，企业承担的风险也较大。这种策略一般主要由创新公司采用。

网络时代使得市场需求发生根本性变化，只要有很好的产品构思和服务概念，即使没有资本也可以获得成功，因为许多风险投资资金正在寻找投资方向与项目。例如，阿里巴巴网站凭借其独到的为商人提供免费的中介服务的概念，使公司迅速成长起来。这种策略是网络经济条件下最有效的策略，因为网络市场中只有第一，没有第二。

2. 改创产品策略

改创产品开发策略的基本特征在于其改创性。即企业无须研制并推出全新的产品，只需对其他企业首创的新产品进行改良或改造。在网络经济条件下，消费者可以在全球范围内挑选自己需要的产品，消费者的选择性大大加强。企业面对消费者日益提高的需求驱动，必须不断地改进现有产品和进行产品的升级换代，否则就会被市场淘汰。

3. 仿创产品策略

仿创产品是创新度最低的一种市场创新活动，其基本特征在于产品开发的模仿性。一些缺乏首创能力和改创能力的中小型企业，常常采用仿创产品策略。这是因为，一般来说，仿创者所承担的市场风险和市场开发成本都比较小。虽然仿创者不一定能取得市场领先地位，却可以通过自己某些独占的市场发展条件来获取较大的市场收益和市场竞争优势。

企业网络营销产品策略中采取哪一种具体的新产品开发方式，可以根据企业的实际情况决定。结合网络营销市场特点和互联网特点，开发新市场的新产品是企业竞争的核心，对于相对成熟的企业，采用后面两种新产品开发策略也是一种短期的较稳妥的策略，但不能作为企业长期的新产品开发策略。

与传统的网下营销一样，新产品开发过程一般由 8 个阶段构成，即形成构思、筛选构思、形成产品概念、制定营销战略、进行商业分析、研究试制、市场试销、正式投放市场。但由于网络的运用，这一过程的各个阶段都不同程度地有所变化。新产品开发的首要阶段是形成构思，企业新产品开发构思的来源虽然很多，可以是顾客、科学家、竞争者、公司销售人员、中间商和高层管理者等，但产品概念的最后形成离不开顾客需求对构思的引导。网络营销的一个重要特性就是与顾客的交互性，它通过信息技术和网络技术记录、评价和控制营销活动，掌握市场需求信息，企业和顾客可以随时随地地进行信息交换。在产品开发中，企业可以利用网络征集消费者对产品设计的构想，然后迅速地向顾客提供产品的结构、性能等各方面的资料，并进行市场调查。顾客可以及时将意见反馈给企业，从而提高企业开发新产品的速度，降低企业开发新产品的成本。企业还可以利用网络电视会议等工具与其他公司协作共同开发新产品，以提高企业的竞争力与灵活性，减少企业本身开发新产品的复杂性和创新风险。

通过因特网，企业还可以迅速建立和更改产品项目，并应用因特网对产品项目进行虚拟推广，从而高速度、低成本地实现对产品项目及营销方案的调研和改进，并使企业的产品设计、生产、销售和服务等各个营销环节能共享信息，互相交流，促使产品开发从各方面满足顾客需要，最大限度地实现顾客满意。例如，企业可以展示尚未试制的虚拟产品，而不用像传统网下营销活动中那样，要试制一小批样品，从而减少新产品开发的费用和风险。通过网络营销来推动新产品试销与正式上市是一种有效的策略与途径。因为，网络市场消费群体一般具有极强的好奇性和消费领导性，比较愿意尝试新的产品，但必须注意的是，网上市场群体的消费意向比较单一，所以并不是任何新产品都适合在网上试销和推广。一般来说，与技术相关的新产品，在网上试销和推广效果比较理想，这种方式一方面可以比较有效地覆盖目标市场，另一方面可以利用网络与顾客直接进行沟通和交互，有利于顾客了解新产品的性能，还可以帮助企业对新产品进行改进。

利用互联网作为新产品营销渠道时，要注意新产品能否满足顾客的个性化需求的特性，即同一产品能针对网上市场的不同顾客需求生产出功能相同但又能满足个性需求的产品，这要求在开发和设计新产品时，要考虑到产品式样和顾客需求的差异性。如 Dell 电脑公司在推出电脑新产品时，允许顾客根据自己的需要自行设计和挑选配件来组装自己满意的产品，Dell 公司可以通过互联网直接将顾客订单送给生产部门，生产部门根据个性化需求组装电脑。因此，网络营销产品的设计和开发要能体现产品的个性化特征，适合进行柔性化的大规模生产，否则概念再好的产品，也很难在市场上让消费者满意。

3.3 网络营销定价

3.3.1 网络营销定价的内涵与基础

3.3.1.1 网络营销定价内涵

1. 网络时代的需求方地位提升

意大利著名经济学家帕累托考察了资源的最优配置和产品的最优分配问题，提出通过改变资源配置方法来实现“最优供需配置状态”，又称“帕累托最优状态”。要实现帕累托最优状态，需要同时满足以下三个条件，即生产的最优条件、交换的最优条件和生产与交换的最优条件。

所谓生产的最优条件，就是在生产要素存量一定的情况下，使产出达到最大的条件，即在不考虑需求弹性或认为需求无止境时，从生产者角度出发，力求达到产出和利润最大化的过程。随着 Internet 得到日益广泛的应用，特别是 Intranet 和 Extranet 的引入，使生产者逼近最优条件的速度和程度都得以显著提升。由 Intranet 引发的管理革命和由 Extranet 支撑的产业联盟体系，使生产者能够极大地提升效率，降低成本，不断地逼近“生产的最优条件”。

所谓交换的最优条件，是使交换双方得到最大满足和最高效率的条件。与生产的最优条件相反，交换的最优条件是不考虑供应弹性或认为供应无止境时，从需求者角度出发，力求达到支出不变而效果最佳的过程。Extranet 和 Internet 的引入，使交换的最优条件得以快速建立——因为通过 Extranet 采购，可以加速生产工具和原材料市场的资源分配；同时，Internet 导致需求多样、市场容量激增、消费特征变迁，并使替代品数量增多。

所谓生产与交换的最优条件，即社会生产结构与需求结构相一致，生产出来的产品都是社会需要的，不存在滞销和积压。也可以说，任何生产者都有能力快速应付需求的变化。

在工业经济时代，需求方特别是消费者，由于信息不对称，并受市场空间和时间的隔离，不得不处于一种被动地位，从属于供应方来进行满足需求。买方由于对价格信息所知甚少，所以在讨价还价中总是处于不利地位。互联网的出现不但使得收集信息的成本大大降低，而且还能得到很多的免费信息，网络技术发展使得市场资源配置朝着最优方向发展。

2. 网络营销产品定价目标

企业的定价目标一般有生存定价、获取当前最高利润定价、获取当前最高收入定价、销售额增长最大量定价、最大市场占有率定价和最优异产品质量定价。企业的定价目标一般与企业的战略目标、市场定位和产品特性相关。企业在制定价格时，主要是依据产品的生产成本，这是从企业局部来考虑的。企业价格的制定更主要是从市场整体来考虑的，它取决于需求方的需求强弱程度和价值接受程度，还有来自替代性产品（也可以是同类的）的竞争压力程度。需求方接受价格的依据则是商品的使用价值、商品的稀缺程度，以及可替代品的机会成本。

在网络营销中，市场还处于起步阶段的开发期和发展时期，企业进入网络营销市场的主要目标是占领市场求得生存发展机会，然后才是追求企业的利润。目前网络营销产品的定价一般都是低价甚至是免费，以求在迅猛发展的网络虚拟市场中寻求立足机会。网络市场分为两大市场，一是消费者大众市场，另一个是工业组织市场。对于前者的网民市场，属于前面谈到的成长市场，企业面对这个市场时必须采用相对低价的定价策略来占领市场。对于工业组织市场，购买者一般是商业机构和组织机构，购买行为比较理智，企业在这个网络市场上的定价可以采用双赢的定价策略，即通过互联网技术来降低企业、组织之间的供应采购成本，并共同享受成本降低带来的双方价值的增值。

3.3.1.2　网络营销定价基础

从企业内部来说，企业产品的生产成本总体呈下降趋势，而且成本下降速度越来越快。在网络营销战略中，可以从降低营销及相关业务管理成本费用和降低销售成本费用两个方面分析网络营销对企业成本的控制和节约。下面将全面分析互联网的应用将对企业其他职能部门业务带来哪些成本费用节约。

1. 降低采购成本费用

采购过程中之所以经常出现问题，是由于过多的人为因素和信息闭塞造成的，通过互联网可以减少人为因素和信息不畅通的问题，在最大限度上降低采购成本。

首先，利用互联网可以将采购信息进行整合和处理，统一从供应商处订货，以求获得最大的批量折扣。其次，通过互联网实现库存、订购管理的自动化和科学化，可最大限度减少人为因素的干预，同时能以较高效率进行采购，可以节省大量人力和避免人为因素造成不必要的损失。最后，通过互联网可以与供应商进行信息共享，可以帮助供应商按照企业生产的需要进行供应，既不影响生产，也不增加库存产品。

2. 降低库存

利用互联网将生产信息、库存信息和采购系统连接在一起，可以实现实时订购，企业可以根据需要订购，最大限度降低库存，实现"零库存"管理，这样的好处是，一方面减少资金占用和减少仓储成本，另一方面可以避免价格波动对产品的影响。正确管理存货能为客户提供更好的服务，并为公司降低经营成本。加快库存核查频率会减少与存货相关的利息支出和存储成本。减少库存量意味着现有的加工能力可更有效地得到发挥，更高效率的生产可以减少或消除企业和设备的额外投资。

3. 生产成本得到了控制

利用互联网可以节省大量生产成本，首先利用互联网可以实现远程虚拟生产，在全球范围寻求最适宜生产厂家生产的产品；另一方面，利用互联网可以大大节省生产周期，提高生产效率。使用互联网与供货商和客户建立联系，使公司能够比从前大大缩短用于收发订单、发票和运输通知单的时间。有些部门通过增值网（VAN）共享产品规格和图纸，以提高产品设计和开发的速度。互联网的发展和应用将进一步减少产品生产时间，其途径是通过扩大企业电子联系的范围，或是通过与不同研究小组和公司进行项目合作来实现。

3.3.2 网络营销定价的特点

1. 全球性

网络营销市场面对的是开放的和全球化的市场，用户可以在世界各地直接通过网站进行购买，而不用考虑网站是属于哪一个国家或者地区的。这种目标市场从过去受地理位置限制的局部市场，一下子拓展到范围广泛的全球性市场，这使得网络营销产品定价时必须考虑目标市场范围的变化给定价带来的影响。

如果产品的来源地和销售目的地与传统市场渠道类似，则可以采用原来的定价方法。如果产品的来源地和销售目的地与原来传统市场渠道差距非常大，定价时就必须考虑这种地理位置差异带来的影响。如 Amazon 的网上商店的产品来自美国，购买者也是美国的，产品定价可以按照原定价制定的方法进行折扣定价，定价也比较简单。如果购买者是中国或者其他国家消费者，那采用针对美国本土的定价方法就很难面对全球化的市场，影响了网络市场全球性作用的发挥。为解决这些问题，可采用本地化方法，准备在不同市场的国家建立地区性网站，以适应地区市场消费者需求的变化。

因此，企业面对的是全球性网上市场，但企业不能以统一市场策略来面对这差异性极大的全球性市场，必须采用全球化和本地化相结合原则进行。

2. 低价位定价

互联网是从科学研究应用发展而来，因此互联网使用者的主导观念是网上的信息产品是免费的、开放的、自由的。在早期互联网开展商业应用时，许多网站采用收费方式想直接从互联网盈利，结果被证明是失败的。雅虎公司是通过为网上用户提供免费的检索站点起步，逐步拓展为门户站点，到现在拓展到电子商务领域，一步一步获得成功的，它成功的主要原因是它遵循了互联网的免费原则和间接收益原则。

网上产品定价较传统定价要低，还有着成本费用降低的基础，在上面分析了互联网发展可以从诸多方面来帮助企业降低成本费用，从而使企业有更大的降价空间来满足顾客的需求。因此，如果网上产品的定价过高或者降价空间有限，在现阶段最好不要在消费者市场上销售。如果面对的是工业组织市场，或者高新技术的新产品，网上顾客对产品的价格不太敏感，主要是考虑方便、新潮，这类产品就不一定要考虑低价定价的策略了。

3. 顾客主导定价

所谓顾客主导定价，是指为满足顾客的需求，顾客通过充分的市场信息来选择购买或者定制生产自己满意的产品或服务，同时以最小代价（产品价格、购买费用等）获得这些产品或服务。简单地说，就是顾客的价值最大化，顾客以最小成本获得最大收益。

顾客主导定价的策略主要有顾客定制生产定价和拍卖市场定价。这两种主要定价策略将在下面详细分析。根据调查分析，由顾客主导定价的产品并不比企业主导定价获取的利润低，根据国外拍卖网站 eBay 的分析统计，在网上拍卖定价产品，只有 20% 产品拍卖价格低于卖者的预期价格，50% 产品拍卖价格略高于卖者的预期价格，剩下 30% 产品拍卖价格与卖者预期价格相吻合，在所有拍卖成交产品中有 95% 的产品成交价格卖主比较满意。因此，顾客主导定价是一种双赢的发展策略，既能更好地满足顾客的需求，同时企业的收益又不受到影响，而且可以对目标市场了解得更充分，企业的经营生产和产品研制开发可以更加符合市场竞争的需要。

3.3.3 网络营销定价策略

3.3.3.1 低价定价策略

借助互联网进行销售，比传统销售渠道的费用低廉，因此网上销售价格一般来说比现行的市场价格要低。由于网上的信息是公开和易于搜索比较的，因此网上的价格信息对消费者的购买起着重要作用。根据研究，消费者选择网上购物，一方面是因为网上购物比较方便，另一方面是因为从网上可以获取更多的产品信息，从而以最优惠的价格购买商品。

直接低价定价策略就是由于定价时大多采用成本加一定利润，有的甚至是零利润，因此这种定价在公开价格时就比同类产品要低。它一般是制造业企业在网上进行直销时采用的定价方式，如 Dell 公司电脑定价比同性能的其他公司产品低 10% ~15%。采用低价策略的基础是前面分析中指出的，通过互联网企业可以节省大量的成本费用。

另外一种低价定价策略是折扣策略，它是在原价基础上进行折扣来定价的。这种定价方式可以让顾客直接了解产品的降价幅度以促进顾客的购买。这类价格策略主要用在一些网上商店，它一般按照市面上的流行价格进行折扣定价。如 Amazon 的图书价格一般都要进行折扣，而且折扣达到 3 ~5 折。

如果企业是为拓展网上市场，但产品价格又不具有竞争优势时，则可以采用网上促销定价策略。由于网上的消费者面很广而且具有很大的购买能力，许多企业为打开网上销售局面和推广新产品，采用临时促销定价策略。促销定价除了前面提到的折扣策略外，比较常用的是有奖销售和附带赠品销售。

在采用低价定价策略时，要注意的是：首先，由于互联网是从免费共享资源发展而来的，因此用户一般认为网上商品比从一般渠道购买商品要便宜，在网上不宜销售那些顾客对价格敏感而企业又难以降价的产品；其次，在网上公布价格时要注意区分消费群体，一般要区分一般消费者、零售商、批发商、合作伙伴等，对他们分别提供不同的价格信息发布渠道，否则可能因低价策略混乱导致营销渠道混乱；最后，网上发布价格时要注意比较同类站点公布的价格，因为消费者通过搜索功能很容易在网上找到最便宜的商品，否则价格信息公布将起到反作用。

3. 3. 3. 2　定制生产定价策略

1. 定制生产内涵

按照顾客需求进行定制生产是网络时代满足顾客个性化需求的基本形式。定制化生产根据顾客对象可以分为两类：一类是面对工业组织市场的定制生产，这部分市场属于供应商与订货商的协作问题。如波音公司在设计和生产新型飞机时，要求其供应商按照其飞机总体设计标准和成本要求来组织生产。这类属于工业组织市场的定制生产，主要通过产业价值链，从下游企业向上游企业提出需求和成本控制要求，上游企业通过与下游企业进行协作设计、开发并生产满足下游企业需要的零配件产品。由于消费者的个性化需求差异性大，加上消费者的需求量又少，因此企业实行定制生产必须在管理、供应、生产和配送各个环节上，都适应这种小批量、多式样、多规格和多品种的生产和销售变化。为适应这种变化，现在企业在管理上采用 ERP（Enterprise Resource Planning，企业资源计划系统）来实现自动化、数字化管理，在生产上采用 CIMS（Computer Integrated Manufacturing System，计算机集成制造系统），在供应和配送上采用 SCM（Supply Chain Management，供应链管理）。

2. 定制定价策略

定制定价策略是在企业能实行定制生产的基础上，利用网络技术和辅助设计软件，帮助消费者选择配置或者自行设计能满足自己需求的个性化产品，同时承担自己愿意付出的价格成本。Dell 公司的用户可以通过其网页了解该型号产品的基本配置和基本功能，根据实际需要，在能承受的价格内，配置出自己最满意的产品，使消费者能够一次性买到自己中意的产品。在上面配置电脑的同时，消费者也相应地选择了自己认为价格合适的产品，因此对产品价格有比较透明的认识，增加企业在消费者面前的信用。目前这种允许消费者定制定价订货的尝试还只是初级阶段，消费者只能在有限的范围内进行挑选，还不能完全要求企业满足自己所有的个性化需求。

3.3.3.3 使用定价策略

传统交易关系中，产品买卖是完全产权式的，顾客购买产品后即拥有对产品的完全产权。但随着经济的发展，人民生活水平的提高，人们对产品的需求越来越多，而且产品的使用周期也越来越短，许多产品购买后使用几次就不再使用，非常浪费，因此制约许多顾客对这些产品的需求。为改变这种情况，可以在网上采用类似租赁的按使用次数定价的方式。

所谓使用定价，就是顾客通过互联网注册后可以直接使用某公司的产品，顾客只需要根据使用次数进行付费，而不需要将产品完全购买。这不仅减少了企业为完全出售产品而进行的大量的不必要的生产和包装浪费，同时还可以吸引过去那些有顾虑的顾客使用产品，扩大市场份额。顾客每次只是根据使用次数付款，节省了购买产品、安装产品、处置产品的麻烦，还可以节省不必要的开销。

采用按使用次数定价，一般要考虑产品是否适合通过互联网传输，是否可以实现远程调用。目前，比较适合的产品有软件、音乐、电影等产品。对于软件，如我国的用友软件公司推出网络财务软件，用户在网上注册后在网上直接处理账务，而无须购买软件和担心软件的升级、维护等非常麻烦的事情；对于音乐产品，也可以通过网上下载或使用专用软件点播；对于电影产品，则可以通过现在的视频点播系统 VOD 来实现远程点播，无须购买影带。另外，采用按次数定价对互联网的带宽提出了很高的要求，因为许多信息都要通过互联网进行传输，如互联网带宽不够将影响数据传输，势必会影响顾客租赁使用和观看。

3.3.3.4 拍卖竞价策略

网上拍卖是目前发展比较快的领域，经济学认为市场要想形成最合理价格，拍卖竞价是最合理的方式。网上拍卖由消费者通过互联网轮流公开竞价，在规定时间内价高者赢得。

根据供需关系，网上拍卖竞价方式有下面几种：

（1）竞价拍卖。最大量的是 C2C 的交易，包括二手货、收藏品，也可以是普通商品以拍卖方式进行出售。如 HP 公司也将公司的一些库存积压产品放到网上拍卖。

（2）竞价拍买。即竞价拍卖的反向过程，消费者提出一个价格范围，求购某一商品，由商家出价，出价可以是公开的或隐蔽的，消费者将与出价最低或最接近的商家成交。

（3）集体议价。在互联网出现以前，这一种方式在国外主要是多个零售商结合起来，向批发商（或生产商）以数量换价格的方式。互联网出现后，使得普通的消费者能使用这种方式购买商品。集合竞价模式，是一种由消费者集体议价的交易方式。这在目前的国内网络竞价市场中，还是一种全新的交易方式。提出这一模式的是美国著名的 Priceline 公司。在国内，雅宝已经率先将这一全新的模式引入了自己的网站。

就价格而言，理论上有两种价格模式：浮动价格模式和固定价格模式。浮动价格模式包括竞价拍卖、竞价拍买和集体议价等竞价模式；固定价格模式包括供方定价直销、需方定价求购等定价模式。

在拍卖交易关系中，根据交易双方的关系，可以将交易关系形式化为交易模式 X：Y。在交易模式中 X：Y 的含义为达成交易时供需者数量的对比。根据数量对比关系，有下面四种模式：

（1）1：1（1 对 1）的交易模式。大部分的个人交易（C2C）、企业以拍卖方式出售商品，传统拍卖企业进行的对单个购买者的拍卖交易，均为这一模式。

（2）1：n（1 对多）的交易模式。多数企业对个人的交易（B2C）是这种模式。这一模式中价格的形成，既有供方主导的正向定价法，也有通过集体议价由需方主导的逆向定价法。

（3）m：1（多对 1）的交易模式。当任何一个供应方无法满足需求方批量要求时，将由多个商家提供商品或服务，这将导致 m：1 的交易模式的使用。

（4）m：n（多对多）的交易模式。当集体议价模式盛行，同时参与集体议价的需方数量又超过了单一供应方的供给能力时，m：n 交易模式将会出现。

以上的拍卖竞价方式均为最市场化的方法，随着互联网市场的拓展，将有越来越多的产品通过互联网拍卖竞价。目前拍卖竞价针对的购买群体主要是消费者市场，个体消费者是目前拍卖市场的主体。因此，采用拍卖竞价并不是企业目前首要选择的定价方法，因为拍卖竞价可能会破坏企业原有的营销渠道和价格策略。采用网上拍卖竞价的产品，比较合适的是企业的一些库存积压产品，也可以是企业的一些新产品，通过拍卖展示达到促销效果，许多公司将产品以低廉价格在网上拍卖，以吸引消费者的关注。

上面几种价格策略是企业在利用网络营销拓展市场时可以考虑的几种比较有效的策略，并不是所有的产品和服务都可以采用上述定价方法，企业应根据产品的特性和网上市场发展的状况来决定定价策略的选择。不管采用何种策略，企业的定价策略应与其他策略配合，以保证企业总体营销策略的实施。

本章小结

由于网络的虚拟性，网络营销产品的内涵与传统产品的内涵有一定的差异性，主要表现在前者的层次较后者相比大大拓展了。网络营销产品包括5个层次：核心利益层次、有形产品层次、期望产品层次、延伸产品层次及潜在产品层次。网络营销产品按照产品性质的不同，可以分为实体产品和虚体产品两大类。实体产品是指具有物理形状的物质产品，我们使用的多数产品都属于这一形态。虚体产品指软件和服务。其中，软件包括计算机系统软件和应用软件；服务分为普通服务和信息咨询服务两大类。网络营销产品组合也称业务组合，是指网络营销企业向网上目标市场所提供的全部产品或业务的组合或搭配。产品组合决策，一般是从产品组合的宽度、长度、深度和关联性等方面做出决策与规划的。企业在调整自己的网络营销产品组合时，可选择产品组合扩充策略、产品组合减缩策略及产品线延伸策略。借助于网络技术，网络环境下的新产品开发具备了新的特点，表现在：提高了新产品开发的速度和效率；丰富了新产品的创意来源和空间；实现了新产品开发中顾客的全程参与和互动；降低了新产品的开发成本和风险。网络新产品开发也面临许多挑战，如在某些领域内缺乏重要的新产品构思、不断分裂的市场、社会和政府的限制、新产品开发过程中的昂贵代价与开发完成的时限缩短等。网络营销新产品开发策略类型主要有首创产品策略、改创产品策略与仿创产品策略。网络技术发展使得市场资源配置朝着最优方向发展，需求方地位提升。目前网络营销产品的定价一般都是低价甚至是免费，以求在迅猛发展的网络虚拟市场中寻求立足机会。互联网应用为企业其他职能部门业务节约了成本费用，表现在降低采购成本费用与库存及生产成本得到了控制。网络营销定价的特点有全球性、低价位定价与顾客主导定价。网络营销主要的定价策略包括低价定价策略、定制生产定价策略、使用定价策略与拍卖竞价策略。并不是所有的产品和服务都可以采用上述定价方法的，企业应根据产品的特性和网上市场发展的状况来决定定价策略的选择。不管采用何种策略，企业的定价策略应与其他策略配合，以保证企业总体营销策略的实施。

思考题

1. 谈谈你对网络营销产品内涵的理解。
2. 简述网络服务活动的特征。
3. 你认为当今网络新产品的开发会面临哪些机遇和挑战？
4. 你如何理解某些软件（如360 安全卫士）的免费定价策略？
5. 简述定制生产的内涵与定制定价策略。

4

网络品牌与企业网站

学习目标

1. 理解网络品牌的内涵、层次及特点
2. 了解网络品牌的构建与管理内容
3. 了解网络域名品牌的管理
4. 掌握企业网站设计的内容及原则
5. 了解网页设计与搜索引擎优化的内容

本章结构图

- 网络品牌与企业网站
  - 网络品牌概述
  - 网络品牌的构建与管理
  - 网络域名品牌
    - 域名商标的命名与注册
    - 域名商标的商业价值与管理
    - 企业域名品牌的发展
  - 企业网站设计
    - 定位
    - 界面设计
    - 导航设计
  - 网页设计与搜索引擎优化

引 例

当当 VS 亚马逊：得其形而忘其神

从创立之日起，当当就自诩为“中国亚马逊”，就目前格局与趋势来说，这只是一个难以实现的美好愿景。与百度某种程度的创新不同，当当网还停留在对国外同行早期模式的初级模仿上，在发展战略上的差距更是咫尺天涯。现在的亚马逊可以说是集新、旧经济之大成。相比起来，无论在发挥新经济的潜力，还是在融合传统商业模式方面，当当网都有一段相当漫长的路要走。

亚马逊在电子商务领域被誉为“神一样的企业”。贝索斯在1995年创办亚马逊后，曾遭遇过“从天堂到地狱”般的质疑。1999年成为《时代》杂志年度风云人物，随着互联网泡沫的破灭，2001年《商业周刊》对其的评价则变成了“从英雄到零”。但贝索斯没有在压力下丧失信心、改变初衷，他坚持认为“机会仍在多元化”——即便这是当时让亚马逊陷于严重亏损的根本原因。当时看好他的只有巴菲特——亚马逊最大的债权人，巴翁曾公开扬言：“我在网上还是只为三样东西付钱：《华尔街日报》电子版、网上桥牌和Amazon上的书籍，我确信，他们做的事情是正确的。”巴菲特没有看错。在持续烧了整整8年的钱之后，亚马逊终于开始盈利。2009年，亚马逊的营收高达245亿美元，纯利润接近10亿美元，市值超过600亿美元，在全球互联网公司中仅次于Google。近几年来亚马逊保持着每年30%以上的增长率。

亚马逊始终在创新，当人们习惯把它看成“全球最大的网上零售书店”时，它开始经营百货；当人们将其视为“网上沃尔玛”，是个B2C平台时，它引入了第三方商户，打通了B2C和C2C（这相当于在一家店内同时集成了沃尔玛、7-11和秀水街），引发了电子商务领域的一场商业模式革命；当人们以为它将安于消费者市场时，它又面向企业用户推出了“弹性云”；当大家刚刚接受“云服务”的时候，它出人意料地推出了Kindle，为出版业和信息终端带来了颠覆式创新。贝索斯始终走在时代的前面。亚马逊是全球第一个注意到Web2.0、长尾经济和口碑营销的企业，它提出“云计算”概念并将其商业化，这比Google还要早。同样，它比苹果、微软这样的“终端之王”们更早注意到电子阅读器的未来，推出新的终端。

从企业发展逻辑来看，亚马逊却是一步一个脚印，走得极为稳健，看似眼花缭乱、处处开花的创新有着一条清晰的主线。亚马逊的定位——“我们是一家IT公司！”贝索斯很明白电子商务将是新旧经济复合体，因为“商务”本身并不是新东西，物流、配送、仓储、营销等都是传统产业模式，新经济要以传统经济为师，线上线下必须结合起来。只有学好了线下，才能真正做好线上。从一开始，亚马逊就没把自己看成是一家“网上书店”，它一直想做的是真正的电子商务。在当时的历史条件下，书这种商品，运输、存储方便，消费者易于接受，非常适合开展电子商务。正是通过卖书，亚马逊建立了世界一流的供应链系统、一流的IT基础建设，这也是成立后8年一直烧钱的根本原因，因此也奠定了亚马逊日后飞速发展的基础。后续的一切就是水到渠成的事情了。依托世界级的供应链系统和IT能力，亚马逊可以轻松地从书这种简单的商品扩展到更为复杂的百货领域。零售业务最大特点是有淡旺季之分，而亚马逊的所有IT系统配置都是按照峰值去准备的，空闲时间怎么办？转租出去！“弹性云”就这样诞生了。有了“云”就要有“端”，Kindle于是应运而生……

成立于1997年的当当，一开始，就以亚马逊为目标，有意识地进行了全面模仿，可惜亦步亦趋地被动学习，效果越来越衰减了。也许，当当并没能真正理解亚马逊，虽然两者早期都是在网上卖书。但是，图书只是一种初级商品，对亚马逊而言，借此构建的是电子商务的运营模式与整合平台，但是当当似乎一头扎进去了，努力的目标长期限于“全球最大的中文网上书店”，似乎除了卖更多的书之外，别无远大梦想！因此，当当足足用了两年时间，构建了收集和销售中国可供书数据库。而在这之外，这十余年来，几乎看不出当当做过任何其他创新——它一直把自己定位为一个网络书店。在互联网业态变异加速的今天，当当的模式单一，已经不能算是成功互联网企业的典型。

可以预见，当当的未来之路并不轻松。自2008年起，当当在中国市场已被卓越亚马逊反超，而且差距越拉越大——这在中国互联网业界来说是非常罕见的（Google、eBay、Yahoo！等跨国公司在中国的发展都不如本土竞争对手）。目前当当被迫向百货转型，但在物流体系、仓储系统不发达的制约下，百货联营模式存在着较大的风险。要扩张，就必须进行大量投入，但当当的盈利能力不足，越往后越不堪重负。

必须强调的是，当当仍是这十年来中国新创企业中比较成功的一家。当当与亚马逊的对比，在某种程度上，更能显示出即便是在新经济领域，中美两国的产业环境与创新层次的现实差距。对于中国的新经济创业者来说，模仿千万不能“得其形而忘其神”，创业的最初阶段可以模仿，但到一定阶段后必须摸索出一套本土化的、适合自己并带有创新色彩的思路、技术或者商业模式，否则企业难以做大做强。

（资料来源：中国企业家，http：//www.gototsinghua.org.cn/wenku/guanlianli/mba_6512.html，案例有修改）

企业的管理者都清楚成功的品牌策略对一个企业的重要性，尤其是在当今竞争激烈的商品社会，一个知名的品牌在某种程度上说就是一个企业的生命。品牌是极有效率的推广手段，品牌形象具有极大的经济价值。根据美国网络对话以及国际商标协会的调查，在网络使用中，有1/3的使用者会因为网络上的品牌形象而改变其对原有品牌形象的印象，有50%的网上购物者会受网络品牌的影响，进而在离线后也购买该品牌的产品，网络品牌差的企业，年销售量的损失平均为22%。这说明，品牌是无形价值的保证形式，在网上购物品牌更为重要，网站成功的秘诀就在于创造一个响当当的网络品牌。

4.1 网络品牌概述

4.1.1 网络品牌的内涵

网络品牌是指个人或团体以国际互联网为基础，以电子商务为平台，以网络营销为手段而建立的具有可识别性的商品铭牌（牌号）或商标。网络品牌是一种无形资产。广义的网络品牌是指“一个企业、个人或者组织在网络上建立的一切美好产品或者服务在人们心目中树立的形象”。网络品牌有两个方面的含义：一是通过互联网手段建立起来的品牌；二是互联网对网下既有品牌的影响。两者对品牌建设和推广的方式和侧重点有所不同，但目标是一致的，都是为了企业整体形象的创建和提升。如麦包包、飘飘龙、鞋神外贸鞋店等。

4.1.2 网络品牌的产生与意义

20 世纪 90 年代中国市场营销迎来了网络品牌时代。媒体分化无情地结束了昔日风光无限的电视广告的辉煌时代，与这一时代相对应的就是网络品牌的诞生，即基于互联网技术而推出的网络门户。虽然中国网络门户刚刚起步，远不像传统品牌那样历史长、知名度高，具有广泛的忠实客户，但它对中国品牌市场营销的进程具有里程碑的意义。

依托互联网而建立的网络品牌虽然处于萌芽阶段，稚嫩且不成熟，但它的产生不仅彻底改变了传统的市场营销模式，而且为品牌经营和品牌资产管理提出了一系列新的课题。网络品牌成为投资未来的一张牌。一开始建立网络品牌就是资产投入。因为目前基于网络而建立的品牌不依靠实际业绩而取得回报，而是通过投资市场聚集财富的。这一财富积累的方式完全打破了以往工业时代必须凭借实业或股市长期积累的模式，品牌成为迅速积累资本的手段，它借助互联网经济重新进行了定义，它不再仅对企业和消费者有意义，现实的承诺变为长远投资的期待。某种程度上，网络品牌在网络上提供的服务几乎是免费的，用户使用和获得品牌的服务不再付费，这一点就从根本上区别于传统意义上的品牌存在的价值。网络品牌完全打破了传统品牌特别是产品品牌建立的模式。

4.1.3 网络品牌的三个层次

当网络用户看到一个知名企业网站时，会联想到该企业的形象。如果企业看起来比较专业，可以为用户提供有价值的信息和服务，那么用户会对该品牌感到满意，否则将对企业品牌产生负面影响，但不至于对一个知名企业完全失去信任，因为该企业的品牌还有更多的途径对用户产生影响，而且已有的品牌威力会形成一种印象惯性，即使在网络品牌方面有不足的地方，也容易受到用户的忽略。如果用户看到一个并不熟悉的企业网站时，通常是产生一定的印象，还很难一下子和企业的品牌结合在一起，因为这个品牌在该用户心目中还不存在，这时通过网络形成的品牌印象，也是对企业品牌的第一印象。这也可以说明，知名品牌企业的网络品牌策略主要是品牌形象从网下向网上的延伸和发展，而非知名企业和新创企业的网络品牌则近乎全新的创建过程，对于网络用户来说，从网上获得的印象几乎就是对企业的全部印象，因此这些企业在向用户传递品牌信息时更应细心。在这方面，网络品牌与基于互联网业务的纯粹网络公司有一定的相似性。网络品牌有以下三个层次：

1. 网络品牌要有一定的表现形式

一个品牌之所以被认知，首先应该有其存在的表现形式，也就是可以表明这个品牌确实存在的信息，即网络品牌具有可认知的、在网上存在的表现形式，如域名、网站（网站名称和网站内容)、电子邮箱、网络实名/通用网址等。

2. 网络品牌需要一定的信息传递手段

仅有网络品牌的存在并不能为用户所认知，还需要通过一定的手段和方式向用户传递网络品牌信息，才能为用户所了解和接受。网络营销的主要方法如搜索引擎营销、许可 E-mail 营销、网络广告等都具有网络品牌信息传递的作用。因此网络营销的方法和效果之间具有内在的联系，例如在进行网站推广的同时也达到了品牌推广的目的，只有深入研究其中的规律，才能在相同营销资源的条件下获得综合营销效果的最大化。

3. 网络品牌价值的转化

网络品牌的最终目的是为了获得忠诚顾客并达到增加销售的目的，因此网络品牌价值的转化过程是网络品牌建设中最重要的环节之一，用户从对一个网络品牌的了解到形成一定的转化，如网站访问量上升、注册用户人数增加、对销售的促进效果等，这个过程也就是网络营销活动的过程。

4.1.4 网络品牌特点

1. 网络品牌是网络营销效果的综合表现

网络营销的各个环节都与网络品牌有直接或间接的关系，因此，可以认为网络品牌建设和维护存在于网络营销的各个环节，从网站策划、网站建设，到网站推广、顾客关系和在线销售，无不与网络品牌相关，网络品牌是网络营销综合效果的体现，如网络广告策略、搜索引擎营销、供求信息发布、各种网络营销方法等均对网络品牌产生影响。

2. 网站的 PR 值

PR 值全称为 PageRank，是 Google 搜索排名算法中的一个组成部分，级别从 1 到 10 级，10 级为满分，PR 值越高，说明该网页在搜索排名中的地位越重要，对应的网络品牌也就更有影响力和普及率。

3. 价值只有通过网络用户才能表现出来

正如科特勒在《营销管理》一书中所言：“每一个强有力的品牌实际上代表了一组忠诚的顾客”，网络品牌的价值也就意味着企业与互联网用户之间建立起来的和谐关系。网络品牌是建立用户忠诚的一种手段，因此对于顾客关系有效的网络营销方法对网络品牌营造同样是有效的，如集中了相同品牌爱好者的网络社区，在一些大型企业如化妆品、保健品、汽车行业、航空公司等比较常见，网站的电子刊物、会员通信等也是创建网络品牌的有效方法。

4. 网络品牌体现了为用户提供的信息和服务

Google是最成功的网络品牌之一，当我们想到Google这个品牌时，头脑中的印象不仅是那个非常简单的网站面，更主要的是它在搜索方面的优异表现，Google可以给我们带来搜索效果的满意。可见有价值的信息和服务才是网络品牌的核心内容。

5. 网络品牌建设是一个长期的过程

与网站推广、信息发布、在线调研等网络营销活动不同，网络品牌建设不是通过一次活动就可以完成的，不能指望获得立竿见影的效果，从这个角度也可以说明，网络品牌是一项长期的营销策略，对网络品牌效果的评价用一些短期目标并不能全面衡量。

6. 网络品牌越来越具有个性化

网络品牌生存的唯一性在服务范畴表现出的特性就是信息服务的个性化，或者说是网络门户的个性化。它要求企业必须将全部资源集中在某一专业领域，同时，为了保持这种唯一性的市场定位，还必须具备源源不断的资金保障，否则，个性化的服务定位就无法实现。因为目前网络门户是投资未来，网络品牌要成为行业里的第一，不仅取决于其独特的定位，还依赖资金的投入。网络经济的自然法则就是资源的集中与社会分工的高度专业化，只有顺应了这一法则的网络门户才能得以生存。传统品牌延伸的策略在这里受到了极大的挑战，如果认识不到网络品牌的这一特殊变化，建立网络门户就有可能重走传统品牌的老路。

4.2 网络品牌的构建与管理

1. 网络品牌的构建

互联网具有交互、快捷、全球和媒体传播等特性，对于树立企业的品牌形象，提高企业的知名度和美誉度，更好地为客户服务提供了有利的条件，所以对于网络品牌的构建，不仅要了解和掌握相关的网络技术的标准参数，而且要了解和掌握客户对品牌和产品的整体体验。由于互联网是一个虚拟的体验空间，成功的网络品牌设计最重要的是具有表达品牌信息和观念的能力而存在于消费者的心目中。网络设计（包括技术和文字）必须与品牌观念相一致，否则就不能使用。品牌的网络设计还必须与时俱进、不断更新，以保持与时代的同步，向品牌受众传达一种不断创新的品牌形象，同时必须确保品牌价值不会因为追求新潮和与顾客建立与时俱进的联系而受到损害。中国企业管理研究会2006年年会上，与会学者提出了网络品牌构建的两种途径：

（1）原有品牌融入网络平台。对于企业品牌打造来说，因特网提供了一个更加人性化的、交互式的和立体型的品牌表现空间。企业品牌建设所面临的挑战是如何充分利用这个空间的潜在能量，快速而成功地建立网络品牌。尤其是那些已经建立了知名度的品牌，传统品牌影响力将为其网络品牌的建立提供认知优势，网络品牌的设计需要注意保持与传统品牌形象的关联。如海尔的品牌“Haier”在国内外享有较高的声誉，其网站

www. haier. com 自然有了一个较好的品牌基础。

品牌的网络设计应承袭传统品牌的 VI 设计（设计科学、实施有利的视觉识别，是传播企业经营理念、建立企业知名度、塑造企业形象的快速便捷之途）。网络品牌视觉设计必须注重给消费者最佳的网上体验。网站的设计应尽量保持导航步骤简单、易懂，应该保障用户能够快速打开网站并获取相关的网络内容，同时在网络表现上有新的突破。这是建立品牌关联的一种方式。但这并不意味着构建网络品牌特征的基本因素在网页设计上需要改变，改变的只是品牌特征的传达方式。这是由于网络技术的发展使品牌设计比传统的媒体更有立体感。例如网上购车，通过网络我们几乎可以让客户置身于一个购车现场，通观全部产品后，选择进入特定的汽车体会一下内部的感觉，然后商定价格，进行网上购车。在不远的将来，还可以让客户在网上试开汽车等。显然这与其他媒体产生的品牌体验不同，因而通过与原有品牌关联来构建的网络品牌会创造更广阔的传播与营销的空间。

网络品牌应当扩充原有品牌的内涵。如加拿大亨氏公司以往为了建立亨氏产品的品牌，设立了 800 免费客户服务热线，支持赞助“宝贝俱乐部”等活动，使品牌的内涵延伸到售后、产品分销、产品相关的信息与服务等方面，取得了很好的效果。而现在该公司通过在网站中提供给用户丰富的婴幼儿营养学的知识、营养配餐、父母须知等信息，开展网络营养知识的传播与营销。通过这样的沟通方式，使客户在学习为人父母、照顾婴幼儿常识的同时，也建立了对亨氏品牌的忠诚度。使客户对亨氏品牌的理解就不仅局限于婴儿的营养产品，而且包含了丰富的营养学知识的内涵。

（2）构建独立的网络品牌。根据企业和产品的特点，在突出品牌的个性上构建独立的网络品牌。在网络产品与网络客户的互动上做文章，两者互动的过程，正是完成对客户的绑定与锁定的过程。网络是一个展示品牌的强有力的工具，网络设计绝不仅代表着企业的品牌标识，更不是简单的“新颖”和“酷”，最为重要的是它创造了吸引人的沟通方式，从而达成品牌与顾客之间更密切的交流。利用网络设计，能够创造出同在超市或在商店货架上不同的体验，能够以一种更加个性化的方式传达信息，并把它们直接传递给目标消费者。比如宠物食品公司爱慕思的网站，人们可以在那里得到关于家庭宠物的饮食及喂养方式的有价值的信息。网站还设有聊天室，人们可以从中了解到其他宠物主人的经验，可以询问关于自己的宠物在饲养上的问题。这种类型的网站拉近了同顾客的联系，它远远超出了只介绍狗食成分的范围，使该品牌更受顾客欢迎。

因特网具有全球性的影响，所以构建网络品牌时就需要国际化视野。即使目前还没有面向全球范围内开展业务，但全世界的用户通过因特网都能接触到这个品牌。品牌设计必须考虑具有国际化的形象和品牌的特性，构建的品牌及其传达的视觉形象可能在一个国家是一种含义而在另一个国家又是另外一种含义，想获得成功的网络品牌必须尽量包容此类差异。将重点放在建立全球统一的标识、价值和特性上，使得世界上所有地方的消费者都能认同和接受。如阿里巴巴在最初成立时，考虑到要在世界范围内开展业务，于是选择了“阿里巴巴”这个在全世界具有相同认知的名字（被调查的人都知道阿里巴巴的故事，并且发音都一样）。

构建网络品牌名称、形象的国际化还不够，还必须考虑到应该具备国际化生产提供或者服务提供的能力，并尽可能地遵循国际化的商务规范。企业还需要考虑到更多的业务规范和伦理道德规则。如某网站是一个世界性的机构，它为上网者提供世界各地的信息，其中也包括纳粹物品的信息。但在法国，展示或销售有种族主义色彩的物品（包括与纳粹有关的物品）属于非法行为。有人指控该网站有销售新纳粹主义相关物品的内容，违犯了法国法律。于是该网站决定不向其设在法国的网站提供该类信息，并在网上拍卖程序中屏蔽了来自法国的访问，但是这并没有能够阻止法国通过访问加拿大版的该网站获得此类信息。因此该网站受到法国全国性的抵制。从这件事情我们可以看出，一方面，因特网的影响是全球性的，而另一方面，法律和伦理道德则在每个国家是有所不同的。因此通过因特网开展全球业务必须在这方面有所考虑，以免陷入法律和道德规范的争论之中，影响网络品牌的形象和价值。

2. *网络品牌的管理和保护*

构建网络品牌必须建立长期策略，使网络品牌形象在客户心目中不断巩固、发展、延伸和完善，为网络公司不断提高访问率和电子商务销售额。为此，企业必须改变传统的品牌管理理念，采取新的网络品牌管理策略。

（1）网络品牌的管理，企业应更多地关注消费者的需求满足，而不是想尽办法击败竞争对手。作为虚拟市场里的消费者，他们的特征、需求和消费习惯都会有别于传统市场的消费者，企业需要对网络客群进行筛选和定位，明确最主要的网络客群会是哪些，企业应该采取怎样的品牌策略与这部分客群建立和发展良好的关系。品牌的忠诚度是建立在更方便、更友好、更具个性化的服务上的。除了与受众积极沟通、建立互动，为网民创造价值，品牌还必须时时关注消费者新的需求变化，为消费者创造更加超值的价值，才能创立真正的网络品牌。

（2）企业必须重视应用互联网新技术及先进的营销手段，以不断创新和强化品牌形象给消费者以与时俱进的品牌印象。如可口可乐与腾讯公司联合开展的数码营销不局限于网络平台，还与线下活动进行了充分整合，通过充分利用线上和线下渠道，使可口可乐在消费者中发挥始终如一的影响。

（3）努力为消费者创造完美的品牌体验。互联网不仅改变了我们的生活，更重要的是提供了关于创造美好生活的理念。互联网的变革，改变的不仅是网络共享信息的模式，更主要的是将创造更加人性化的互联网体验贯彻始终。比如登录雅虎中国的网站，客户可以体验到应用 Ajax 技术的新网络模式下更快速、更个性化、更具交互性的愉悦感受，点击“个性化定制”，可以自由开启和关闭页面里的各个单元板块，客户还可以进一步按个人所需定制、编辑每一个板块里的内容。

（4）要充分利用传统和网络手段强化品牌管理。企业应充分利用传统和网络等多种渠道，做好针对网络品牌定位和品牌策略制定的调研工作，在品牌推广中主动了解来自多方面的消费者的反馈，并借鉴传统手段宣传网络品牌，尤其是新兴的电子商务网站。在利用网络广告进行品牌宣传时，需要注意使用电视、杂志、报纸、户外等传统广告形式树立品牌形象，以使还没有接入互联网的客户在上网前就接受网络品牌的宣传，同时也增强已上网的客户在离线状态下对品牌的认知程度。进一步加强品牌监测与评估，利用网络手段可实现对品牌网络行为的实时监测。网络市场环境瞬息万变，有些互联网公司几乎每周都要重新评价它们的商业模式和品牌塑造战略，以确立品牌在市场竞争中的优势地位。企业应在实践中与专业网络营销服务机构联手定制符合自己特点和需要的品牌评估模型，以对品牌定位及策略执行及时做出评估、调整。

(5) 强调网络品牌的保护问题。随着互联网络的飞速发展，企业和个人在互联网世界里的品牌也变得愈发重要，这种虚拟世界的品牌，容易被企业和个人忽略。由于域名注册遵守着国际通行的注册原则——先注册先拥有，所以，任何一家企业如不能尽快认识到域名保护的重要性，就会面临着域名被抢注的风险，给企业造成不必要的经济损失和麻烦。企业要深切意识到保护自己企业域名的重要性，否则，域名抢注和仲裁的事件将会随时发生。所以企业构建网络品牌要及时注册，防止侵权者捷足先登，因为侵权者一旦得手，不仅盗用了他人的商标作为自己的域名，而且还限制了商标权人在网络上用自己的商标作为域名的权利。面对网络虚拟市场的环境，中国企业更应珍惜自己多年来精心培植起来的名牌产品。采用中文域名是我国积极推行的新一代互联网地址。中文域名以中文作为域名的组成部分，以实现在地址栏内输入中文达到访问网站的目的，可以说是企业在互联网上的“中文门牌”。专家建议，如果将企业名称、商标和域名进行三位一体的有机结合，即将企业原有的商业标识体系，如商标、企业名称等网下企业无形资产，通过企业域名在网上顺延，将使企业的业务渠道在时间和空间上得到更大的拓展，使网络品牌得到更好的保护和管理。

4.3 网络域名品牌

4.3.1 域名商标的命名与注册

1. 域名商标命名

域名是由个人、企业或组织申请的独占使用的互联网标识，是对提供的服务或产品的品质进行承诺和提供信息交换或交易的虚拟地址。因此域名在本质上也是一种商标，是企业建立的品牌。

域名的选取和命名是以英文字母为基础进行的。由于英文字母的有限性，加之域名越短，越容易记忆和使用，以及顶级域名的国际标准规定，导致域名的选择具有很大的局限性，因此域名重复和类似的概率非常高，企业还面临域名被抢先使用或类似使用等障碍，如 www. work. net 与 www. works. net. cn 就很容易混淆。针对这些情况，企业必须检索清楚后采取相应策略予以解决。

如果只考虑域名的标识功能，可能认为域名的选择只要符合国际标准和惯例，便于记忆使用即可。但考虑到域名的商标资源特性，域名的命名应与一般商标名称选择一样，必须审慎从事，否则就会与一般商标名称选择不当一样，对企业发展造成不必要的负面影响。域名命名首先要按照国际标准选择顶级域名，还应考虑到以下几个方面：

(1) 与企业已有商标或企业名称相关联。如能将企业名称与域名统一，可以营造一个完整立体的企业形象，不但便于消费者在不同环境都能准确识别，而且两边的宣传可以起到相互补充、相互促进的作用，目前大多数企业都采用这种方法。

(2) 简单、易记、易用。域名不但要容易记忆识别，还应当简单易用，因为域名作为一个地址，可以方便消费者直接与企业站点进行信息交换。如果域名过于复杂，则会影响顾客使用域名的积极性。因为顾客可以有很多选择和访问机会，因此简单、易记、易用的域名更容易获取顾客的选择和访问机会。

（3）多个域名。由于域名命名的限制和申请者的广泛，极易出现申请类似的域名，从而减弱域名的识别和独占性，导致顾客的错误识别，因此企业一般要同时申请多个类似相关的域名以保护自己，如 www. works. cn 和 home. works. com。另外，为便于顾客识别不同服务，也可以申请类似但又有区别的域名，如微软公司的 www. Microsoft. com 和 Home. Microsoft. com。

（4）国际性。由于因特网的开放性、国际性，使用者可能遍布全世界，域名的选择必须能使国外大多数用户容易记忆和接受，以免失去开拓国际市场的大好机会。目前，因特网上的标准语言是英语，因此命名一般用相对应的英语单词为佳，如"中国"的拼音"ZhongGuo"可以很容易被中国人识别出来，可是不了解中国文化者就不知所云，如果用"China"就可以兼顾国内和国外的用户。

2. 域名商标注册

域名的注册必须向授权组织申请。因特网国际特别委员会将顶级域名分成三类：

（1）国家顶级域名（nTLD），国家顶级域名代码由 ISO3166 定义，如 CN 表示中国。

（2）国际顶级域名（iTLD），即 int。

（3）通用顶级域名（gTLD），根据 1994 年 3 月公布的 RFC1591 规定有 com（公司企业）、net（网上服务机构）、org（非营利组织）、edu（教育机构）、gov（政府部门）、mil（军事部门）。另外 IAHC 又增加七个顶级域名：firm（公司企业）、store（销售公司）、web（www 活动单位）、arts（艺术）、rec（娱乐）、info（信息）、nom（个人）。由于因特网的发展，原来由 InterNIC 单独受理域名申请，现也发展为多个申请注册中心，如果申请通用顶级域名 com、org 和 net，则由 InterNIC 负责。但企业也可以根据需要在本国顶级域名下申请，体现企业的国籍，如中国的企业可以在顶级域名 cn 下注册（CNNIC 的主页 http：//www. cnnic. net. cn）。如果引起冲突，还可以在国内得到妥善解决。

一般顶级域名选择没有本质区别，但如果是国际性企业，则应在通用域名下申请，以体现企业的国际性。从实际使用的角度来讲，到底注册哪类域名，取决于该企业开展业务的地域范围、主要用户群的居住地、主要目标市场的地域和企业未来的发展和目标。由于注册具有时间优先原则和国际性，域名的抢注是一个非常棘手的问题，企业可根据规模和发展需要提前申请注册，以保护自己未来的收益。另外，如果现阶段不想注册上网，企业可以利用申请的 60 天域名公开期和对有争议的域名不得批准的规定，定期检索，并向有抢注问题的域名提出异议，以保护企业商标名称的未来收益不被侵害。如果申请的域名被别人占用，可以根据情况进行协商转让，在因特网 Society 第 6 届会议上，负责制定因特网标准的组织（IETF）同意设立一个工作组，试验主机地址转让市场。如果是被非法抢占，可借助现行法律如《商标法》来争取企业合法权益，但由于争议可能是国际性的，本国法律可能无能为力，望"址"兴叹。因此，企业必须具有战略眼光，主动采取措施。在注册域名时可以自己到域名管理机构进行注册，这种方式直接但不是很专业，需要自己准备有关材料；另外一种方式，是比较常用的委托专业公司代理注册的方式，只需要交纳一定代理费用即可，公司不但可以提供专业注册服务，还可以帮助企业推广注册的域名。

4.3.2 域名商标的商业价值与管理

4.3.2.1 域名商标的商业价值

因特网上的明星企业雅虎公司，由于其提供的 www 浏览工具和检索工具享有极高的市场占有率和市场影响力，已成为网上用户访问最多的站点之一，其域名成为网上最著名的域名之一。出于域名和公司名称的一致性，公司的形象在用户市场的定位和知名度是水到渠成的。它胜过公司的专门形象策略和计划。域名的知名度和访问率就是公司形象在因特网商业环境中的具体体现。公司商标的知名度和域名知名度在因特网上是统一的，域名从作为计算机网络通信的识别标志提升为从商业角度考虑的企业的商标资源，与企业商标一样，它的商业价值是不言而喻的。1995 年微软公司为宣传品牌 Windows95 曾投入资金达 50 亿美元之多，使其成为世界上家喻户晓的品牌。而同时期刚刚起步的网景公司借助因特网以放弃收费为代价，使 Netscape 浏览器不费吹灰之力就占领了 70% 的市场，出于公司品牌的知名度和潜在价值，公司股票在上市当天就从 28 美元狂升到 75 美元，4 个月后达到 171 美元，公司的创始人也在短短时间内成为亿万富翁。可见，由于因特网市场容量非常规增长、消费者群的聚集，域名商标的潜在价值是很难以往常的模式进行预测的。传统营销联系是基于一对多的模式，企业只是借助媒体提供信息、传播消息，消费者只能凭借片面宣传和消费尝试建立对企业的形象。而因特网的交互性、超文本链接和多媒体以及操作的简易性，使得在网上进行宣传更具操作性和可信性，更易建立品牌形象和加强与顾客沟通，以增强其品牌忠诚度。

4.3.2.2 域名商标的管理

域名商标的管理主要是针对域名对应站点内容的管理，因为消费者识别和使用域名是为了获取有用的信息和服务，站点的页面内容才是域名商标的内涵。站点必须有丰富内涵和服务，否则再多的访问者可能都是过眼云烟，难以真正树立域名商标的形象。要保证域名使用和访问频度高，必须注意下面几点：

1. 信息服务定位

域名作为商标资源，必须注意与企业整体形象保持一致，提供的信息服务必须和企业发展战略进行整合，避免提供的信息服务有损企业已建立的形象和定位。

2. 内容的多样性

丰富的内容才能吸引更多用户，才有更大的潜在市场。一般可以提供一些与企业相关联的内容或站点地址，使企业页面具有开放性。还必须注意内容的多媒体表现，采取生动活泼的形式提供信息，如声音、文字和图像的配合使用。

3. 时效性

页面内容应该是动态的、经常变动的。因为固定页面访问一次即可，没有回头再访问的必要，这一点非常重要。

4. 速度问题

企业大部分收益是由少数固定消费者的消费实现的。由于因特网发展过于迅猛，使得通信成为制约瓶颈，使用者的选择机会很多，因此对某站点的等待时间是极其有限的几秒钟，如果在短时间内企业未能提供信息，消费者将毫不犹豫地选择另一域名站点。因此，企业的首页一般可设计得简洁些，以便用户可以很快有内容查看，不至于等待太久。

5. 国际性

由于访问者可能来自国外，企业提供的信息必须兼顾国外用户，一般对于非英语国家都提供两个版本，一个是母语，另一个是将内容翻译成英语，供查询时选择。

6. 用户审计

加强对域名访问者的调查分析，针对特定顾客提供一对一的特殊服务，如采取 Cookie 技术对用户进行记录和分析，以提高与顾客交互的质量，提高顾客域名忠诚度。必须注意的是，不能强行记录顾客的个人隐私信息，如姓名、住址和收入等，这是目前上网者最担心的问题。

4.3.3 企业域名品牌的发展

提高站点内容的丰富性和服务性，还需注重域名及站点的发展问题，以尽快发挥域名的商标特性和站点商业价值，避免出现影响企业形象的有关域名站点问题。创建网上域名品牌其实与建立传统品牌的手法大同小异。

1. 多方位宣传

域名是一个符号，企业在开始进入因特网时，域名还鲜为人知，这时企业应善用传统的平面与电子媒体，并舍得耗费巨资大打品牌广告。如求职网站 Monster 拨出将近一半的年度广告预算——数百万美元，只求在全美收视率数一数二的超级杯足球年度大赛（Super Bowl）上出现几十秒钟。Monster 这次广告播出以后，前来网站求职的人数在一天之内跃增了 4 倍。另外一家试图改变经营模式的网站 Onsale 推出“成本价大特卖”的活动，本来这家公司的行销活动完全在网上进行，但却为此耗费 40% 的广告预算，投下五百万美元向顾客宣告企业策略的转移。此外，可通过建立相关链接扩大知名度。因特网的一个特色就是各站点之间的关联性，可以在不同站点和页面之间进行非线性的访问，因此企业要提高被访问率，应与许多不同站点的页面建立链接，同时还应在有关检索引擎登记，提供多个转入点，提高域名站点的被访问率。

2. 通过产品本身的品质与顾客的使用经验来建立品牌

这一点对网站品牌格外重要。两大网上顾问公司 Jupiter Communications 和 Forrester 都指出，广告在顾客内心激发出的感觉，固然有建立品牌的功效，但却比不上网友上网体会到的整体浏览或购买经验。如 Dell 电脑让顾客在线上根据个人需求定制电脑，Yahoo！和 AOL 都提供一系列的个人化工具。而 Amazon 更坚定地指出：Amazon 的品牌基石不是任何形式的广告或赞助活动，而是网站本身。据这个网站的调查，用户对 Amazon 的感觉有七八成是来自他们在这个网站的使用经验，因此，Amazon 也花费相当多的心力改善自己的网站，增加类似“一键购书”（One Click Shopping）的功能等。

3. 利用公关造势建立网上品牌

这对新兴网站非常重要。如 Autobylel 就非常热衷于运用这种传统的营销方式在消费者心中建立企业形象。这家公司的资深营销主管一年到头都带着手提电脑在全美各地奔波，不论是华尔街分析师还是媒体，只要是任何有机会向消费者提到购车的人士，都是这家公司有兴趣沟通的对象。这个购车网站甚至还举办免费赠车活动，以吸引媒体采访报道；Yahoo！的两位出名的年轻创办人杨致远与 David Filo 也极善于使用这种塑造品牌形象的方式。利用公关造势，必须注意树立良好形象。由于因特网传播的国际性和广泛性，企业必须谨慎对待谣言和有损形象的信息，因为网上传播的影响力是世界性的。

4. 遵守约定规则

由于因特网开始是非商用的，使其形成使用低廉、信息共享和相互尊重原则。商用后，企业提供的服务最好是免费的或者收费非常低廉，注意发布信息的道德规范，未经允许不能随意向顾客发布消息，如美国联邦地方法院限制任何组织向素不相识的用户发送未经许可的促销邮寄广告宣传品（包括电子邮件）。

5. 持续不断地塑造网上品牌形象

创建品牌其实就是一种“收买人心”的活动。顾客观念的形成与改变可能在旦夕之间，也可能旷日持久，但是市场的扩张应该是永无止境的。因此，塑造品牌形象也必是终身事业。

4.4 企业网站设计

4.4.1 网站定位

所谓网站定位就是网站在 Internet 上扮演什么角色，要向目标群（浏览者）传达什么样的核心概念，透过网站发挥什么样的作用。因此，网站定位相当关键，换句话说，网站定位是网站建设的策略，而网站架构、内容、表现等都围绕着网站定位展开。

1. 网站定位要素

企业网站的定位应该基于严格的市场调查和反复考虑，包括以下要素：

（1）企业自身分析。企业要分析所处的行业状况、所生产的产品的特点；要充分考虑产品线的长度和宽度，综合企业的所有产品和服务；还要结合企业的产品品牌管理。

（2）资源分析。企业进行网站功能服务定位要结合当前的资源环境，而不能脱离自身人力、物力、因特网基础以及整个外部环境等因素。

（3）目标顾客分析。对目标顾客的年龄、性别、学历、职业、个性、行为、水平、地理位置分布等各种资料进行分析。企业要加强对网上消费者行为的研究，这是提高顾客服务的基础。

2. 网站定位操作

当前，网络已引起社会变革，经济结构、经营模式和技术都发生着前所未有的变化。

企业网站不仅成为企业宣传产品和服务的窗口，也是展示企业形象的前沿阵地。在做好对市场及企业自身的研究之后，下一步就要进行具体的定位操作。

（1）网站类型定位。尽管每个企业网站规模不同，表现形式各有特色，但从经营实质来说，不外乎是信息发布型、网上直销型和电子商务型。资金雄厚的企业可以直接建立一个具备开展电子商务的综合性网站，一般的企业也许只是将网站作为企业信息发布的窗口。

（2）网站目标用户定位。一个企业网站的目标用户一般包括企业的经销商、消费者、企业的员工及销售人员、求职者等。还应该看到，网站的目标用户是基于产品销售的目标顾客，但两者之间不能完全画等号。

（3）网站诉求点定位。对于企业网站的诉求点的确定，一般地说，有理性诉求、感性诉求及综合型诉求三种。理性诉求强调说理及逻辑性，以事实为基础，以介绍性文字为主，突出公司的实力及产品的质量和优质的服务。而感性诉求则强调直觉，以价值为基础，以企业塑造的形象为主。至于综合型诉求的网站，就是上述的内涵兼而有之。企业网站的诉求点应与企业的营销宣传理念相符合。

（4）网站 CI 定位。CI（Corporation Identity）是个营销概念，借用它作为企业网站的形象设计。一个网站如果能够进行成功的 CI 策划和设计定位，可增强用户对网站的识别。

4.4.2 网站界面设计

网站用户界面（Website User Interface）是指网站用于和用户交流的外观、部件和程序等。企业网站用户界面的设计应遵循以下基本原则：

1. 用户导向（User Oriented）

设计网页首先要明确到底谁是使用者，要站在用户的观点和立场上来设计。要做到这一点，必须和用户沟通，了解他们的需求、目标、期望和偏好等。

2. KISS（Keep It Simple and Stupid）原则

简洁和易于操作是网页设计最重要的原则。毕竟，网站建设出来是为普通网民查阅信息和使用网络提供服务的。

3. 布局控制

关于网页排版布局方面，很多网页设计者重视不够，网页的排版设计过于死板，甚至照抄他人。一般布局要遵循：

（1）Miller 公式。根据心理学家 George A. Miller 的研究，人一次接收的信息量在 7 个比特左右为宜。总结一个公式为：一个人一次接收的信息量为 7 +2 比特。

（2）分组处理。对于信息的分类，不宜超过 9 个栏目。如果你的内容实在多，超出了 9 个，需要进行分组处理。若某一网页上提供几十篇文章的链接，则需每隔 7 篇加一个空行或平行线进行分组。

4. 视觉平衡

网页设计时，各种元素（如图形、文字、空白）都会有视觉作用。根据视觉原理，图形与一块文字比较，图形的视觉作用要大一些。所以，为了达到视觉平衡，在设计网页时需要以更多的文字来平衡一幅图片。另外，中国人的阅读习惯是从左到右，从上到下，因此，视觉平衡也要遵循这个习惯。

5. 色彩的搭配和文字的可阅读性

颜色是影响网页的重要因素，不同的颜色对人的感觉有不同的影响，例如：红色和橙色使人兴奋并使心跳加速；黄色使人联想到阳光，是一种快活的颜色；黑色显得比较庄重。因此，可以根据你希望对浏览者产生什么影响，为网页设计选择合适的颜色（包括背景色、元素颜色、文字颜色、链接颜色等）。

6. 和谐与一致性

对网站的各种元素（颜色、字体、图形、空白等）使用统一的规格，使得设计良好的网页看起来应该是和谐的。一致的结构设计，可以让浏览者对网站的形象有深刻的记忆；一致的导航设计，可以让浏览者迅速而又有效地进入在网站中自己所需要的部分；一致的操作设计，可以让浏览者快速学会整个网站的各种功能操作。

4.4.3 网站导航设计

1. 网站导航的目的

许多网站缺乏具有针对性的和方便的导航系统，难以找到链接至相关网页的路径，也没有提供有助于浏览者找到所需信息的帮助。因此，建立一个便于浏览者识别和操作的网站导航系统是必不可少的。设计网站的导航系统，其目的是为了：

（1）通过分类为浏览者提供友好的路径，从而使得他们能尽快地找到所需要的内容。

（2）告诉浏览者目前在网站所处的位置。

（3）告诉浏览者已经访问过哪些内容。

（4）为浏览者提供上下文和相关资源链接。

（5）为浏览者推荐网站的最新内容、特色内容以及重点。

2. 网站导航的类型

建设一套良好的网站导航系统，将会使网站更容易访问。网站的导航系统通常会包括下列类型：

（1）中心导航（Central Navigation）。放置在页面中心，常用来推荐网站信息。

（2）整体导航（Global Navigation）。整体导航是被放置在每一张网页上、用来链接一些重要信息的导航条。该导航条通常被放置在页面的页眉或页脚处。

（3）特色导航（Feature Navigation）。每个网站都会有自己独特的信息内容和网络服务。特色导航就是要把这些具有吸引力的内容展示给访问者。

（4）相关导航（Related Navigation）。在网站上阅读某一篇文章时，常常会在网页的下方提供“相关文章”的链接，通常是与该文处在相同栏目里的一些文章。

（5）内容导航（Content Navigation）。网站的某一栏目或分类的一些文章链接会被放置在一个专门的网页，便于浏览者点击阅读。

（6）历史轨迹导航（History Navigation）。此导航的目标是要准确地告诉浏览者在网站中的位置，并说明网站的目录分类结构。通常是由一个首页链接开始，到浏览者当前所在部分结束。

（7）下拉式导航（Drop-down Navigation）。这种导航常提供下拉式菜单给浏览者点击访问。

（8）语言导航（Language Navigation）。国际性的网站会为不同国家和地区的浏览者提供多种语言选择，有的甚至有上百种语言。

（9）地理导航（Geographic Navigation）。有的网站将其服务器分布在不同的地区，甚至不同的国家，用户一般会选择离自己最近的服务器。

（10）网站地图导航（Site-map Navigation）。为了方便浏览者对企业网站所有的资源和服务有一个整体的了解，应设置网站地图。

3. 网站导航的原则和技巧

（1）尽可能多地提供相关资源的链接。在一个企业网站上会有很多的信息，但研究表明，访问者往往不能确定所需信息。网站可以帮助用户收集一些相关资源放置在页面上，以提醒浏览者注意。

（2）一致性原则。网站的导航元素及设计风格需要一致，以便于操作。

（3）网站板块和层次划分合理。板块的划分应该有充分的依据并容易被理解。不同板块的内容尽量做到没有交叉重复，共性较多的内容应尽量划分到同一板块。

（4）整体导航设计技巧。在设计网站的整体导航时，需要在每一张页面上加有“首页”链接，以便及时回到网站的主页。同时也应该提供“关于我们”和“联系方式”。

（5）设计好辅助导航。如果网站提供文件下载的服务，需要注明下载文件的大小及格式，同时提供下载链接。

（6）常用的导航技巧。网站的导航元素如果是图片，应将相应的文字设置到图片的ALT属性中。所有页面的Logo标志都应建立指向首页的链接。

4.5 网页设计与搜索引擎优化

网页设计不仅仅是因为网络营销的需要，而且对网络营销效果会产生直接的影响，因此要用网络营销的观点来看待网页设计，将网页设计纳入网络营销的工作范畴。网页设计的知识也是网络营销专业人员必不可少的，作为网络营销人员，即使不直接参与网站规划和网页设计，也应该对网页设计中的要点有比较清楚的认识，以便向有关人员提供建议。

从网络营销的需要来看，网页设计应该做到对用户友好（适合浏览信息和使用有关功能）和对搜索引擎友好（适合搜索引擎检索的特点，才能在搜索引擎中获得好的排名）。对用户友好主要表现在视觉效果、导航、下载速度和方便性等方面；对搜索引擎友好则要注意所采用的网站设计语言、网页结构、网页标题、META标签，以及内容的相关性等。下面分析网页设计对搜索引擎检索效果产生直接影响的部分因素。

4.5.1 框架结构对搜索引擎及用户的影响

为了美化网页布局，一些设计人员喜欢使用框架结构来定位，尤其是一些内容相对较少的网站。但是将一个页面划分为多个窗口时，破坏了网页的基本用户界面，会出现一些意想不到的情况，因此在采用这种方法时，需要特别小心。有些搜索引擎对框架结构的页面不能正确处理，会影响到搜索结果的排列名次。从网络营销的角度考虑，尽量不要使用框架结构。其实，只要简单地分析一下一些知名网站的设计，就不难发现，真正优秀的网站很少采用框架结构。

4.5.2 网页标题和 META 标签对搜索引擎的影响

许多搜索引擎如 Google 等都将网页标题和 META 标签中的关键词作为主要检索内容，尤其是网页标题，其中的关键词对搜索结果影响更大。然而许多网站并没有对此加以关注和认真对待，因此在许多网站会看到一些网页为"Untitled Document"，一些网站甚至连主页都是这种情况，给人的感觉不仅仅是网站设计不够专业，最重要的是影响在搜索引擎结果中的排名。由于网上同类的网页总是很多，而用户不可能有耐心和用大量的时间来查看每一个搜索结果，往往只查看前三页的内容，因此每个网站都希望自己能在搜索引擎中的排名靠前，最好能在第一页中，因为排名在第三页之后的网页几乎没有被看到的可能。其实，为每个网页设置一个标题并完善 META 标签并不复杂，只是顺便的一点工作而已，但对于网站的推广却具有非常重要的意义。

4.5.3 网页采用图片或者 Flash 格式的影响

在企业网络营销的实践中，网页通常是由公司内部的美工和技术人员设计的，或者是委托专业服务公司制作的。由于设计人员的出发点和营销人员并不一致，比如美工注重网页色彩搭配和布局，技术人员则强调技术实现方法，所以常常会遇到一些设计得很精美的网页，但是下载的时间很长，至于某些艺术性很强的画面要表达什么信息，可能会使很多访问者无法理解。随着网络速度的增加，网页下载速度会更快一些，但网页采用大量图片仍然有重要缺陷，尤其是整个页面的主要信息都采用图片时，很可能造成搜索引擎无法检索到重要信息，造成潜在用户流失。目前搜索引擎还没有智能到从图片中识别信息并转化为相关文字的程度。如果期望用户从搜索引擎中发现企业的网站，那么应该在搜索引擎面前尽量展现朴素的一面：尽可能多地使用文字，尤其是公司名称及核心产品这些"关键字"。

Flash 格式的网页也存在同样的问题。由于良好的视觉效果，Flash 技术在网页设计和网络广告中的应用非常广泛，有些网站为了追求美观，甚至将整个首页全部用 Flash 方式设计。从浏览者的角度来看，Flash 动画内容比起一般的文本加图片 HTML 格式的网页，大大增加了艺术效果，对于展示产品和企业形象具有明显的优越性。但 Flash 网页也存在一定的问题，例如没有安装 Flash 插件程序的用户无法正常浏览，或者因为文件字节数太大而使得网页下载缓慢。即使不存在浏览方面的问题，Flash 网页也存在另一种先天的缺陷，即搜索引擎无法识别 Flash 中的信息，因而不能被搜索引擎正确检索，网站推广的效果将大受影响。许多企业非常重视网站首页设计，并将 Flash 设计作为一项重要的内容，这也不算什么错误，毕竟美观也是网页设计要考虑的一个因素，关键是要在不影响网站推广效果的基础上来强调美观，不应本末倒置。

因此，对于采用 Flash 网页应该从下列三个方面来考虑网站搜索引擎的优化：

1. 重视网站艺术效果与搜索引擎优化的关系

不要将网站设计作为一个独立问题，网站是企业网络营销的基础，网站建设也是网络营销的一个组成部分，因此在网站规划阶段就要明确搜索引擎优化问题。花费昂贵代价设计的 Flash 网站，如果不能被搜索引擎所检索，这种指导思想本身就是有问题的。实际上，目前有相当数量的企业正陷入这种认识的误区。

2. 兼顾美观和搜索引擎检索效果

Flash 和 HTML 相结合。比如可以在为网站设计 Flash 版本的同时，也设计一个 HTML 格式的版本，这样可以让搜索引擎通过 HTML 版本的网页来发现网站，也可以通过改变网页结构来进行适当的弥补。不是将整个网页都设计成 Flash 动画，而是将 Flash 内容嵌入到 HTML 文件中。这样并不会削弱用户浏览的视觉效果，而搜索引擎可以从 HTML 代码中发现一些必要的信息。

3. 在收费搜索引擎上登记

如果错过了被免费的技术型搜索引擎自动检索的机会，或者搜索结果排名效果不太理想，可以通过向收费搜索引擎提交网站，以增加被用户发现的机会，或者在搜索引擎上刊登关键词广告。

4.5.4 动态网页对搜索引擎检索的影响

纯粹 HTML 格式的网页通常被称为“静态网页”，早期的网站一般都是静态网页。但由于静态网页没有数据库的支持，内容的更新会增加很大工作量。而且由于缺乏交互功能，因此当网站有大量信息以及功能较多时，完全依靠静态网页是无法实现的，于是动态网页就成为网站维护的必然要求。但是由于大量动态网页的存在，也造成了一定的问题，如有些全动态网页的网站会失去很多被用户发现的机会。当然这些问题不是不能解决的，重要的是对此要有高度的重视。以网络营销的观点来看，任何技术都是为了网络营销的需要，使用技术本身并不是目的，效果是第一位的。

1. 别让搜索引擎只抓一张皮

用户经常会遇到这样的情况，根据搜索引擎反馈的结果来看，可能正是自己需要的信息，但当点进该网页之后，却发现并不是那些内容。其原因是因为搜索引擎所显示的信息并不是实时从网上检索的，而是定期从网上检索，然后先存入自己的数据库，用户检索到的信息是搜索引擎已经收集的信息，所以才会在很短的时间内反馈出大量的结果。让用户大失所望的原因在于：用户点击时出现的是网站最新的网页内容，可能与搜索引擎收录时的内容已经完全不同了。其实这不是搜索引擎的错误，通过合理的设计，这种情形也是可以避免的，而静态网页一般不会出现这种状况。因此，为了搜索结果与用户的期望相一致，一方面是尽量采用静态网页；另一方面，尽量让动态网页保持内容的相对稳定。

2. 避免网页无法被检索的情况

以营销为目的的企业网站，都不希望自己的网页无法被搜索引擎检索到，但事实上有些采用 asp 程序设计的网站，很多内容页面都无法被搜索引擎检索，以致直接失去了被用户发现的机会。通常情况下，采用 asp 程序的网站，首页一般还是可以被检索到的，虽然相对于全静态页面的网站来说，是会失去一些被检索的机会，但毕竟还有一个主要的网页可供发挥，也就是说，可以在首页上做足文章，尽可能做好网站首页的搜索引擎优化。如果搜索引擎返回的信息中包含足够有价值的内容吸引用户进入网站首页，这样用户仍然有机会从网站首页逐步发现自己需要的信息。

3. 采用静动结合，以静制动的对策

从网络营销的观点来看，当然是静态页面的效果更好，但实际上可能不太现实，那么可采取静动结合的方法来解决。静动结合有两方面的含义：一方面，对于一些重要的，而且内容相对固定的网页制作为静态网页，如包含有丰富关键词的网站介绍、用户帮助、网站地图等；另一方面，可以将动态实现的网页通过一定的技术，当发布出来之后转化为静态网页，这种方式尤其适合于发布后内容无须不断更新的网页（如新闻等）。"静动结合，以静制动"反映的是一种网络营销基本思想，能用静态网页解决的绝不用动态网页，尤其是对一些重要网页，一定要采用静态的方式来处理。

上述所分析的网页设计对搜索引擎检索结果的影响，目的是为了当用户利用搜索引擎检索时在搜索结果中获得好的排名，但影响搜索排名的因素很多，尤其是像 Google 这样"公正无私"的技术型搜索引擎，是根据自己的计算方法来决定搜索结果的排名。不仅受网页设计的影响，也与其他网站的链接数量等因素相关，而且在网站设计中也很难完全按照搜索引擎的特点来设计。同时还要注意的是，要避免为了搜索引擎检索而专门设计具有欺骗性的网页来对付搜索引擎，这样不仅不能获得好的效果，反而可能被认为是"搜索引擎垃圾信息"。采用垃圾信息的网站一旦被搜索引擎发现，将会受到一定程度的惩罚，作弊严重的网站可能会永远被该搜索引擎拒绝收录。搜索引擎 Google 认为的垃圾信息包括下列几个方面：

（1）隐藏的文字或链接；

（2）容易误解或堆积的词汇；

（3）与 Google 检索不匹配的网页；

（4）伪装的网页；

（5）欺骗性的网址重新指向；

（6）专门针对搜索引擎的入门网页；

（7）复制的网站或网页。

此外，Google 认为是垃圾信息的还包括其他一些行为，如用图片和无关的词汇填充的网页、同样的内容出现在多个域名或次级域名的网页、链接了被认为是低质量的网站，以及容易与知名网站混淆的网址（如 www.yahhoo.com）等。

本章小结

网络品牌是指个人或团体以国际互联网为基础，以电子商务为平台，以网络营销为手段而建立的具有可识别性的商品铭牌（牌号）或商标。网络品牌是一种无形资产。网络品牌有两个方面的含义：一是通过互联网手段建立起来的品牌，二是互联网对网下既有品牌的影响。网络品牌有三个层次：①网络品牌要有一定的表现形态；②网络品牌需要一定的信息传递手段；③网络品牌价值的转化。网络品牌具有的特点包括：①网络品牌是网络营销效果的综合表现；②网站的 PR 值；③价值只有通过网络用户才能表现出来；④网络品牌体现了为用户提供的信息和服务；⑤网络品牌建设是一个长期的过程；⑥网络品牌越来越具有个性化。网络品牌构建的两种途径：①原有品牌融入网络平台；②构建独立的网络品牌。域名是由个人、企业或组织申请的独占使用的互联网标识，是对提供的服务或产品的品质进行承诺和提供信息交换或交易的虚拟地址。域名在本质上也是一种商标，是企业建立的品牌。域名命名应考虑的因素包括：①与企业已有商标或企业名称相关联；②简单、易记、易用；③多个域名；④国际性。要保证域名使用和访问频率高，必须注意下面几点：信息服务定位、内容的多样性、时效性、速度问题、国际性及用户审计。企业网站设计包括网站定位、网站界面设计与网站导航设计。其中网站定位包括网站类型定位、网站目标用户定位、网站诉求点定位及网站 CI 定位。企业网站用户界面的设计应遵循以下基本原则：①用户导向；②KISS 原则；③布局控制；④视觉平衡；⑤色彩的搭配和文字的可阅读性；⑥和谐与一致性。网站导航的原则和技巧有：①尽可能多地提供相关资源的链接；②一致性原则；③网站板块和层次划分合理；④整体导航设计技巧；⑤设计好辅助导航；⑥常用的导航技巧。网页设计会对搜索引擎检索效果产生影响，影响来源有：①框架结构；②网页标题和 META 标签；③网页采用图片或者 Flash 格式；④动态网页。其中，采用 Flash 网页应该从下列三个方面来考虑网站的搜索引擎优化：①重视网站艺术效果与搜索引擎优化的关系；②兼顾美观和搜索引擎检索效果；③在收费搜索引擎上登记。在制作动态网页时需注意：①别让搜索引擎只抓一张皮；②避免网页无法被检索的情况；③采用静动结合，以静制动的对策。

思考题

1. 谈谈你对网络品牌内涵的理解。
2. 简述网络品牌构建的两种途径。
3. 试从域名商标的商业价值角度，谈谈你对域名商标抢注问题的看法。
4. 企业网站用户界面设计应遵循哪些原则？
5. 可从哪几个方面对 Flash 网页进行网站的搜索引擎优化？

5

搜索引擎营销

学习目标

1. 了解搜索引擎的内涵、分类及工作过程
2. 理解搜索引擎营销的生存逻辑
3. 掌握几种主要的搜索引擎营销模式
4. 了解竞价排名与点击欺诈的道德风险及其规范策略

本章结构图

- 搜索引擎营销
  - 搜索引擎概述
    - 内涵及其分类
    - 工作过程
    - 发展趋势
  - 搜索引擎营销模式
    - 模式的分类
    - 模式的生存逻辑
    - 对传统企业营销的影响
  - 领域道德风险及规避
    - 领域道德风险
    - 道德风险的规避策略

引　例

我们的理念——Google 十大信条

Google 联合创始人拉里·佩奇（Larry Page）说过，“完美的搜索引擎应做到确解用户之意，切返用户之需”。“Google 推出搜索服务之初，您可能已惊喜地发现输入搜索查询后就能迅速得到正确答案。Google 之所以取得成功，正是因为我们当时能比其他搜索引擎更快更好地找到合适的结果。但在那之后，技术一路发展，网络的面貌已经发生了翻天覆地的变化。我们意识到搜索是一个不可能完全解决的问题，因此，我们不断挑战现有技术的极限，努力提供快速、准确且易于使用的服务。无论搜索用户是在波士顿使用计算机，

还是在曼谷街头拿着手机漫步，他们都能获得这样的服务。我们还从搜索的过程中吸取经验，从而应对更多的挑战。”

这些核心价值理论，不论经过多久，都将带领我们迈向未来。

1. 以用户为中心，其他一切水到渠成

创建伊始，Google就以尽可能提供最佳的用户体验为中心任务。不管是设计新的互联网浏览器，还是采用新的首页外观，我们都非常谨慎，确保它们最终可以满足用户的需求，而不是达到我们自己的内部目标或底线。我们的首页界面简单明了，网页载入十分迅速。我们从不对外出售搜索结果中的展示位置。对于广告，我们不仅清楚地将它们标记出来，而且广告内容也与搜索结果相关，从而确保不会分散用户的注意力。在开发新的工具和应用程序时，我们秉承这样一种理念：设计出来的产品应该非常出色，用户无须再去考虑其他设计。

2. 专心将一件事做到极致

搜索是Google的事业。我们拥有世界上规模最大的研究团队之一，可以心无旁骛地攻克搜索问题，我们知道自己擅长什么，也知道如何才能做得更好。我们会对难题持之以恒地反复研究，因此，我们能够解决复杂的问题，即使我们的搜索服务已经在为数百万用户提供快捷、流畅的信息搜索体验，我们仍能不断对其进行改进。我们在不断地改善搜索服务，这也有助于我们将掌握到的知识技术应用于Gmail和Google地图等新产品。我们希望将强大的搜索功能应用于未曾探索过的领域，并帮助用户更多地获取和使用生活中不断增加的信息。

3. 越快越好

我们知道您的时间非常宝贵，因此，在遇到问题时，您一定希望能通过网络迅速找到解决方案，而这正是我们的目标。我们希望用户在首页上花费的时间越短越好，这样的理念可能在世界上也是独一无二的。我们不断精简网页并提高服务环境的效率，一次次地打破自己创造的速度纪录，现在的平均搜索结果响应时间仅为几分之一秒。我们推出的每款新产品都非常注重速度，无论是移动应用程序还是“Google Chrome浏览器”（一种旨在跟上现代网络速度的高速浏览器）都是如此。而且，我们始终致力于提高所有产品的运行速度。

4. 网络也讲民主

Google搜索之所以成功，是因为它有数百万在网站上发布链接的用户，他们帮助我们确定哪些网站提供了有价值的内容。在评估每个网页的重要性时，我们采用了200多个指标以及各种技术，其中包含我们的专利算法PageRank，它可以分析出哪些网站被网络中的其他网页“票选”为最佳信息来源。随着网络规模的扩大，这一评估方法也会越来越完善，因为每个新网站在提供信息的同时，也是另一张待统计的选票。我们还使用同样的思路，积极地进行开放源代码软件的开发，并在许多编程人员的共同努力下，不断推出各种创新产品。

5. 信息需求无处不在

现在，人们越来越多地使用移动设备，因为他们希望随时随地获得所需的信息。我们不断开创新的移动服务技术，推出新的移动服务解决方案，帮助全球用户在自己的手机上执行各种各样的任务，比如查看电子邮件和日历活动以及观看视频，更别说在手机上通过多种不同的方式使用Google搜索功能了。此外，我们希望通过Android在全球范围内激起更强的移动服务创新意识。Android是一个免费的开放源代码移动平台，它将开放性这一塑造互联网不可缺少的因素带入了移动世界。Android不仅能使客户受益，让他们拥有更多选择余地和更富创意的移动体验，也为运营商、制造商和开发人员创造了营收机会。

6. 赚钱不必作恶

作为一家公司，Google的收入来源分以下两种：一是向其他公司提供搜索技术，另一个则是向广告客户提供在Google和其他网站上投放广告的服务。在世界各地，成千上万的广告客户使用AdWords推广他们的产品，无数发布商通过AdSense计划投放与自己网站内容相关的广告。为了确保最终能够服务所有用户（无论他们是否属于广告客户），我们制定了一系列有关我们的广告计划和做法的指导原则：除非广告内容与搜索结果页的内容是相关的，否则，我们不允许在搜索结果页上显示广告。我们坚信，只有广告与您要查找的内容相关时，它提供的信息才能为您所用。因此，您可能会发现，某些搜索结果中完全不包含任何广告。我们拒绝弹出式广告，因为这会妨碍用户阅读所请求的内容。在Google上投放的广告总是明确地标记为“赞助商链接”，因此，这些广告不会破坏搜索结果的完整性。我们绝对不会通过操纵排名将我们的合作伙伴放在搜索结果中排名靠前的位置，也没有任何人可以购买到更高的PageRank。我们的用户信任Google的客观公正性，Google也不会因为任何短期利益而去破坏这种信任。

7. 信息无极限

一旦Google索引中的互联网HTML网页数量超过其他任何搜索服务，我们的工程师就会将精力转到那些以前不太容易获得的信息上。为此，我们有时只需将新的数据库集成到搜索中即可（例如添加电话号码和地址查询以及商家目录），但有时还需要付出更多富于创造性的努力（例如增加更多的搜索功能，包括新闻存档搜索、专利搜索、学术期刊搜索以及对数十亿图片和数百万图书的搜索）。我们的研究人员会继续研究如何将世界上所有的信息提供给有需要的人们。

8. 信息需求无国界

虽然Google是在加利福尼亚州创立的，但我们的宗旨是帮助全世界使用各种语言的用户获得信息。为了实现这一目标，我们在60多个国家与地区设立了办事处，拥有180多个互联网域，而且在我们所提供的搜索结果中，有一半以上是提供给美国境外用户的。我们提供130多种语言的Google搜索界面，能让用户搜索以他们自己的语言撰写的内容。

对于Google的其他应用程序和产品，我们也计划推出尽可能多的语言版本和可使用的形式。有了我们的翻译工具，哪怕是在地球的另一端用您完全不懂的语言所撰写的内容，您也可以找到。在这些工具和志愿译者的帮助下，我们大大增加了向用户提供的服务种类，提高了服务质量，同时涵盖了世界上最偏远地区的用户。

9. 认真不在着装

我们的创始人秉承着“工作赋予挑战，挑战带来快乐”的理念创立了Google。我们相信，良好的企业文化更容易创造出绝妙的、富有创意的产品，而这并不仅仅意味着装一些熔岩灯和橡胶球就可以了。我们重视团队成绩，并以促成公司全面成功的个人成就为荣。我们对活力四射、热情洋溢的员工们寄予厚望，他们背景不同，却为工作、娱乐和生活赋予了非凡的创意。我们的工作氛围非常轻松，但就是在排队等咖啡的过程中、小组会议上或健身房中，新的想法不断涌现，并以令人目眩的速度在彼此之间交流，经过测试，然后投入实际应用，这些新想法往往会催生出在全世界范围内广泛使用的新项目。

10. 追求无止境

我们始终将自己在某方面的优势视为继续发展的起点，而不是终点。我们为自己设定目前还不能达到的目标，因为我们知道，通过不断地向这些目标努力，我们可以做得比预期更好。Google的目标就是通过创新和反复探索得到合理的结果，并以异乎寻常的方式对这些结果加以改进。例如，我们的一位工程师发现，用拼写正确的字词进行搜索时会得到很好的效果，于是他就开始思考搜索应当如何处理错别字。正是这种思考促使他创建了一种直观且更加实用的拼写检查工具。

即使您不太清楚自己要查找的确切内容，在网络上寻找答案也不是您的问题，而是要由我们来解决的问题。我们会尽力预测全球用户尚未明朗的需求走势，并开发各种可能会成为日后新标准的产品和服务来满足这些需求。我们会一直探索能够标新立异的新领域。归根结底，我们所做的一切正是来源于永不满足于现状的态度。

（资料来源：哈佛商业评论网，http：//club. ebusinessreview. cn/blogArticle-101548. html，案例有修改）

第13次CNNIC调查结果显示，搜索引擎是83.4%的用户得知新网站的主要途径。另外，《中国互联网络发展状况统计报告》显示，在上网用户经常使用的网络服务功能中，搜索引擎仅次于电子邮箱（85.6%），占到65%。几乎每一个上网的人，每一天都会使用搜索引擎。搜索引擎的出现，极大地方便了人们查找信息，同时也给企业推广自己的产品和服务创造了绝佳的机会。并且，随着技术进步，搜索效率不断提高，用户在查询资料时不仅越来越依赖于搜索引擎，而且对搜索引擎的信任度也日渐提高。有了如此雄厚的用户基础，企业利用搜索引擎宣传企业形象和产品服务当然就能获得极好的效果。搜索引擎营销由此而产生。

5.1 搜索引擎概述

5.1.1 搜索引擎内涵及其分类

1. 搜索引擎内涵

搜索引擎是 Internet 上的一个网站，它的主要任务是在 Internet 中主动搜索其他 Web 站点的信息，并对其进行自动索引，其索引内容存储在可供查询的大型数据库中。当用户利用关键字查询时，该网站会告诉用户包含该关键字信息的所有网址，并提供通向该网站的链接。目前国内用户使用的搜索引擎主要有两类：英文引擎和中文引擎。常用的英文搜索引擎包括 Google、Yahoo!、MSN 等，常用的中文搜索引擎主要有：中文 Google、一搜、百度、中搜、搜狐搜狗、网易等。

搜索引擎一般由搜索软件、索引软件、检索软件和用户接口四部分组成。搜索软件通常称为机器人（Robot）、爬虫（Crawler）或蜘蛛（Spider），它们可以运行在万维网上，是能够沿着网站的链接从一个页面跨越到另一个页面，自动追寻和发掘网上的各种文献信息资源，采集新出现的信息，确认网页之间的链接是否有效，并剔除死链的一种软件。索引软件将采集的网页信息进行自动标引，建立索引数据库。不同的索引软件标引网页的内容是不同的，有些对网页全文进行标引，有些只标引网页的地址、篇名、题名、特定段落和重要的词。不同的索引软件建立数据库的规模不一样，数据规模大小决定查询的信息是否全面和查全率的高低。查询软件决定搜索引擎的检索功能和返回结果的相关性。在检索过程中，该软件还会利用特殊的计算机算法对文献和检索词的相关性进行计算和评估。不同的搜索引擎依据各自的标准对相关性做出判断。用户接口的作用是输入用户查询，显示查询结果，提供用户相关性反馈机制。

2. 搜索引擎分类

（1）从搜索技术发展角度来分，有以下几种：

①主题指南型搜索引擎。第一代搜索引擎，将网络信息按专题进行分类列表，通过超级链接逐步遍历整个网络。如 Yahoo! 将网络信息按学科分为 14 大类，可以通过超级链接进一步获取详细的站点信息。

②独立型搜索引擎。也叫检索型搜索引擎。特点是拥有一个属于其本身的数据库，可通过输入关键词、短语进行检索，返回结果一般可按相关性进行排序。

③混合式搜索引擎。随着搜索引擎技术的不断发展，独立型与主题指南型搜索引擎合二为一，演化为兼具分类浏览和关键词检索功能的混合式搜索引擎。

④元搜索引擎。这是一种集成化搜索引擎，它是多个独立型搜索引擎的集合体，与独立搜索引擎的区别在于：元搜索引擎没有自己独立的数据库，它通过一个统一的用户界面帮助用户在多个搜索引擎中选择和利用合适的，有时甚至是同时利用多个搜索引擎实现检索操作。

⑤分布式搜索引擎。根据地域、主题、IP 地址或其他的划分标准将全网划分成若干自治域，在每个自治域内分设检索服务器，每个检索服务器由信息搜集软件、索引数据库和代理三部分组成。信息搜索软件负责本自治域信息的搜集，并建立索引数据库。代理则负责向用户提供查询接口，并与其他域的代理进行交互，实现检索服务器之间的信息交换，即它可以将查询请求发送到其他域的检索服务器上。

（2）按搜索引擎根据构建时的不同策略分类，大致有以下几种：

①建立在分类基础上的搜索引擎，即目录索引。优点是准确率比较高，不足是查全率不是很好。目录索引虽然有搜索功能，但在严格意义上算不上是真正的搜索引擎，仅仅是按目录分类的网站链接列表而已。用户完全可以不用进行关键词（Keywords）查询，仅靠分类目录也可找到需要的信息。目录索引中最具代表性的莫过于大名鼎鼎的雅虎（Yahoo!）。其他著名的还有 Open Directory Project（DMOZ）、LookSmart、About 等。国内的搜狐、新浪、网易搜索也都属于这一类。

②建立在索引文档基础上的搜索引擎，即全文索引。优点是搜索网络信息效率高，查全率好于第一种，但查准率不及第一种。全文搜索引擎是名副其实的搜索引擎，国外具代表性的有 Google、Fast/AllTheWeb、AltaVista、Inktomi、Teoma、WiseNut 等，国内著名的有百度（Baidu）。它们都是通过从由互联网上提取的各个网站的信息（以网页文字为主）而建立的数据库中，检索与用户查询条件匹配的相关记录，然后按一定的排列顺序将结果返回给用户，因此他们是真正的搜索引擎。

③建立在概念的基础上，突破了传统搜索引擎中相对比较简单的基于关键词的匹配，借助数据字典扩展条件，通过模式的提取和识别，抽象化搜索条件与文档之间的联系，搜索引擎逐渐发展为元搜索引擎。这种搜索引擎的查准率较差，而查全率是三者中最高的。元搜索引擎在接受用户查询请求时，同时在其他多个引擎上进行搜索，并将结果返回给用户。著名的元搜索引擎有 InfoSpace、Dogpile、Vivisimo 等。中文元搜索引擎中具代表性的是搜星搜索引擎。在搜索结果排列方面，有的直接按来源引擎排列搜索结果，如 Dogpile；有的则按自定的规则将结果重新排列组合，如 Vivisimo。

5.1.2 搜索引擎的工作过程

搜索引擎不可能在用户提出搜索需求时实时去检索每个网页，而是把网页先抓取下来，按照关键词建立好索引，用户每次搜索的结果都是直接从搜索引擎已建立好索引的数据库中查找，然后把结果返回给用户的。

1. 派出“网页搜索程序”在网上搜寻信息

首先搜索引擎要用网页搜索软件来搜寻网络信息，并“抓取”网页。常见的网页搜索软件有机器人（Robot）和网络蜘蛛（Spider）。下面以网络蜘蛛程序为例，介绍一下网页的抓取过程。网络蜘蛛是通过网页的链接地址来寻找网页，它沿着网页的链接，从一个网页爬到另一个网页，当“蜘蛛”认为一个页面有用时，它就会将关于这个页面的 html 源码复制下来，发送回搜索引擎的服务器进行存储，然后继续它的旅程，去访问下一个页面。从理论上来说，从一个页面出发，根据该页面的链接信息，这个蜘蛛可以访遍互联网上所有的网页。

网络蜘蛛在访问网站网页的时候，经常会遇到加密数据和网页权限的问题，有些网页需要会员权限才能访问。当然，网站的所有者可以通过协议让网络蜘蛛不去抓取，但对于一些出售报告的网站，他们希望搜索引擎能搜索到他们的报告，可又不能完全免费地让搜索者查看，这样就需要给网络蜘蛛提供相应的用户名和密码。网络蜘蛛可以通过所给的权限对这些网页进行抓取，从而提供搜索。而当搜索者点击查看该网页的时候，同样需要搜索者提供相应的权限验证。

2. 确定搜索策略

搜索策略是指当搜索软件搜索到一个文档后，下一步应当转移到哪个文档的方法。它主要有以下几种搜索策略：

（1）IP 地址搜索策略。它实现的 HTML 是 Hypertext Markup Language 的缩写，即超文本标记语言。它是用于创建可从一个平台移植到另一平台的超文本文档的一种简单标记语言，经常用来创建 Web 页面。方法是先赋予 Robot 一个起始的 IP 地址，然后根据 IP 地址递增的方式搜索本 IP 地址段后的每一个 WWW 地址中的文档。优点是搜索全面，缺点是不适宜大规模的搜索。

（2）深度优先搜索策略。它是从起始节点出发，一直搜索到那些不包含任何超级链接的文件为止，然后再返回某一文档，再继续选择该文档中的其他超级链接。优点是便于发现新的站点，但信息面增长相对慢一些。

（3）广度优先搜索策略。它是先搜索完一个 Web 页面中所有的超级链接，然后再继续下一层的搜索，直到最底层为止。它能够很好地解决搜索面的问题，缺点是对于深层 Web 文档要花很长的时间才能到达。

3. 对搜索信息进行索引和排序

由蜘蛛等网页搜索程序抓回来的页面源程序放在搜索引擎庞大的服务器群中，如果不对这些页面进行索引和排序，要找到一个页面将非常困难。索引就是要对每个页面中的每个字词都进行分析、整理和提炼，将每个页面分门别类地放在各个索引库中，这个过程也是通过程序来完成的。其中的分词技术很关键，比如，分词技术直接影响到搜索引擎会不会根据“任务”这样一个词，来建立包含“李主任务必来开会”字样的网页索引。索引之后就是排序，即确定用户向搜索引擎提交了一个搜索请求后，搜索引擎应该向用户返回搜索结果的排序。显然，用户最想要的信息应该排在搜索结果的最前列，但如何判断哪些是用户最想要的信息？这就是搜索引擎的排序规则要解决的问题。如百度的搜索引擎采用“超链分析”的排序规则，超链分析认为一个网页的重要性可由其他网页指向该网页的链接数目决定，链接数目多的排名靠前。这里以 PageRank 为代表，简单介绍链接分析的原理。

PageRank 的原理类似于科技论文中的引用机制：谁的论文被引用次数多，谁就是权威。在互联网上，链接就相当于“引用”，在 B 网页中链接了 A，相当于 B 在谈话时提到了 A，如果在 C、D、E、F 中都链接了 A，那么说明 A 网页是最重要的，A 网页的 PageRank 值也就最高。

如何计算 PageRank 值有一个简单的公式：

网页 A 级别 = （1 - 系数） + 系数 × （网页 1 级别/网页 1 链出个数 + 网页 2 级别/网

页2链出个数+…+网页N级别/网页N链出个数)

其中：系数为一个大于0，小于1的数。一般设置为0.85。网页1、网页2至网页N表示所有链接指向A的网页。

由以上公式可以看出三点：

(1) 链接指向A的网页越多，A的级别越高。即A的级别和指向A的网页个数成正比，在公式中表示，N越大，A的级别越高。

(2) 链接指向A的网页，其网页级别越高，A的级别也越高。即A的级别和指向A的网页自己的网页级别成正比，在公式中表示，网页N级别越高，A的级别也越高。

(3) 链接指向A的网页，其链出的个数越多，A的级别越低。即A的级别和指向A的网页自己的网页链出个数成反比，在公式中显示，网页N链出个数越多，A的级别越低。

4. 为用户提供浏览界面下的信息查询

每个搜索引擎都通过Web服务器端软件，为用户提供了一个良好的人机界面。主要的目的是方便用户使用搜索引擎。用户只要输入关键词，搜索引擎就会根据用户的提问，在索引中查找相应的词语，并进行必要的逻辑运算，最后给出查询的结果，用户只需通过搜索引擎提供的链接，就可以访问到相关信息。

5.1.3 搜索引擎未来的发展趋势

网络信息检索工具的发展主要体现在进一步改进、完善检索工具和检索技术，提高检索服务质量上，搜索引擎未来的发展趋势主要有以下几个方面：

1. 智能搜索引擎

智能搜索引擎是一个基于语法、词的上下文和语义等文字信息处理技术，自动收集、识别网上的信息，智能化地提取摘要和关键词，建立索引，提供个性化、专业化信息查询，对不良信息监控、报警的网络信息自动发现、查询系统，相关技术有：

(1) 加权的启发式搜索方法。系统根据用户配置的领域导向词和资源服务器所在地域信息，以启发式函数计算每个URL的权值，并选择权值高的URL优先访问控制信息资源的搜集。

(2) 协同式检索方法。系统不去计算分类项目的相似程度，而是计算用户之间的相似程度，将其他用户的反应反馈给当前的用户，从而不同地区、专业、语种、类型的搜索引擎实现数据库有条件共享信息或互相满足对方的信息检索请求。协同式方法一般用于非文本数据，像电影、音乐等，或用于文本数据的挖掘，如新闻过滤、电子邮件处理、会议时序安排和娱乐节目推荐等，包括“网络广播”公司广泛应用的信息推送技术。信息推送是网络公司通过一定的技术标准或协议，从网上的信息源或信息制作商获取信息，通过固定的频道向用户发送信息的新型的信息传播技术，是网络公司提供信息服务的主要手段。

(3) 智能代理。智能代理是指帮助用户制定检索策略，选择检索工具进行检索操作，搜集并整理检索结果，充当用户和网络信息检索工具的中介。如：AskJeeves和Inquizit都能把用户的自然语言提问自动转换为检索提问，例如用户可用“Why is the sky blue?”作为检索提问，而不必再考虑检索词的选择问题。

2. 实现统一的自动分类

目前网页分类基本上还是人工分类，对数据进行挖掘以实现精确分类，但是最大问题是无法应对网上海量的信息资源。虽然目前存在有大量的搜索引擎，但还没有一个统一严格的分类方法来管理，统一的自动分类标准势在必行。这个标准应当是传统分类标准与当前网络信息分类方法相互融合，兼备了传统文献分类的科学性与目前网络信息分类方法的灵活性。如果能够实现网页的自动分类，搜索引擎就能够兼有分类浏览、检索和关键词检索的优点，具备族性检索和特性检索的功能，能够深入到网页层次，帮助用户迅速判断返回的结果是否符合自己的检索要求。可参照国际标准，也可制定国内标准，还要规范网络术语，使其与常规术语接轨，提高资源共享的程度。

3. 引入受控语言

自然语言检索由于其灵活性有利于查全率的提高，受控语言检索由于其规范性和准确性，有利于查准率的提高。多数网络信息检索工具都采用自然语言标引和检索，对检索词是否贴切用户毫无把握，同义词和近义词得不到控制，最终导致检索结果过多过杂。通过建立同义词典，使用户在提出一个检索词后可获得一批候选词，用户可以判断、选择其中一部分或全部作为检索用词，提高信息检索的查全率。由于网络信息数量大、变化快和涉及面广，绝大多数网络信息检索工具还没有采用受控语言标引，但已经出现了使用受控语言检索的工具。如隶属于OCLC的NetFirst采用了《美国国会图书馆主题词表》和《杜威十进分类法》类分网络信息，以提高网络信息的检索效果。

4. 基于内容的信息检索

基于多媒体的信息检索工具可直接对图像、视频、音频内容进行分析，抽取特征和语义，对其内容进行全面准确的标引，建立“内容—对象”关系型索引多媒体数据库。检索时计算机自动获取用户查询内容，然后与多媒体索引库匹配，提供内容完全一致的检索结果，对多媒体信息对象的语义、特征，包括根据人的自身体验进行明确的或者模糊的信息检索，基于内容的图像检索常用的关键技术包括：颜色特征提取、纹理特征提取、形状特征提取、相关反馈。基于内容的视频检索常用关键技术包括：关键帧抽取、镜头分割、视频等。基于内容特征的多媒体信息检索是信息检索的发展方向。

5. 突出专业性特色，深化服务内容

搜索引擎不应盲目地追求大收录及大标引量，应注重突出专业特色。由于每一学科专业都有自己独特的词汇及用语，特定的专业信息检索工具应该使用与之相应的标引和检索语言，为用户提供对一些专业性、学术性或较深入的核心数据库的访问，如面向某个学科领域的专业性搜索引擎或称垂直性网络信息检索工具，它们对大型综合性的搜索引擎进行二次检索，突出专业性特色，深化检索内容。

6. 用户友好化的进一步提高

未来搜索引擎用户友好化主要包括两个方面的内容：用户界面的易用性和检索结果结构的清晰直观性。这是评价搜索引擎工具性能的极其重要的指标。搜索引擎不仅能够支持用户多种语言、多种逻辑方式、多种角度进行提问检索，使用户更方便、更快捷地使用检索工具，而且能提供更好的检索结果输出形式，使用户方便地进行浏览、选择和利用检索信息，先进友好的结果提供方式直接影响到用户对信息的吸收和利用。Northern-Light 和 Excite 可以将检索结果分组汇集，并在网页右上边显示不同组名。目前，网上已经有检索系统以三维图像来显示检索结果。

由于互联网信息的多样性和复杂性，搜索引擎检索的信息可能无法完全满足用户要求，需要网络检索工具对检索结果进行筛选、过滤、屏蔽等，这也是搜索引擎技术发展的重要方向。

5.2　搜索引擎营销模式

5.2.1　搜索引擎营销模式的分类

搜索引擎营销（Search Engine Marketing，SEM），简单来说，就是基于搜索引擎平台的网络营销，利用人们对搜索引擎的依赖和使用习惯，在人们检索信息的时候尽可能将营销信息传递给目标客户。搜索引擎营销追求最高的性价比，以最小的投入，获得最大的来自搜索引擎的访问量，并产生商业价值。

针对普通网民来说，已经习惯于免费使用搜索引擎，因此它不可能像传统信息检索系统那样，对每一次的搜索收费；而在网络广告已经成为信息骚扰以致让人厌恶的今天，各家企业如果想在浩瀚的网络信息海洋中露一露脸，恐怕就要依靠搜索引擎了。据中国互联网信息中心最新调查报告显示：搜索引擎是用户得知新网站的最主要途径，网站访问量 82.12% 来源于搜索引擎，而排在搜索结果前 30 名的网页被访问的机会占全部网页的 80% 以上。最初搜索服务只是各门户网站吸引访问量的免费餐，因其无法创造利润而备受忽略，20 世纪末，以搜索起家的 Yahoo！与搜狐等都转向做门户网站。1998 年 Overture 灵光一现推出了“竞价排名”，这项服务为搜索引擎公司带来了丰厚的收入，其他搜索引擎竞相模仿，一个创意转瞬间便创造了滚滚财富。以致 Yahoo!、搜狐等为当初放弃搜索服务的决定后悔不已。以此为契机互联网经济也完成了“注意力经济”向“搜索力经济”的转变。

搜索引擎营销主要分为如下四种模式：

5.2.1.1　出售搜索技术

出售技术是传统的一种收入模式，也是大多数搜索引擎公司所一直采用的方式。这种模式向门户网站提供搜索技术，对于这些门户传过来的每次搜索要求，都会收取少量费用。如 Google、百度等技术领先的搜索引擎一直都承担门户网站的搜索外包业务。

5.2.1.2 收费加入

这种模式在收费后搜索引擎才提供链接以及收费后将链接放在突出位置，即如果你想被搜索引擎搜索到，那须先交费加入到索引数据库。在雅虎，交费将让编辑更快地审查你的链接，但并不保证能被搜索到。这种模式的收费虽然较低，但难以达到客户所期望的效果，因此这种收入模式获得的收入不足以支持一般的搜索引擎的运营开支。

5.2.1.3 关键词广告销售

关键词广告是指在搜索结果页面显示广告内容，实现高级定位投放，用户可以根据需要更换关键词，相当于在不同页面轮换投放广告。目前这种模式衍生出了两种形式：固定排名与竞价排名。

1. 固定排名

也被称为付费排名，即搜索引擎将把您所付费的关键词网页在搜索结果的第1～10位出现，位置固定。网站付费才能被搜索引擎搜索到，付费越高者在检索结果中排名越靠前。某些搜索引擎甚至允许用户修改网站介绍、关键词等。固定排名的缺点是收费比较高，吸引的是一些大客户；由于排名靠前，广告效果也比较好。调查显示，85%的访问者会在搜索引擎的第一页（前10名）选择自己所需要的网站，由于固定排名的位置有限（前10位），为了增加更多的广告位，有的搜索引擎甚至把搜索结果首页设上30条、50条或更多。但企业的网站出现在搜索结果的第三页（前30名）之后，被访问的机会不超过4%。这就是很多企业虽然建立了网站并且在各大搜索引擎登录，却依然没有获得收益的根本原因。

2. 竞价排名

这是搜索引擎关键词广告的另一种形式，按照付费最高者排名靠前的原则，对购买了同一关键词的网站进行排名的一种方式，然后按点击付费。关键词广告的竞价排名价格相当低廉（除非用户有很多的特别热门的关键词），使得网络广告投放费用大大降低；而且完全可以自行控制，使得网络广告改变了只有大型企业才能问津的状况，成为中小型企业自己可以掌握的网络营销手段；也使得搜索引擎营销在网站推广中风光无限。1998年，Overture首次推出了付费搜索引擎服务，即竞价排名。它的推出，极大地刺激了搜索引擎经济。竞价排名模式推出之后，巨大的商机吸引了各搜索引擎都推出了类似的营销模式。Google推出了按照点击收费的AdWords服务，并且开始抢夺Overture的竞价排名市场。Overture为此还与Google打起了官司。还有如Baidu、Yahoo！、Sohu等。对比这两种排名方式的特点：固定排名相对而言费用较高、周期较长、用户覆盖面广，但缺乏针对性，适合大企业采用；而竞价排名则由于采取关键词点击付费，用户相对来讲比较有针对性，且周期较短，收费相对低廉（按点击收费），因而企业自主性较强，适合中小型企业。

5.2.1.4 搜索引擎优化

通过对网站优化设计，使得网站在搜索结果中靠前（对于某些分类目录的情况可能并不适用），就是搜索引擎优化（SEO）。这种优化设计主要靠代理商或个别技术人员掌握了搜索引擎机器，在索引网页时遵循的主要原则以及一些诀窍，想尽办法来提高某网站在搜索引擎中的排名，如根据搜索引擎的工作原理，网页的设计方式会在很大程度上影响其被搜索引擎抓取的可能性，采取扁平化的网页设计更容易被搜索引擎抓取到强相关性的信息。其他策略包括：选择本网站的关键词策略、域名策略、标题和 META 标签策略、链接策略等。搜索引擎优化属于一般的网络营销服务内容，与关键词广告和付费排名没有直接关系。

有必要指出的是，在实施搜索引擎优化方案时，如果采用不合理的方式，被搜索引擎视为作弊，则有可能造成网站被搜索引擎惩罚，轻者被视为低质量网页而在用户检索时发挥不了优势，重则被搜索引擎彻底清除。如果网站出现这种结果，将严重影响企业的品牌形象，对整个网络营销策略也是沉重的打击。例如，Google 曾表示，如果企业使用搜索引擎优化工具来创建误导性内容，则这些企业网站有可能会从 Google 索引中完整删除。在2006 年初，德国宝马公司的网址就因为这个原因被 Google 除名。因此，搜索引擎优化要始终坚守用户导向的规范的网站优化原则，为网站增加与关键词有关的丰富内容。因为“搜索引擎营销的核心思想是基于网站文字内容的推广”。要牢记：原创和高质量网站内容最重要，不要过度运用内部链接和锚文本链接，这对搜索引擎优化没有多大意义，反而可能让来到网站的访问直接走掉。

搜索引擎营销已成为互联网经济的新一轮热点和亮点，各搜索引擎网站都竞相推出自己的增值服务。不可否认的是，商业化的确推动了技术的推广和进步，但它也干涉了技术的公正性和准确性。不管是固定排名、竞价排名还是网站优化等业务，用钱就可以买到比较靠前的排名，这都影响了搜索正常排名的效果，降低了搜索的查准率，导致网民们对搜索服务质量的质疑。没人追究这是否是搜索引擎行业的最佳模式，前仆后继的搜索引擎是否正在使整个搜索引擎行业误入歧途？但我们能察觉到搜索结果正在变得越来越差，而搜索结果中的广告却有增无减，目前的搜索技术已经越来越难以满足搜索引擎公司对金钱的渴望，因为排名毕竟是有限的。搜索引擎公司似乎正在不断探寻普通用户的忍耐极限。

5.2.2 搜索引擎营销模式的生存逻辑

任何营销模式的选择都是有其市场或者技术背景的，搜索引擎营销也不例外。作为一个搜索服务提供商，搜索引擎企业最根本的使命就是构建优质的搜索交流平台，为所服务企业及其目标顾客提供优质高效的搜索服务。搜索引擎营销作为一项新兴的营销手段得到了广泛的关注。一方面，搜索引擎服务商成功整合了互联网上的海量资源，成为用户获取信息的门户，从而创造了庞大的用户群；另一方面，搜索引擎的使用者在信息搜寻方面有着比传统媒体受众更高的主动性。这不但提高了交互性，同时也暗合了“传播过程始于消费者”的整合营销传播宗旨。搜索引擎营销日益成为厂商与消费者沟通的有效媒介。

具体来说，首先，搜索引擎是由消费者需求拉动的传播渠道。从消费者的行为模型来看，消费者的决策过程分为以下五个阶段，如图5－1所示。

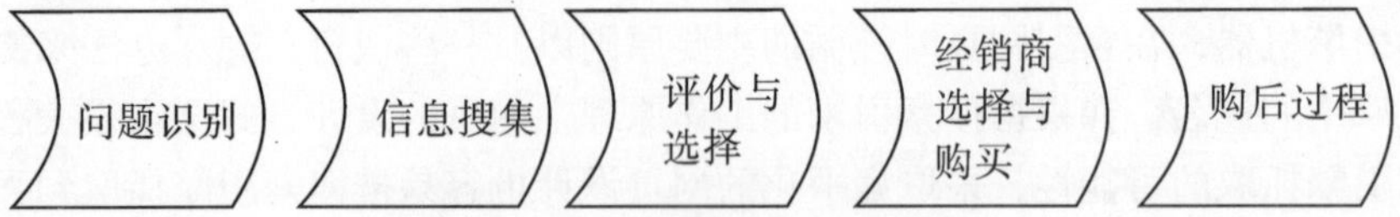

图5－1　消费者的决策过程

当消费者搜索某项产品或服务的信息时，他已经经过“问题识别”过程进入了“信息搜集”和“评价与选择”的阶段。换言之，消费者的信息搜索活动表示他已经有了明确或是潜在的需求。因此，在此基础上进行的营销活动必然是从消费者的需求出发的，体现了整合营销传播“一切营销活动由消费者出发”的宗旨。

消费者对购买信息的搜寻主要来自两大方面：消费者自身记忆中的产品印象；消费者从外部获取的信息。由于消费者经验的有限性，所以当自身记忆中的产品信息不足以解决面临的购买问题时，消费者就会转向外部信息搜寻。外部信息搜寻是指消费者从外部信息来源中寻找、收集和获取与解决特定购买问题相关的产品、服务或其他购买信息。消费者的外部信息搜寻倾向主要受其进行外部信息搜寻的可能成本以及消费者个人的信息搜寻倾向的影响。消费者外部信息主要来源于两个方面：公众广告媒体和他人推荐。

对于消费者来说，搜索引擎无疑也属于外部购买信息来源的一种。所以消费者利用搜索引擎进行搜索的可能性主要受其搜索成本以及消费者的个人信息搜寻倾向的影响。如果消费者认为使用搜索引擎进行搜索信息的成本能够接受或者消费者具有使用搜索引擎进行搜索的习惯倾向，那么搜索引擎对他就是有吸引力的购买信息来源方式。

消费者通过搜索引擎搜索到自己所需要的产品信息以后，就进入了“评价与选择”阶段。在品牌评价阶段，消费者比较和评估可供选择的相关品牌，形成相应的信念、态度和购买意向。在品牌评价过程中，消费者不仅需要判断特定品牌具有某种属性的可能性，而且还要评判品牌所具有的这个属性对自己可能具有的价值。

同样，在经销商选择阶段，消费者也可能会借助别人推荐、搜索引擎等手段，对经销商的信誉、实力、对自身的便利性等进行评估，以作为选择的依据。比如消费者在购买一些电子产品以前，习惯去因特网上搜索产品的相关信息，比较各个品牌优缺点，查询网络报价，然后选择经销商，作出购买决定。此时，搜索引擎扮演了一种增强顾客认知的作用，削减了顾客的决策成本，进而提升顾客价值。

其次，搜索活动由消费者发起，因此相关的营销信息不再是由媒体“推”给消费者，而是体现出“推”、“拉”结合的特点。此时，搜索引擎与消费者实现了即时双向的沟通，搜索引擎逐渐介入到消费者的决策过程中，为搜索引擎营销这一新兴营销手段发挥作用提供了基础。因此，搜索引擎营销由于其自身特点，天生具备了“分众性”和“互动性”的特点，成为一种以需求拉动消费的新型网络营销模式。

另外，从购买搜索服务的企业角度来说，其主要目的是利用搜索引擎，提高企业产品或服务的点击率，进而提高企业产品或服务的受关注程度，达到精确营销的目的。

对于购买搜索引擎服务的企业来说，在营销活动中，通过不同的关键词组合，就能实现对目标消费群体的细分，从而实现“分众营销”的目标。当消费者利用搜索引擎搜索自己需要的产品或服务时，搜索引擎及时地提供给他们相关的产品或服务信息。如果企业的产品或服务在消费者的搜索结果中被消费者发现，那么该产品或服务就有可能成为消费者的实际需求。但是，这种促销方式却不等同于一般企业的促销方式，它更多地属于一种双向交流促销方式，给予了消费者很大的个人选择空间。消费者在有潜在需求的时候，借助搜索引擎主动搜索相关产品或服务，这样就为企业营销迅速地找到目标顾客提供了方便。同时，由于搜索引擎强大的后台数据库功能，其会对搜索的关键词进行分类汇总，得出热门关键词，进而给予企业一些参考和提醒。但需要注意，并不是所有的产品或服务都适合采用搜索引擎营销。企业在确定搜索引擎营销策略之前，首先必须明确产品或服务的类型。消费者在决策的时候并不总是会进行外部信息搜索。当消费者面临着有限型或扩大型决策时，消费者的介入程度相对较高，决策所需要评价的属性以及备选方案相对复杂，此时消费者才会启动外部信息搜索过程。举例来说，消费者搜索电脑的概率就比搜索牙膏的概率大很多。据 Yahoo！的统计，在 2006 年 4 月份消费者搜索“computer”的次数为 2 309 912次，而搜索“toothpaste”的次数只有 8 902 次。

总之，搜索引擎营销就是企业和消费者之间的一个交流平台，它以消费者需要为前提，通过这个平台，双方可以减少交易成本，进而提升顾客价值。

5.2.3 搜索引擎营销模式对传统企业营销的影响

搜索引擎营销模式的出现对现代企业市场营销理念及行为产生了较大的冲击。

首先，搜索引擎营销模式的发展，使得越来越多的企业意识到了其重要性，开始关注企业的搜索排名。企业的搜索排名越靠前，在搜索结果中处于越醒目的位置，越能提高企业的知名度。随着搜索引擎营销逐渐成为企业网站推广的主要方法，企业也越来越关注其在搜索引擎营销中的表现。比如，许多企业现在开始关注“搜商”，采用搜索引擎开展 B2B 营销的方式已经越来越受企业的追捧。2007 年中国搜索引擎运营商收入（不包括渠道商家的收入）规模达到 29. 0 亿元人民币，比 2006 年增长了 108. 3 个百分点，比 2001 年搜索引擎起步阶段的 0. 5 亿元翻了近 60 倍。2010 年，市场规模达到 100 亿元，年增长率达到 41. 2%。这些都从侧面反映了搜索引擎营销模式在企业营销中被应用的普遍性及其重要性。

其次，它为中小企业开阔了市场空间。搜索引擎营销模式的出现，使中小企业不必花费高昂的成本就可以达到宣传企业产品的目的。中小企业只需要购买一定的关键词，哪怕不是很热门的关键词，只是行业中的较主要的关键词，就可以以比较低廉的成本在用户较准确的关键词搜索过程中处于比较有利的位置。比如我们利用百度搜索关键词“汽车”，我们会在相关搜索中看到“长安汽车”这样的国内汽车行业非主流品牌的关键词链接。相对于“大众汽车”等著名汽车品牌巨头来说，长安汽车能在用户输入关键词“汽车”进行搜索时出现在较显眼的位置，应该说是其利用搜索引擎进行营销宣传的结果。

再次，搜索引擎的出现，使得企业随时都有可能被不同类型的人群以不同的方式搜寻到。试想假如一家企业在一段时间内牵扯到了一些不太光彩的事情，而这些事情又是人们所敏感的，那么它将会随着关键词被搜索出来，对企业形象造成不良的影响。这就要求企业要在日常的经营活动中遵纪守法，塑造良好的市场形象和社会形象。比如现在比较热门的搜索关键词“艳照门”，如果哪家企业在某些方面不幸与此发生一定的联系，那么依照此关键词的热门程度，该企业的名称或许会被很多人看到，从而对企业形象造成不利影响。

最后，搜索引擎营销的最大特点在于以消费者为主导。消费者将拥有比过去更大的选择自由，可根据自己的个性特点和需求在全球范围内找寻满意的商品，不受地域限制。随着因特网的发展，世界上的人们之间的“距离”越来越近了。通过网络点击，普通网民可以同几乎世界上所有国家和地区的人们进行交流。这样，在他们使用网络的过程中，可供选择的余地无限地扩展了。通过搜索引擎进入感兴趣的企业网址或虚拟商店，消费者可获取产品的更多相关信息，使购物更显个性。这种个性消费的发展将促使企业重新考虑其营销战略，以消费者的个性需求作为提供产品及服务的出发点。

5.3 搜索引擎营销领域的道德风险及规避

5.3.1 搜索引擎营销领域的道德风险

搜索引擎营销领域的道德风险在网络营销诸多领域都有表现，这里仅选取搜索引擎竞价排名和点击欺诈这两个突出问题进行分析。

1. 搜索引擎竞价排名中的道德风险

竞价排名作为一种付费排名机制，已经发展成为一个互联网市场中最为重要的商业模式。竞价排名机制是广告客户对某些关键词进行竞价，付费多的客户其网站排名将出现在搜索结果中更靠前的位置。搜索引擎的检索结果页由于不可能在一个页面显示所有信息，需对检索结果进行分页显示处理。消费者作为信息搜寻者，由于消费者的信息搜索存在诸如时间、精力、耐心等隐性成本，其对搜索引擎的检索结果中处于不同位次的信息关注程度存在明显差异。从信息推广的角度讲，要争取有利的网站排名，在搜索引擎的搜索结果中就要尽量靠前。从搜索营销角度讲，争取“信息链接”在搜索结果中排位尽量靠前，当是影响企业营销效益的重要因素。

搜索引擎并不提供信息内容，但可以控制用户获取信息内容的难易程度。竞价排名经过精心设计嵌入在网民毫无戒心接受的规则之中，广告信息的表现形式和表现内容几乎完全在搜索引擎的掌控当中，这显然是搜索引擎滥用市场支配地位的行为。部分搜索引擎为保证自己的利润获得，在收取某些企业的营销竞价费用后，在没有对其企业资质及产品、服务质量进行审核的情况下，将其网页信息置于相关关键词检索结果页的显著位置，如果无法使消费者有效识别竞价排序与自然排序的信息，竞价排名机制便会引发现实消费者或潜在消费者的混淆。

竞价排名会将太多的商业因素带入到检索结果的组织过程中，很可能使得原本相关度高的网站靠后，这将会在一定程度上使结果集合的相关性失真，从而影响用户对检索结果中所含信息的准确评判与获取。搜索引擎的这种做法不仅不能提升消费者信息搜寻的效率，反而使得消费者得到的搜索结果产生了更大程度上的失真。通过搜索引擎搜索到大量干扰信息或无用信息，用户的满意度也将被大大削减，还影响到搜索引擎的信誉，这将不利于搜索行业的长远发展。

2. 网络广告点击付费中的道德风险

“点击欺诈”（Click Fraud）一直以来都是困扰搜索引擎营销健康发展的顽疾，竞争对手以及某些搜索引擎代理商恶意点击，从而造成企业开展搜索营销投资费用与实际效果之间出现了很大反差。虽然广告主可以通过商业搜索引擎提供的后方平台监测广告被点击的情况，但一般只能看到广告被点击的次数，不能从搜索引擎得到更多的信息以分辨是否遭遇点击欺诈。即使广告主从商业搜索引擎获得了更多的信息，由于自身技术与资金的原因也很难发现后台数据的异常。但由于信息不对称，搜索引擎广告存在严重的“点击欺诈”行为。美国网络广告点击量监测机构 Click Forensics 2009 年初发布统计报告称，全球网络广告点击欺诈率已高达 17.1%。Forensics 称，Google 的 AdSense 和雅虎 Publisher 等主流网络广告服务中的点击欺诈率已高达 28.2%。

按点击次数收费（CPC：Cost per Click）的话，广告商对其为网络广告支付的金额由实际点击次数计算，目前的关键词广告大都采用此模式。点击欺诈行为是目前搜索引擎的关键词竞价营销模式中遇到的最大问题。点击欺诈的参与主体及其行为动机主要有以下几种情况（见表 5－1）：

表 5－1　点击欺诈的参与主体及其行为动机

广告投放客户的竞争对手	消耗对手的预算广告费用，造成对手广告投放力度减弱。
广告联盟网站	点击发布在联盟网站上的广告，获取每次点击的广告佣金。
竞价排名代理服务商	由于部分搜索引擎竞价排名代理服务商的佣金是按照比例分成形式发放的，用户的竞价广告被点击越多，服务商可以获得越多的收益。
搜索引擎服务商	由于部分搜索引擎竞价排名服务商给代理商的佣金来自用户所投入的费用，广告被点击越多，服务商可以获得的收益就越多。

点击欺诈对搜索引擎运营商的影响相当严重，直接降低广告商对其的信任程度，并且可能减少网络广告的投入。广告刊登者在网站上刊登广告，在受到点击攻击的情况下，要付出不必要的广告费，造成成本的激增。以搜索引擎自身为广告发布载体的广告模式涉及广告主，广告点击欺诈行为不但会使商业搜索引擎面临索赔的诉讼潮，经济与声誉遭到重大损失，更重要的是会引发搜索引擎营销中的道德风险进而出现行业信任危机。

5.3.2　搜索引擎营销道德风险的规避策略

道德风险作为商业行为中的一种普遍现象存在，有其自身的发生机制和作用规律，只是由于制度环境、技术手段等因素的约束，道德风险在不同领域表现出自己的特殊性。规避搜索引擎营销道德风险就要依据网络营销的属性和道德风险在网络营销中的具体体现，从监管和营销方式等方面入手，具体来说，主要有以下几个方面：

1. 通过完善法律法规规范搜索引擎商业运作行为

通过监管与约束，保护搜索引擎营销体系的健康运营，防止道德风险的产生、积累。搜索引擎采用的纯技术排序算法，是有其科学依据的，能够保证检索结果的公正性。而竞价排名采取的则是一种按竞拍价格人为设置排序规则的完全商业的排序机制。竞价排名实质上已经成为一种广告行为，搜索引擎的身份便转变成为广告平台的运营商，搜索引擎就有义务对广告发布者的身份以及关键词进行核实。我国立法机关应当尽快制定相关的法律法规加以约束，明确相关问题的法律责任；设立网络营销的管理机关，当出现网络营销欺诈行为时，广告商便可以向主管部门投诉。

2. 调整传统的搜索引擎营销的付费模式

目前主要的搜索引擎广告计价模式主要有"点击付费"（CPC：Cost per Click）和"按千人印象成本计费"（CPM：Cost per Thousand；Cost Thousand Impressions）。近几年来，除了占主流的CPM与CPC模式外，还出现了一些按营销效果进行付费的模式。按效果付费是指只有广告取得一定的效果后，广告主才需要支付费用。如CPO（Cost per Order，根据每个订单/每次交易来付费）、CPA（Cost per Action，按照用户引导到达后的有效行动或行为数付费）、CPS（Cost per Sale，根据网络广告所产生的直接销售数量付费）等。从委托—代理关系看，因为搜索引擎与联盟网站之间共同分享通过点击次数获得的收益，按点击数付费的业务模式使得竞价排名代理服务商以及广告联盟网站具有纵容或参与点击欺诈的动机，而按效果付费的业务模式则可以有效抑制点击欺诈行为的获利动机。尽管目前在实践中按效果付费方式并非主流，但从长远看，按效果付费更适合搜索引擎营销的运营模式。

3. 从技术层面对点击欺诈活动进行监测

从技术层面可以通过设置监视程序对网站的点击和诸如访问突然增多、来自同一地方的重复点击等不明活动进行不间断跟踪，检测和监视点击欺诈行为。比如雅虎研发的反点击欺诈技术，以点击分析过滤、历史行为分析过滤、模式识别过滤、趋势分析平台等四大技术，有效防止和减少了点击欺诈发生。如果广告主及搜索引擎网站发现广告点击出现异常情况，就可以利用智能分析系统监控广告的点击活动及异常关键词数据，以此抑制欺诈方利用信息优势的不当谋利行为。从技术上防御点击欺诈，主要遵循如下流程（如图5－2所示）：

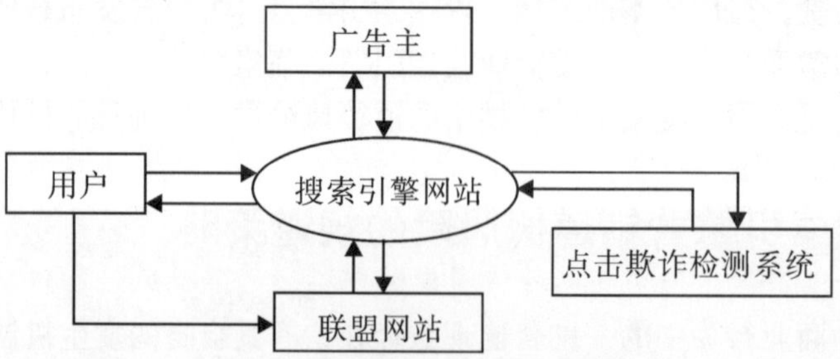

图5－2　防御点击欺诈技术流程

4. 降低搜索引擎营销参与各方的信息不对称程度

搜索引擎的聚合性使得用户通过关键词的输入瞬间获得相关的海量信息。然而，由于搜索引擎仅仅是一个信息搜集的机构，而非信息鉴定、信息评价机构，如果没有来自权威的监督，搜索引擎在某些情况下就不能改善消费者与企业之间的信息不对称关系，在竞价排名的商业运作机制背景下，甚至会使这种信息不对称的情况加剧。针对网络中的欺诈行为，应加强商业举报措施，对有点击欺诈行为的服务商、公司、个人采取相应的处罚措施。在这里值得注意的是，由社会公共部门负责提供的网络中心信息发布机制还不健全，消费者不可过度依赖搜索引擎所呈现出的检索结果，应在网络信息检索外结合线下的质量监督机构的认定的信息进行甄别。

5. 建设诚信文明的网络营销环境，促进自律机制发生作用

逐步形成政府为制度安排者，参与各方为主力，自律组织为基础的搜索引擎营销体系约束格局。国内关于网络营销的法律、法规和相关的制度还不完善，诚信的缺失成为网络营销的真正瓶颈，行业自律在这样的局面下尤显重要。行业自律是行业的自我管理与约束，行业自律组织是采用自愿原则建立的行业内部控制非营利组织，突出了行业协会在行业自律中的作用，有利于实施对企业和从业人员的自律性监管和约束。

本章小结

搜索引擎是 Internet 上的一个网站，它的主要任务是在 Internet 中主动搜索其他 Web 站点的信息并对其进行自动索引，其索引内容存储在可供查询的大型数据库中。当用户利用关键字查询时，该网站会告诉用户包含该关键字信息的所有网址，并提供通向该网站的链接。搜索引擎一般由搜索软件、索引软件、检索软件和用户接口四部分组成。搜索引擎从搜索技术发展角度来分有主题指南型搜索引擎、独立型搜索引擎、混合式搜索引擎、元搜索引擎、分布式搜索引擎；按搜索引擎根据构建时的不同策略分，有目录索引、全文索引、元搜索引擎。搜索引擎的工作流程为：①派出“网页搜索程序”在网上搜寻信息；②确定搜索策略；③对搜索信息进行索引和排序；④为用户提供浏览界面下的信息查询。搜索引擎未来的发展趋势主要有以下几个方面：①智能搜索引擎；②实现统一的自动分类；③引入受控语言；④基于内容的信息检索；⑤突出专业性特色，深化服务内容；⑥用户友好化的进一步提高。搜索引擎营销就是基于搜索引擎平台的网络营销，利用人们对搜索引擎的依赖和使用习惯，在人们检索信息的时候尽可能将营销信息传递给目标客户。搜索引擎营销主要包括如下四种模式：①出售搜索技术；②收费加入；③关键词广告销售(固定排名和竞价排名)；④搜索引擎优化。搜索引擎营销模式的出现，对现代企业市场营销理念及行为产生了较大的冲击：①搜索引擎营销模式的发展，使得越来越多的企业意识到了其重要性，开始关注企业的搜索排名；②它为中小企业开阔了市场空间；③搜索引擎的出现，使得企业随时都有可能被不同类型的人群以不同的方式搜寻到；④搜索引擎营销的最大特点在于以消费者为主导。搜索引擎营销领域的道德风险在网络营销诸多领域都有表现，如竞价排名、点击欺诈。规避搜索引擎营销道德风险，具体来说主要有以下几方面：①通过完善法律法规规范搜索引擎商业运作行为；②调整传统的搜索引擎营销的付费

模式；③从技术层面对点击欺诈活动进行监测；④降低搜索引擎营销参与各方的信息不对称程度；⑤建设诚信文明的网络营销环境，促进自律机制发生作用。

思考题

1. 简述搜索引擎的分类。
2. 什么是搜索引擎营销？谈谈你对搜索引擎营销的生存逻辑的理解。
3. 搜索引擎营销模式有哪些？
4. 简述竞价排名中的道德风险。
5. 你认为可从哪几个方面入手规范搜索引擎营销领域的道德风险？

6

网络广告基础

学习目标

1. 理解网络广告的内涵、特点与本质
2. 掌握主要的网络广告类型和发布方式
3. 了解网络广告效果评估的方法

本章结构图

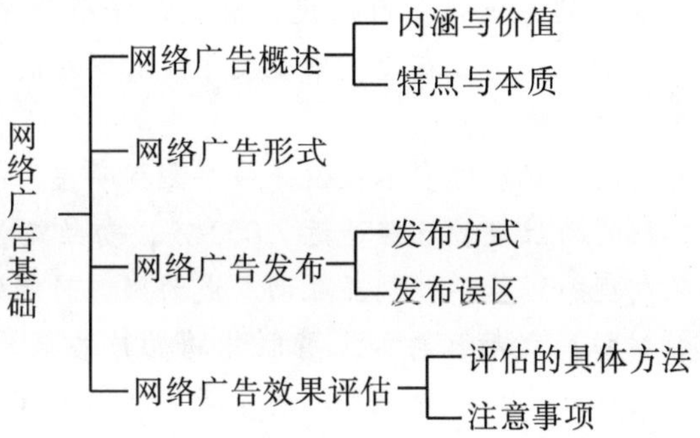

引例

赶集网：一个关于符号的大创意

“赶集啦！赶集网，找房子、找工作、找装修、找宠物、找保姆、找搬家，买卖二手货。赶集网，啥都有！”2011年春节期间，由姚晨代言的赶集网广告开始陆续出现在电视、公交、楼宇广告屏、门户、视频网站等媒体，打响了互联网企业整合营销传播战役的第一枪。有传言称，这次战役总共花费了赶集网4亿元的预算，其中线下广告投入占总投入的一半以上。若果真如此，那么，如此大规模的线上线下搞投放已经算得上是互联网企业之最了。尽管后来出现了赶驴网的抄袭，但是从另一个角度来看，似乎也印证了赶集网的成功。

符号姚晨：正确的代言人选择

赶集网想做的，是通过广告建立起一个品牌壁垒，来狙击对手。赶集网提供的产品是一种生活信息服务，是一种虚拟化的产品，这种产品不能被消费者形象地感知，因此建立起清晰的品牌形象也相对困难一些。

因此，赶集网找到了代言人符号来承载自身的产品形象，使得虚拟产品有形化。代言人拥有很高的知名度，并且有鲜明的人格魅力，这些对于品牌来讲都是宝贵的资源，并且代言人还能将企业的各种高度标准化的产品变得富有个性和人情味，成为一个人性化的品牌。赶集网决定聘请姚晨作为其品牌代言人，主要基于以下几个原因：

首先，连续拍了《非诚勿扰2》、《武林外传》、《潜伏》等影视剧赚得超高人气，姚晨的知名度可以说是家喻户晓，成功迈入国内一线女星行列，这无疑与赶集网想要强调的行业领先地位相匹配。

其次，姚晨本身具有很强的亲民性。有人说，姚晨是一个介乎草根和明星之间的明星，不仅仅是她经典的银幕形象，而且在现实中她几乎没有明星的架子，没有偶像明星的包袱，率直、乐观、极受粉丝追捧。

再次，当然也是最重要的，姚晨现在不仅仅是一个影视明星，而且还有一个身份——微博女王。到目前为止，她的粉丝数量已经逼近2 000万，粉丝数量超过了美国总统奥巴马。她的个人品牌价值从电视、银幕延伸到互联网，成为微博时代的符号性人物。

最后，出演话剧《杜拉拉》之后，再加上智联招聘的广告效应，姚晨也成为白领族群的代言人，这与赶集网的目标用户十分契合。因此赶集网的代言人选择是正确的。

姚之驴：代言模式的水平式创新

“我有一只小毛驴，我从来也不骑……”这曲人人耳熟能详的童谣是赶集网的背景音乐，它很容易将人们或多或少地带入到一个虚拟的集贸市场的情境中，烘托并强调出“赶集”的概念。同时，在广告的视觉现实中，可爱的毛驴形象更是憨态可掬，最后的一声标志性驴叫，总会让人以为这是个喜感十足的广告。

赶集网姚晨版广告的成功之处，不仅仅体现在代言人的正确选择上，而且还在于符号的创新性。很多符号本身似乎貌不惊人，而背后所占有的社会资源、人们的认知资源却不容小觑。正因为如此，赶集网在邀请姚晨代言之后，还加入了一个“点睛”的符号——毛驴。加入了毛驴这个“符号超导体”之后，姚晨与赶集网的关联，不再限于“某某某的性格与做派与我们的品牌在个性和主张不谋而合”等牵强的说辞，而是建立了一种自然流畅的联系。

同时，通过姚晨与毛驴的深度互动，将传播的记忆点从姚晨转移到毛驴身上，这样有利于降低品牌对明星价值的过度依赖，进一步掌握品牌传播的主动权。试想一下，在借着姚晨高知名度而一战成名之后，毛驴形象完全可以融入赶集网的 VI 品牌视觉系统中，而今后毛驴这一象征性的符号，完全能够承载赶集网的传播需求，减少大量代言费用。

赶集网的“独立明星 + 自有形象 + 产品/品牌”的传导型代言模式，或许能对很多意图通过请大明星代言一炮成名的企业一个启示：

品牌应该创造一个自有的虚拟形象，而这种形象应该是品牌人格化之后的最终载体。互联网企业中这种方法很普遍。比如腾讯的企鹅、新浪的小浪、UC 的松鼠等，让他们充分融入品牌 VI 系统中，使得自由代言人与品牌的 VI 实现尽可能相似，只有这样线索性的元素才能充分承载明星代言人的价值。

高举高打的传播策略

为了做到一炮走红，赶集网在广告的传播上，选择了“高密度、高额度、高频次”的高举高打的模式，在短时间内迅速提高了网站的知名度。

在媒体选择上，赶集网将相当的预算给了传统媒体。这其中主要还是在央视的投放。赶集网选用了中央电视台 1、3、6 等三个频道，这三个频道影响力很大，而且频道的形象与赶集网的互联网气质十分契合，能有效地到达并影响消费者。

不仅仅在央视上密集投放，赶集网通过对目标用户的洞察，追随用户的媒介接触轨迹，还对目标人群进行追踪式的信息轰炸。赶集网通过投放地铁电视、公交电视媒体，让每个白领都能听到姚晨那句标志性的“赶集啦”的广告声音。因此，即使目标用户不看电视画面，也能辨别出这是赶集网的广告。同时，赶集网还在互联网上集中投放，比如在 QQ 聊天框广告、搜索引擎关键字等，让白领们在工作中也能接触到赶集网的广告。

赶集网的这一次整合营销方案称得上是成功的。“品牌 + 明星”的模式，往往出现喧宾夺主、明星形象危机、多代言导致价值稀缺等现象，而加入了毛驴这个“符号超导体”之后，姚晨与赶集网的关联，得到了一种自然流畅的联系。在高密度、高频次的投放保证下，赶集网广告对符号创意的熟练把握，在整个营销传播的战役中真正发挥了创意的力量，起到了事半功倍的效果。

（资料来源：《山西青年》2011 年第 7 期，案例有修改）

互联网应用的迅速普及和迅猛发展极大地改变着人们的生活，同时也对传统的广告媒体产生了深远的影响。随着信息产业的快速发展，以 Internet 为传播媒介的网络广告已经成为广告发展的一个重要分支，它独立地存在着，并且超常规地发展着。随着网站的不断增多、信息量的不断增大以及电子商务活动的日益频繁，网络广告对传播媒介、社会企业、广告人以及受众都将产生深远的影响。基于其最具特质的双向交互传播模式，网络广告必将成为一种重要的沟通工具，在企业的营销活动中发挥重要作用。

6.1 网络广告概述

6.1.1 网络广告的内涵与价值

6.1.1.1 网络广告的内涵

网络广告，简单地说，就是在网络上做的广告，是利用网站上的广告横幅、文本链接、多媒体的方法，在互联网刊登或发布广告，通过网络传递到互联网用户的一种高科技广告运作方式。与传统的广告相同，网络广告也包括5个基本要素，即广告主、广告费用、广告媒体、广告受众和广告信息。

追本溯源，网络广告发源于美国。1994年10月27日是网络广告史上的里程碑，美国著名的*Hotwired*杂志推出了网络版 的*Hotwired*，并首次在网站上推出了网络广告，这立即吸引了AT&T等14个客户在其主页上发布广告Banner，这标志着网络广告的正式诞生。更值得一提的是，当时的网络广告点击率高达40%。中国的第一个商业性的网络广告出现在1997年3月，传播网站是Chinabyte，广告表现形式为468×60像素的动画旗帜广告。Intel和IBM是国内最早在互联网上投放广告的广告主。中国网络广告一直到1999年初才稍具规模。历经多年的发展，网络广告行业经过数次洗礼已经慢慢走向成熟。

6.1.1.2 网络广告价值

1. 品牌推广

网络广告最主要的效果之一就表现在对企业品牌价值的提升，这也说明了为什么用户浏览而没有点击网络广告同样会在一定时期内产生效果，在所有的网络营销方法中，网络广告的品牌推广价值最为显著。同时，网络广告丰富的表现手段也为更好地展示产品信息和企业形象提供了必要条件。

2. 网站推广

网站推广是网络营销的主要职能，获得尽可能多的有效访问量也是网络营销取得成效的基础，网络广告对于网站推广的作用非常明显，通常出现在网络广告中的“点击这里”按钮就是对网站推广最好的支持，网络广告（如网页上的各种Banner广告、文字广告等）通常会链接到相关的产品页面或网站首页，用户对于网络广告的每次点击，都意味着为网站带来了访问量的增加。因此，常见的网络广告形式对于网站推广都具有明显的效果，尤其是关键词广告、Banner广告、电子邮件广告等。

3. 销售促进

用户由于受到各种形式的网络广告吸引而获取产品信息，已成为影响用户购买行为的因素之一，尤其是当网络广告与企业网站、网上商店等网络营销手段相结合时，这种产品促销活动的效果更为显著。网络广告对于销售的促进作用不仅表现在直接的在线销售，也表现在通过互联网获取产品信息后对网下销售的促进。

4. 在线调研

网络广告对于在线调研的价值可以表现在多个方面，如对消费者行为的研究、对在线调查问卷的推广、对各种网络广告形式和广告效果的测试、用户对新产品的看法等。通过专业服务商的邮件列表开展在线调查，可以迅速获得特定用户群体的反馈信息，大大提高了市场调查的效率。

5. 顾客关系

网络广告所具有的对用户行为的跟踪分析功能为深入了解用户的需求和购买特点提供了必要的信息，这种信息不仅成为网上调研内容的组成部分，也为建立和改善顾客关系提供了必要条件。网络广告对顾客关系的改善也促进了品牌忠诚度的提高。

6. 信息发布

网络广告是向用户传递信息的一种手段，因此可以理解为信息发布的一种方式。通过网络广告投放，不仅可以将信息发布在自己的网站上，也可以发布在用户数量更多、用户定位程度更高的网站，或者直接通过电子邮件发送给目标用户，从而获得更多用户的注意，大大增强了网络营销的信息发布功能。

6.1.2 网络广告的特点与本质

6.1.2.1 网络广告的特点

网络广告优势与电视、报纸、广播三大传统媒体或各类户外媒体、杂志、直邮、黄页相比，网络媒体集以上各种媒体之大成，具有得天独厚的优势。随着网络的高速发展及完善，它日渐融入现代工作和生活，对于现代营销来说，网络媒体是重要的媒体战略组成部分。

1. 广泛和开放性

网络广告可以通过互联网把广告信息全天候 24 小时不间断地传播到世界各地，这些效果是传统媒体无法达到的。另外，报纸、杂志、电视、广播、路牌等传统广告都具有很大的强迫性，而网络广告的过程是开放的、非强迫性的，这一点同传统传媒有本质的不同。

2. 实时和可控性

网络广告可以根据客户的需求快速制作并进行投放，而传统广告制作成本较高，投放周期固定。而且，在传统媒体上做广告发布后很难更改，即使可以改动往往也需付出很大的经济代价，而网络广告可以按照客户需要及时变更广告内容。这样，广告主的经营决策变化就能及时实施和推广。

3. 直接和针对性

通过传统广告，消费者只能间接地接触其所宣传的产品，无法通过广告直接感受产品或了解厂商的具体运作和服务的提供。而网络广告则不同，只要消费者看到了所感兴趣的内容，直接单击鼠标，即可进入该企业网站，了解业务的具体内容。另外，网络广告可以投放给某些特定的目标人群，甚至可以做到一对一的定向投放。根据不同来访者的特点，网络广告可以灵活地实现时间定向、地域定向、频道定向，从而实现了对消费者的清晰归类，在一定程度上保证了广告的到达率。

4. 双向和交互性

传统的广告信息流是单向的，即企业推出什么内容，消费者就只能被动地接受什么内容。而网络广告突破了这种单向性的局限，实现了供求双方信息流的双向互动。通过网络广告的链接，用户可以从厂商的相关站点中得到更多、更详尽的信息。另外，用户可以通过广告位直接填写并提交在线表单信息，厂商可以随时得到宝贵的用户反馈信息。同时，网络广告可以提供进一步的产品查询需求，方便与消费者的互动与沟通。

5. 易统计和可评估性

"无法衡量的东西就无法管理"。在传统媒体做广告，很难准确地知道有多少人接收到广告信息。而网络广告不同，可以详细地统计一个网站各网页被浏览的总次数、每个广告被点击的次数，甚至还可以详细、具体地统计出每个访问者的访问时间和IP地址。另外，提供网络广告发布的网站一般都能建立用户数据库，包括用户的地域分布、年龄、性别、收入、职业、婚姻状况、爱好等。这些统计资料可帮助广告主统计和分析市场与受众，根据广告目标受众的特点，有针对性地投放广告，并根据用户特点作定点投放和跟踪分析，对广告效果作出客观准确的评估。

6. 网络信息传播的感官性

网络广告是多维的，它能将文字、图像和声音有机地组合在一起，传递多感官的信息，让顾客如身临其境般感受商品或服务。网络广告的载体基本上是多媒体、超文本格式文件，广告受众可以对其感兴趣的产品信息进行更详细的了解，使消费者能亲身体验产品、服务与品牌。这种图、文、声、像相结合的广告形式，将大大增强网络广告的实效。

6.1.2.2 网络广告的本质

无论以什么形式出现，网络广告所具有的本质特征是相同的，网络广告的本质是向互联网用户传递营销信息的一种手段，是对用户注意力资源的合理利用。网络广告的本质有以下几层含义：

（1）网络广告需要依附于有价值的信息和服务载体。用户是为了获取对自己有价值的信息来浏览网页、阅读电子邮件或者使用其他有价值的网络服务如搜索引擎、即时信息等，网络广告是与这些有价值的信息和服务相互依赖存在的，离开了这些对用户有价值的载体，网络广告便无法实现网络营销的目的。因此，在谈论网络广告的定向投放等特点时，应该正确认识这个因果关系，即并非网络广告本身具有目标针对性，而是用户获取信息的行为特点要求网络广告具有针对性，否则网络广告便失去了存在的价值。网络广告这一基本特征表明，网络广告的效果并不是单纯取决于网络广告自身，还与其所存在的环境和依附的载体有密切关系，这也说明了为什么有些形式的网络广告可以获得较高的点击率，如搜索引擎关键词广告和电子邮件广告等，而网页上的一般Banner和Button广告点击率却在持续下降的事实。

（2）网络广告的核心思想在于引起用户关注和点击。由于网络广告承载信息有限的缺点，因此难以承担直接销售产品的职责，网络广告的直接效果主要表现在浏览和点击上，因此网络广告策略的核心思想在于引起用户关注和点击。这与搜索引擎营销传递的信息只发挥向导作用是类似的，即网络广告本身所传递的信息不是营销信息的全部，而是为吸引客户关注而专门创造并放置于容易被发现之处的信息导引。这些可以测量的指标与最终的收益之间有相关关系，但并不是一一对应的关系，浏览网页广告者并不一定点击，浏览者也可以在一定程度上形成转化。这也为网络广告效果的准确测量带来了难度，而且某些网络广告形式（如纯文本的电子邮件广告）等本身也难以准确测量其效果。网络广告这个特征也决定了其在品牌推广和产品推广效果方面更具优势，而其表现形式的新、大、奇等更能引人注意，这也说明了为了解决网络广告点击率不断下降的困境，网络广告形式不断革新的必然性。

（3）网络广告具有强制性和用户主导性的双重属性。网络广告的表现手段很丰富，是否对用户具有强制性，关键取决于广告经营者而不是网络广告本身。早期的网络广告对用户的无滋扰性使其成为适应互联网营销环境营销手段的一个优点，但随着广告商对于用户注意力要求的扩张，网络广告逐渐具有强制性和用户主导性的双重属性。虽然从理论上讲用户是否浏览和点击广告具有自主性，但越来越多的广告商采用强制性的手段迫使用户不得不浏览和点击，如弹出广告、全屏广告、插播式广告、漂浮广告等。虽然这些广告引起用户的强烈不满，但从客观效果上来看，达到了增加浏览和点击的目的，因此为许多单纯追求短期可监测效果的广告客户所青睐。这也使得网络广告与传统广告一样具有强制性，而且表现手段越来越多，强制性越来越严重。目前对于网络广告所存在的强制性并没有形成统一的行业规范，更没有具有普遍约束性的法律法规，因此这种矛盾仍将继续存在下去。

（4）网络广告应体现出用户、广告客户和网络媒体三者之间的互动关系。网络广告具有交互性，因此有时也称为交互式广告，在谈论网络广告的交互性时，通常是从用户对于网络广告的行为来考虑，如一些富媒体广告中，用户可以根据广告中设定的一些情景作出选择，在即时信息广告中甚至可以实时地和工作人员进行交谈，这种交互其实并没有反映网络广告交互的完整含义，何况事实上这种交互性也很少得到有效的体现，大部分的网络广告只是被动地等待用户的点击。网络广告交互性的真正意义在于体现了用户、广告客户和网络媒体三者之间的互动关系，也就是说，网络媒体提供高效的网络广告环境和资源，广告客户则可以自主地进行广告投放、更换、效果监测和管理，而用户可以根据自己的需要选择自己感兴趣的广告信息及其表现形式。只有建立了三者之间良好的互动关系，才能实现网络广告最和谐的环境，才可以让网络广告真正成为大多数企业都可以采用的营销策略，网络广告的价值也才能最大限度地发挥出来。这种互动关系具有一定的理想特征，但离现实并不遥远，目前在搜索引擎营销中常用的关键词广告、竞价排名等形式中已经初步显示了其价值。

6.2 网络广告形式

网络广告的表现形式丰富多彩，目前国内外网站页面上常见的网络广告形式大致有以下几种：

1. 网幅广告

网幅广告（Banner）是以GIF、JPG等格式建立的图像文件，定位在网页中，大多用来表现广告内容，同时还可使用Java等语言使其产生交互性，用Shockwave等插件工具增强表现力。

正如我们前面提到的，网幅广告是最早的网络广告形式。IAB在1997年的大规模网络广告综合调查中广泛向广告主、广告代理商和用户征求了关于网幅广告的尺寸意见。目前，绝大多数站点应用的网幅广告尺寸如下，它们一般反映了客户和用户的双方需求和技术特征。

尺寸（Pixels）类型：

①468×60 全尺寸 Banner；

②392×72 全尺寸带导航条 Banner；

③234×60 半尺寸 Banner；

④125×125 方形按钮；

⑤120×90 按钮#1；

⑥120×60 按钮#2；

⑦88×31 小按钮；

⑧120×240 垂直 Banner。

我们可以把网幅广告分为三类：静态网幅广告、动态网幅广告、交互式网幅广告。

（1）静态网幅广告。静态网幅广告就是在网页上显示一幅固定的图片，它也是早年网络广告常用的一种方式。它的优点就是制作简单，并且被所有的网站所接受。它的缺点也显而易见，就是在众多采用新技术制作的网幅广告面前，显得有些呆板和枯燥。事实也证明，静态网幅广告的点击率比动态的和交互式的网幅广告低。

（2）动态网幅广告。动态网幅广告拥有能运动的元素，或移动或闪烁。它们通常采用GIF89的格式，它的原理就是把一连串图像连贯起来形成动画。大多数动态网幅广告由2~20帧画面织成，通过不同的画面，可以传递给浏览者更多的信息，也可以通过动画的运用加深浏览者的印象，它们的点击率普遍要比静态的高。而且，这种广告在制作上相对来说并不复杂，尺寸也比较小，通常在15k以下。正因为动态网幅广告拥有如此多的优点，所以它是目前最主要的网络广告形式。

（3）交互式网幅广告。当动态网幅广告不能满足浏览者要求时，一种更能吸引浏览者的交互式广告产生了。交互式网幅广告的形式多种多样，比如游戏、插格式、回答问题、下拉菜单、填写表格等。这类广告需要更加直接的交互，比单纯的点击包含更多的内容。交互式网幅广告分为Html和Rich Media两种。

Html Banners 允许浏览者在广告中填入数据或通过下拉菜单和选择框进行选择。Html Banners 比动态 Banner 的点击率要高得多，它可以让浏览者选择要浏览的页面。提交问题，甚至玩个游戏。这种广告的尺寸小、兼容性好，连接速率低的用户和使用低版本浏览器的用户也能看到。

2. 文本链接广告

文本链接广告是一种对浏览者干扰最少，但却最有效果的网络广告形式。整个网络广告界都在寻找新的宽带广告形式。而有时候，最小带宽、最简单的广告形式效果却最好。

3. 电子邮件广告

调查表明，电子邮件是网民们经常使用的因特网工具。只有不到 30% 的网民每天上网浏览信息，但却有超过 70% 的网民每天使用电子邮件。企业管理人员尤其如此。电子邮件广告具有针对性强（除非肆意滥发）、费用低廉的特点，而且广告内容不受限制。特别是针对性强的特点，它可以针对具体某一个人发送特定的广告，为其他网上广告方式所不及。

4. 主页型（Home Page）广告

将企业所要发布的信息内容分门别类制作成主页，放置在网络服务商的站点或企业自己建立的地点上。主页型广告可以详细地介绍企业的相关信息，如发展规划、主要产品与技术、产品订单、售后服务、战略联盟、年度经营报告、主要经营业绩、联系方式等，从而让用户全面地了解企业及企业的产品和服务。与此同时，广告主页开始重视网站的趣味性与知识性，这样可以吸引到更多的浏览者。当然也不能本末倒置，企业网站还是要以产品为中心。最重要的一点是，企业网站必须要有能把作为潜在消费者的浏览者变为最终消费者的能力。举例来说，在凯迪拉克公司的网站（www. cadillac. com）上，每一个浏览者都可以定制自己所要购买的汽车。在网上的陈列室里，顾客可以选择自己中意的汽车型号，屏幕上就会显示出该型号汽车的图片。接下来，顾客可以选择他所想要的附件，从车身颜色到内部装潢都可以。每选择一次，屏幕上的图片就会做出相应的改变。当顾客把整辆车拼装完成后，网页上会显示最终的价格，并可以让顾客选择最近的供货商，便于顾客交易。这一切都在顾客的家中完成，随意舒适、方便快捷，这一切都是互联网带来的。虽然我们讨论的是企业网站的广告思想，但是还是有必要提一下企业网站的功能，比如客户服务。例如联邦快递公司的网站（www. FedEx. com），它为顾客提供了完善的货物跟踪检索服务，这样的服务可以看作是一种用来建立品牌忠诚的极好工具，在顾客心目中树立了完美的服务形象。

5. 移动广告

移动广告也是一种为改变网幅广告比较呆板的形象的新形式广告，该广告是一种可以在屏幕上移动的小型图片广告，用户用鼠标点击该小型图片时，该移动广告会自动扩大展示广告版面。移动广告目前在许多网站的主页上比较流行，但广告随着页面的移动飘忽，影响上网者的视觉而让人厌烦，有一定的负面效应。

6. 弹出式广告

弹出式广告是指随着网页页面的打开会自动弹出一个新窗口来展示网络广告内容。弹出式广告有两种表现形式：一种是当用户打开网页时马上弹出广告窗口；另一种是当用户离开网站时才弹出广告窗口。弹出式广告固然能带来访问量，但同时浏览者也会对过量的弹出式广告产生反感情绪。因此，广告主应该特别注意。

7. 屏保

屏保能在计算机空闲时以全屏的方式播放动画，并且能配上声音，可以说屏保是 PC 上最好的广告载体。许多知名品牌都制作了自己的屏保程序放在网上供用户下载，并且用户也会使用 E-mail 来传递屏保程序。好的屏保可以得到相当广的流传，制作公司可以以很小的投入换来极佳的宣传效果。

8. 全屏广告

全屏广告是用户在打开浏览页面时，广告将以全屏方式出现 3 ~5 秒。然后，全屏广告逐渐缩成 Banner 尺寸，进入正常阅读页面。全屏广告的广告形式可以更加充分和有效地传递企业和品牌的信息，带来更高的点击率，引起更多人的关注，为企业产品推广起到更加积极的推进作用。

9. 指针

在网页上的每一样东西都有可能成为广告的载体，甚至鼠标指针也能成为品牌宣传的工具。Comet System 公司（www. cometsystems. com）开了指针广告之先河，通过使用他们的软件，用户可以指定任何图片成为鼠标的指针，用户所浏览的网页也可指定特定的图片成为指针的形状。比如，一家网上花店，可以把鼠标设定成一朵花，当用户点击所要订购的花卉时，鼠标指针又变成“打 × 折”的字样。当然，要使用这种可变化的鼠标，用户一定要下载并安装 Comet System 软件，虽然这是一个极其简单的过程，但也会成为用户使用它的一个障碍。除非今后的 Internet Explorer 或 Netscape 内置这种功能，否则用户的数量将会非常有限。

6.3 网络广告发布

6.3.1 网络广告发布方式

广告主如何通过 Internet 发布企业的广告来实现自己的营销战略与广告战略？企业在投放网络广告时要根据自身的人力、物力、财力等条件合理地选择网络广告的组合方式。目前，网络广告发布方式有以下几种：

1. 主页形式

建立自己的主页，对于大公司来说，是一种必然的趋势。这不但是一种企业形象的树立，也是宣传产品的良好工具。实际上，在 Internet 上做广告，归根到底要设立公司自己的主页。利用自己的网站，企业可对广告的内容、画面结构、互动方式等各因素进行全面的、不受任何约束的策划。其他的网络广告形式，无论是黄页、企业名录、免费的 Internet 服务广告，还是网上报纸、新闻组，都是提供了一种快速链接至公司主页的形式，所以说，在 Internet 上做广告，建立公司的主页是最根本的。主页形式是公司在 Internet 进行广告宣传的主要形式。按照今后的发展趋势，一个公司的主页地址也会像公司的地址、名称、标志、电话、传真一样，是独有的，是公司的标识，将成为公司的无形资产。

2. 网络内容服务商（ICP）

ICP 由于提供了大量的互联网用户需要的、感兴趣的免费信息服务，因此网站的访问量非常大，是网上最引人注目的站点。国内有这样的 ICP，如新浪、搜狐、网易、Chinabyte 等都提供大量的新闻、评论、生活常识、财经等内容的信息。目前这些网站是网络广告发布的主要阵地，2001 年以前，这些网站上发布的网络广告形式还主要是旗帜广告，到了现在随着互联网的发展和完善，就开始推出全新的专业性的网络广告来适应企业的不同要求。

3. 专类销售网

这是一种专类产品直接在 Internet 上进行销售的方式。现在有越来越多这样的网络出现，著名的如 Automobile Buyer's Network、AutoBytel 等。以 Automobile Buyer's Network 为例，消费者只要在一张表中填上自己所需汽车的类型、价值、制造者、型号等信息，然后轻轻点一下 Search（搜索）键，计算机屏幕上就可以马上出现完全满足你所需要的汽车的各种细节，当然还包括何处可以购买到此种汽车的信息。

另外，消费者考虑购买汽车时，很有可能首先通过此类网络进行查询，所以，对于汽车代理商和销售商来说，这是一种很有效的 Internet 广告方式。汽车商只要在网上注册，那么他所销售的汽车细节就进入了网络的数据库中，也就有可能被消费者查询到。与汽车销售网类似，其他类别产品的代理商和销售商也可以连入相应的销售网络，从而无须付出太大的代价，就可以将公司的产品及时地呈现在世界各地的用户面前。

4. 免费的 Internet 服务

在 Internet 有许多免费的服务，如国外的 http：// bigfoot com、http：//www. hotmail. com 及国内的 http：//www. 163. net 与 http：//www. telebird. com. cn、http：//www. 263. net 等都提供免费的 E-mail 服务，很多用户都喜欢使用。由于 Internet 上广告内容繁多，即使公司建有自己的 Web 页面，但是需要用户主动通过大量的搜索查询工作，才能看到广告的内容；而这些免费的 Internet 服务就不同，它能帮助公司将广告主动送至使用该免费 E-mail服务、又想查询此方面内容的用户手中。具体说来，此种方式有很多特点：①主动性强。所有的使用者都可以按照自己的喜好和兴趣选择订阅一些免费信息。一旦你选择订阅了有关的信息，就可以定期收到所订阅的信息。当然，其中包含了广告的内容。不过用户既可以随时增加订阅，也可以随时修改或停止订阅信息内容。②统计性好。每一个用户在第一次使用免费 E-mail 时，必须要详细地填写一张用户档案（Member Profile）。这就使得提供免费 E-mail 的服务商能详细地知道使用者的具体情况，若有公司利用免费 E-mail 做广告，免费 E-mail 服务商就会每月给你一份调查报告，告诉你在这个月中有多少用户看了你的广告，又有多少用户进一步了解了广告的内容（即点击了广告的团标）。在每月报告中，免费 E-mail 服务商还会提供对你的产品或服务感兴趣的用户的具体情况的统计资料。③针对性强。随着免费 E-mail 会员的进一步增加，广告主还可以根据使用者的特性（地域、年龄、性别、家庭收入、职业、受教育水平、兴趣爱好、婚姻状况等）有针对性地发布自己的广告。

5. 黄页形式

在 Internet 上有一些专门的用以查询检索服务的网络服务商的站点，如 Yahoo!、Infoseek、Excite 等。这些站点就如同电话黄页一样，按类别划分，便于用户进行站点的查询。在其页面上，都会留出一定的位置给企业做广告。比如在 Excite 上，你在 Search 一栏中填入关键字“auto mobile”，Excite 页面的中上部就会出现某汽车公司的广告图标。在这些页面上做广告的好处是：①针对性好。在查询的过程中都是以关键字区分的，所以广告的针对性较好。②醒目。处于页面的明显处，较易为正在查询相关问题的用户所注意，容易成为用户浏览的首选目标。

6. 企业名录

一些 Internet 服务提供者（ISP）或政府机构会将一些企业信息融入他们的主页中。如香港商业发展委员会（Hong Kong Trade Development Council）的主页中，就融有汽车代理商、汽车配件商的名录。只要用户感兴趣，就可以直接通过链接，进入相应行业代理商（或者配件商）的主页上。

7. 网上报纸或杂志

在 Internet 日益发展的今天，新闻界也不落人后，一些世界著名的报纸和杂志，如美国的《华尔街日报》、《商业周刊》，国内的《人民日报》、《文汇报》、《中国日报》等，纷纷将触角伸向了 Internet，在 Internet 上建立自己的 Web 主页。而更有一些新兴的报纸与杂志。干脆脱离了传统的“纸”的媒体，完完全全地成为一种“网上报纸或杂志”，反响非常好，每天访问的人数不断上升。可以预计，随着计算机的普及与网络的发展，网上报纸和杂志将如同今天的报纸和杂志一般，成为人们必不可少的生活伴侣。对于注重广告宣传的公司，在这些网上杂志或报纸上做广告也是一个较好的传播渠道。

8. 利用广告交换服务商网络发布广告

如果要在多个网站上发布广告，加入广告交互服务网络也是一种十分重要的途径。在 Internet 上有一些专门从事全球范围内广告自由交换服务的网络，它能为加盟者之间提供互惠互利、互为免费的广告交流活动。凡拥有自己主页的用户，都可以加入这个网络。

广告交换网络的运作机制是：广告主按照服务网络的要求制作一个宣传自己的旗帜广告传送给交换服务网络，登记注册后，便成为该网络的会员。然后在自己的网页上加入交换网络服务商提供的一段 HTML 代码，这样每当有人浏览其网页时，交换网中有关成员的广告就会在该网页上自动显示，同样的原理，该广告主自己的广告也会出现在交换网这些成员的网页上，达到了互换广告的目的。广告交换网络是以等量交换为原则的，交换网络的服务器将统计各成员网页被浏览的次数，根据这个数字，交换网络会将某个成员的旗帜广告按其所选择的类别等量地送到其他成员的网页中显示，这样就可以实现相对公平地在成员中互换广告。目前国内外有这样的广告交换商，国内比较著名的如网盟、联盟，国际上著名的有 Web Union 和 Link Exchange。

9. 通过友情链接发布广告信息

友情链接是网站与网站之间的一种连接方式，它把网上的网站一个一个地关联起来，访问者可以方便地从一个网站找到另一个网站。友情链接的好处不在于可以给您的网站带来多少直接的访问量，而在于它会让搜索引擎更多地收录您的网页，因此，让搜索引擎收录更多的网页，就是提高网站访问量的最有效方法。

建立友情链接要本着平等的原则，应该充分考虑的因素包括：网站的访问量、在搜索引擎中的排名位置、相互之间信息的补充程度、连接的位置、链接的具体形式（图像还是文本方式、是否在专门的 Resource 网页，或单独介绍你的网站等）。一般选择与那些访问量大的网站建立链接，一个有效的办法就是在搜索引擎中查找网站，然后浏览结果列表前面的网站，选择与本企业主题相似或互补的网站。企业都希望链接的网站有着很好的排名位置，这也意味着对对方的选择也是非常苛刻的。实际上，他们想要建立友情链接的网站是他们认为有用的网站。总之，友情链接一定是一种互惠行为。

10. 建立虚拟社区和公告栏（BBS）

虚拟社区和公告栏是网上比较流行的交流沟通渠道，任何用户只要遵循一定礼仪都可以成为其成员。任何成员都可以在上面发表自己的观点和看法以及与公司产品相关的评论和建议，可以起到非常好的口碑宣传作用。这种方式的好处是免费宣传，但要注意遵循网络礼仪，否则会适得其反。

11. 使用新闻组（Newsgroup）

新闻组（Newsgroup）也是一种常见的互联网服务，它与公告牌相似。人人都可以订阅它，成为新闻组的一员。成员可以在上面阅读大量的公告，也可以发表自己的公告，或者回复他人的公告。新闻组是一种很好的讨论与分享信息的方式。在 Internet 日趋商业化的今天，各种议题不同的 Usenet 中已经产生了许多专门交流商业信息的讨论组。对于一个公司来说，选择在与本公司产品相关的新闻组上发表自己的公告，将是一种非常有效的传播自己信息的渠道。

参加某一新闻组的人们有着共同兴趣，或关心特定主题，利用新闻组可有效地推广公司的网站，但新闻组也由一些约定俗成的规则来维持其秩序，了解和掌握这些规则是非常必要的。

①粘贴的文章要言简意赅，提出自己独到的见解，不要发布与主题不符的文章；

②成为大家熟知的参与者，经常回答一些问题，树立公司的良好形象；

③不要忘记在每篇文章中署上你的名字；

④如果有足够的兴趣，你也可以建立自己的新闻组。

在以上几种通过 Internet 做广告的方式中，以第一种即公司主页方式为主，其他皆为次要方式，但这并不意味着公司只应采取第一种方式而放弃其他方式。

虽说建立公司主页是一种相对比较完备的 Internet 广告形式，但是如果将其他几种方式有效地进行组合，将是对公司主页的一个必要补充，并将获得比仅仅采用公司主页形式更好的效果。因此，公司在决定通过 Internet 做广告之前，必须认真分析自己的整体经营策略、企业文化以及广告需求，将其与公司从整体上进行融合，真正发挥 Internet 的优势。

6.3.2 网络广告发布的误区

1. 只考虑购买网站的首页

广告主投放网络广告的最终目的或者是为了扩大产品的市场知名度，或者是增加销售量和销售额，为公司赢得利益。每种产品，只有找准市场，定位准确，才能在激烈的竞争中立于不败之地。那么在投放网络广告时，也应该贯彻公司的一贯原则，将网络广告投放到适合公司产品的相应页面上。

但目前的情况是，由于各网站一般都将网站首页的广告价格定得比较高，这样在客观上误导了对网络媒体缺乏认识的广告主，使他们误认为网站首页的广告效果要比其他页面好。虽然网站首页的访问量一般都比较高，能产生大量 Pageview，但是由于网站首页的访问人群存在主题不明确、目的性不强的特点，在客观上造成广告缺乏针对性，导致广告的效果不理想，同时也造成资金的浪费，最终使广告主对网络广告失去信心，放弃对网络广告的投放。一般来说，首页广告的点击率永远是最低的，选择内容与自己业务密切相关的分类页面投放则能够过滤掉那些对企业缺乏商业价值的访问者，不必为无效的广告显示付钱。

2. *在站点选择上，以 Pageview 为主要衡量标准*

目前在我国，比较知名的门户网站有新浪、网易、搜狐和中公网等，比较著名的专业性站点有联众游戏等，他们之间的区别不仅仅表现在内容上，也表现在他们所吸引的用户人数、用户类别和用户特征上。所以，广告主在选择网站的时候，应该首先考虑网站及网站访问者的特点是否与自己的产品和活动符合，其次才应该是该站点的访问量。只有在选择好适合自己产品和活动的站点后，你所了解的该站点的访问量才有可能成为有用的浏览量。

这一观点在 CNNIC 发布的《中国互联网络发展状况统计报告》中得到了验证，调查显示，68% 的用户只对自己感兴趣的网络广告进行点击。

3. *认为广告投放的量越大，广告效果就一定越好*

如何用最少的广告费换取销售的大幅增长，是所有广告主在进行广告投放时所面临的问题。由于目前网络广告的平均费用较传统媒体而言还是比较低的，所以在广告投放上，很多时候，广告主相信只要在某个页面上投放的量越大，所得到的广告效果就一定越好。

目前我国的网络广告主要按照 CPM（即千人印象成本）来计算价格，广告的效果是随着广告投放的量不断上升的，但是这种上升并不是线性的，它是有一定阶段性的。显而易见，广告的效果与广告的投放，开始时是随着广告投放的增加而不断上升的，但是当广告投放达到一定数量时，广告的效果可能就不会再有很大的变化。因此，在某个固定的浏览量很大的网站上投入大量的广告，可能可以很快地达到所需要的浏览量，但是仔细考虑这些广告受众，我们会发现最终换来的只是大量的重复受众，这并不是广告主的目的，他们需要的是覆盖不同的受众人群。所以，在广告的投放量上需要有一个投放数量的考虑，并不是在浏览量最大的站点上投放最大的量，就一定可以达到广告主的目的。

6.4　网络广告效果评估

6.4.1　网络广告效果评估的具体方法

网络广告效果评估，是指网络广告活动实施以后，通过对广告活动过程的分析、评价及效果反馈，以检验广告活动是否取得了预期效果的行为。

6.4.1.1 网络效果评估指标

目前，网络广告效果的评估指标有以下几种，广告主、网络广告代理商和服务商可结合自身广告效果评估的要求，运用这些指标进行效果综合评估。

1. 点击率指标

点击率是指网上广告被点击的次数与被显示次数之比。它一直都是网络广告最直接、最有说服力的评估指标之一。点击行为表示那些准备购买产品的消费者对产品感兴趣的程度，因为点击广告者很可能是那些受广告影响而形成购买决策的客户，或者是对广告中的产品或服务感兴趣的潜在客户，也就是说是高潜在价值的客户，如果准确识别出这些客户，并针对他们进行有效的定向广告和推广活动，可以为业务开展带来很大的帮助。

2. 业绩增长率指标

对一部分直销型电子商务网站，评估他们所发布的网络广告最直观的指标就是网上销售额的增长情况，因为网站服务器端的跟踪程序可以判断买主是从哪个网站链接而来、购买了多少产品、什么产品等情况，从而对于广告的效果有了最直接的体会和评估。

3. 回复率指标

网络广告发布期间及之后一段时间内客户表单提交量，公司电子邮件数量的增长率，收到询问产品情况或索要资料的电话、信件、传真等的增长情况等，回复率可作为辅助性指标来评估网络广告的效果，但需注意，它应该是由于看到网络广告而产生的回复。

4. 转化率指标

转化率最早由美国的网络广告调查公司 AdKnowledge 在“2000 年第三季度网络广告调查报告”中提出，AdKnowledge 将“转化”定义为受网络广告影响而形成的购买、注册或者信息需求。正如该公司高级副总裁 David Zinman 所说，这项研究表明浏览而没有点击广告同样具有巨大的意义，营销人员更应该关注那些占浏览者总数 99% 的没有点击广告的浏览者。有时，尽管顾客没有点击广告，但仍会受到网络广告的影响，而在之后购买商品。

6.4.1.2 网络广告效果评估方式

网络广告效果评估可以通过以下几种方式进行：

1. 访问统计软件

使用一些专门的软件（如 WebTrends、Accesswatch 等），可随时监测广告发布的情况，并能进行分析、生成相应报表，广告主可以随时了解在什么时间、有多少人访问过载有广告的网页，有多少人通过广告直接进入到广告主自己的网址等。

2. 广告管理软件

可从市场研究监测公司购买或委托软件公司专门设计适合需要的广告管理软件，用以对网络广告进行监测、管理与评估。

3. 反馈情况

以统计 HTML 表单的提交量以及 E-mail 的数量在广告投放后是否大量增加来判断广

告投放的效果。如果投放之后，目标受众的反应比较激烈，反馈大量增加，则可以认为广告的投放是成功的。一般而言，成功的网络广告具有以下几个特征：从外界发回的企业的电子邮件的数量增加2～10倍；在2～3个月的周期内，向企业咨询广告内容的电子邮件和普通信件明显增多；广告发布后6个月至2年内，由广告带来的收益开始超过广告支出。

6.4.1.3 网络广告效果评估方法

在广告的效果评估中，我们使用最多的就是DAGMAR方法，下面根据使用评估指标的情况，可以将评估方法大体分为以下两大类，但是DAGMAR方法一直贯穿其中。

1. 单一指标评估法

单一指标评估法是指当广告主明确广告的目标后，应该采取适当的单个指标来对网络广告效果进行评估的方法。当广告主所追求的广告目的是提升和强化品牌形象时，只需要选择那些与此相关的指标，如浏览量、访问量、停留时间等指标来衡量；当广告主所追求的广告目的是追求实际收入时，只需要选取转化次数与转化率、广告收入、广告支出（成本）等相关指标进行评估。

2. 综合指标评估法

所谓综合指标评估法，就是在对广告效果进行评估时所使用的不是简单的某个指标，而是利用一定的方法，在考虑几个指标的基础上，对网络广告效果进行综合衡量的方法。下面介绍两种综合指标评估方法，其评估结果从不同方面反映了网络广告的效果。

（1）传播效能评估法。所谓传播效能就是指随着网络广告的刊登，其广告宣传对象的信息也在不断传播，从而产生了对品牌形象和产品销售潜力的影响，这种影响侧重于长期的综合的效果。广告主可以借助一些具体指标来构建网络广告传播效果评价体系：曝光次数、点击次数与点击率、企业网站上的访问时长与访问深度、顾客交互次数、转化次数与转化率等。广告主可以通过以下公式来评价网络广告的传播效果（实际评价需要根据企业自身实际进行调整）：

有效传播效果＝网络广告费用/有效传播用户

有效传播用户＝（访问用户－转化用户 $\times \alpha_0$） $\times \alpha_1$ ＋转化用户 $\times \alpha_2$

其中：① α_0 为访问用户与转化用户之间的重复系数，暂定为0.8；② α_1 为访问用户系数，暂定为0.6；③ α_2 为转化用户系数，暂定为1。

访问用户＝总点击次数×有效访客系数＝总点击次数×）/n

其中：①单样本访问时长系数确定方法：访问时长≥5分钟，系数为0.5，每少1分钟，系数减少0.1；②单样本浏览深度系数确定方法：页面深度≥5个产品页面，系数为0.5，每少浏览1个产品页面，系数减少0.1；③n 暂定为20，即随即抽取20个用户样本进行分析。

转化用户 = 在线沟通人数 × β_1 + 在线留言人数 × β_2 + 400 询盘人数 × β_3

其中：①β_1 暂定为 0.6；②β_2 暂定为 0.8；③β_3 暂定为 1.0。

（2）耦合转化贡献率评估法。耦合转化贡献率法是这样的：广告主在以往网络广告的经验基础之上，会产生一个购买次数与点击次数之间的经验比例数值，根据这个比例即可估算广告在网站刊登时，一定的点击次数可产生的购买转化次数，而该网站上的广告的最终转化次数可能与这个估计值并不完全吻合，由此产生了实际转化次数相对于预期转化次数的变化率，我们称之为该网络广告与该网站的耦合转化贡献率。

6.4.2 网络广告效果评估的注意事项

对于网络广告效果的评估，要从企业广告主的角度出发，把诸多的因素结合起来，才能有一个正确合理的评估。

1. 有效性是评估网络广告效果的核心

网络广告对于广告主来说，最关注的当然是广告本身能否给企业来带来效益和广告的有效性到底是多少。当前，各大网络广告媒体为了吸引广告主，采用了各具特色的有效性分析方法，但是，对于广告主来说，一般关注的是网络广告在以下几个方面的有效性：

（1）广告播出后，受众通过该广告是否能达到对企业产品的了解、充分了解或熟悉的效果？

（2）广告的播出是否直接带来企业产品销售量和销售额的增长？

（3）广告的投入产出比是否在企业目前经营可承受范围和盈利范围之内？

（4）广告的投放是否带来网站站点点击率即访问率的上升？

（5）用户对广告的反馈率有多高？如广告对用户浏览网页有无妨碍？用户在上网时会用多少时间浏览广告？用户是否喜欢该产品的广告？用户认为广告的增加是否提高了网页的美观程度？

（6）在广告开始投放至完成的整个时段内，网站应为广告投入的成本是多少？是否在网站的经营预算之内？

2. 目标性是评估网络广告效果的基础

网络广告首先要明确目标，在不知道目标的时候，纯粹的网络营销指标数据是没有意义的。企业的目标可能是“增加品牌曝光”，或“促进销售”，或“增加订单量，让用户都体验一下购物”，或“增加高价值客户” 等。只有定义了企业网络广告目标之后，才能找到一些指标评估网络广告的效果，同时来衡量企业广告主目标的完成情况。

3. 网络广告效果的评估具有层级性

消费者从接触网络广告开始，一直到完成某种消费行为，可以按照“AIDA 模型”划分为不同层级，广告主在评估某一次网络广告的效果时，应该分别测量广告是否或者在多大程度上引起了消费者的“注意”、激发了他们的“兴趣”、刺激了他们的“愿望”、改变了他们的“行为”或者“行为意向”。

广告主在评估网络广告效果时，应该充分考虑其层级性。比如，品牌广告主要是针对消费过程的最初层级，旨在引起消费者的注意，这需要巨大的资金投入、广告的重复播放以及严格的过程管理，而且结果很难衡量；而当效果广告针对的是较高层级，其直接目的就是找到消费者并促成购买，企业按照结果付费，不再关心营销过程，而且回收周期短，投入产出比（ROI）清晰、透明。

4. 评估网络广告效果需兼顾长期性

在评估网络广告效果时，广告主固然需要衡量当期对于企业的效果，同时，也要对网络广告的长期效果进行评估。因为网络广告的效果有滞后性，尤其是品牌广告，其对用户产生的影响并不局限于当期，广告主在进行网络广告效果评估时，需要考虑到这种长期影响。

（1）当期效果的评估。如果广告主的目标是“销售”，那么除了订单金额之外，还可以综合订单量，平均订单金额、购物顾客数量和利润一起来看。如果网络广告的目标是给网站带来流量，那么，网站停留时间、浏览深度和是否到达特定页面（例如公司介绍页面，产品介绍页面）就可以成为广告主评估当期效果的指标。这样，那些给广告主带来高质量流量的营销渠道会更有效果。

（2）长期效果的评估。对于网络广告长期效果的评估，简单地说，就是隔一段时间再测量一下之前某个网络广告的效果、客户的表现。

本章小结

网络广告，简单地说，就是在网络上做的广告，是利用网站上的广告横幅、文本链接、多媒体的方法，在互联网刊登或发布广告，通过网络传递到互联网用户的一种高科技广告运作方式。与传统的广告相同，网络广告也包括5个基本要素，即广告主、广告费用、广告媒体、广告受众和广告信息。网络广告的价值表现在：①品牌推广；②网站推广；③销售促进；④在线调研；⑤顾客关系；⑥信息发布。网络广告的特点有：①广泛和开放性；②实时和可控性；③直接和针对性；④双向和交互性；⑤易统计和可评估性；⑥网络信息传播的感官性。网络广告的本质有以下几层含义：①网络广告需要依附于有价值的信息和服务载体；②网络广告的核心思想在于引起用户关注和点击；③网络广告具有强制性和用户主导性的双重属性；④网络广告应体现出用户、广告客户和网络媒体三者之间的互动关系。网络广告形式大致有以下几种：①网幅广告（静态网幅广告、动态网幅广告、交互式网幅广告）；②文本链接广告；③电子邮件广告；④主页型（Home Page）广告；⑤移动广告；⑥弹出式广告；⑦屏保；⑧全屏广告；⑨指针。网络广告发布方式包括：①主页形式；②网络内容服务商（ICP）；③专类销售网；④免费的Internet服务；⑤黄页形式；⑥企业名录；⑦网上报纸或杂志；⑧利用广告交换服务商网络发布广告；⑨通过友情链接发布广告信息；⑩建立虚拟社区和公告栏（BBS）；⑪使用新闻组（Newsgroup）。网络广告发布的误区表现在：①只考虑购买网站的首页；②在站点选择上，以Pageview为主要衡量标准；③认为广告投放的量越大，广告效果就一定越好。网络广告效果评估，是指网络广告活动实施以后，通过对广告活动过程的分析、评价及效果反馈，以检验广告活动是否取得了预期效果的行为。网络效果评估指标有：①点击率指标；②业绩增长率指标；③回复率指标；④转化率指标。网络广告效果评估可以通过以下几种方式进行：①通过访问统计软件；②通过广告管理软件；③根据反馈情况。网络效果评估方法主要有单一指标评估法与综合指标评估法两种。其中综合指标评估法又包括传播效能评估法和耦合转化贡献率评估法。对于网络广告效果的评估，要从企业广告主的角度出发，把很多的因素组合起来，才能有一个正确合理的评估：①有效性是评估网络广告效果的核心；②目标性是评估网络广告效果的基础；③网络广告效果的评估具有层级性；④评估网络广告效果需兼顾长期性。

思考题

1. 谈谈你对网络广告本质的理解，网络广告与传统媒介广告相比有哪些特点？
2. 简述网络广告的类型。
3. 主要的网络广告发布方式有哪几种？
4. 简述传播效能评估法的主要内容。
5. 你认为在进行网络广告效果评估的过程中，有哪些方面是需要注意的？

7 电子邮件营销

学习目标

1. 理解电子邮件营销的含义与分类
2. 了解有效的电子邮件营销方法
3. 掌握电子邮件营销渠道的实施
4. 了解电子邮件营销的效果评估内容

本章结构图

- 电子邮件营销
  - 电子邮件营销概述
  - 有效的电子邮件营销方法
    - 有效的电子邮件列表营销
    - 使用Rich邮件营销
    - 电子邮件营销专业化
    - 利用会员制进行电子邮件营销
    - 准确定位电子邮件广告目标
  - 电子邮件营销的渠道实施
    - 邮件标题和内容的设计
    - 邮件发送时间和频率
  - 电子邮件营销的效果评估

引 例

“网易邮箱回娘家”活动助力品牌电子邮件营销

网易电子邮箱的用户数量在国内门户网站中遥遥领先，占据了超过50%的市场。随着网易邮箱服务的不断完善，依据更详尽的个人信息，能够给用户提供更个性化的使用体验，并在此基础上开展许可邮件营销，因此，用户个人信息的完整性就显得尤为重要。“网易邮箱回娘家”万元大奖回馈活动正是实施这一策略的重要举措。

从2005年12月1日到2006年1月5日，网易163、126邮箱的用户只需点击进入活动主页，填写个人资料和简单的调查问卷，即可获取礼品并参加抽奖。精彩的活动设计如磁场般牢牢地吸引了网易邮箱用户鼠标的走向，也为品牌客户开展网络实效营销提供了更为畅捷的解决之道。

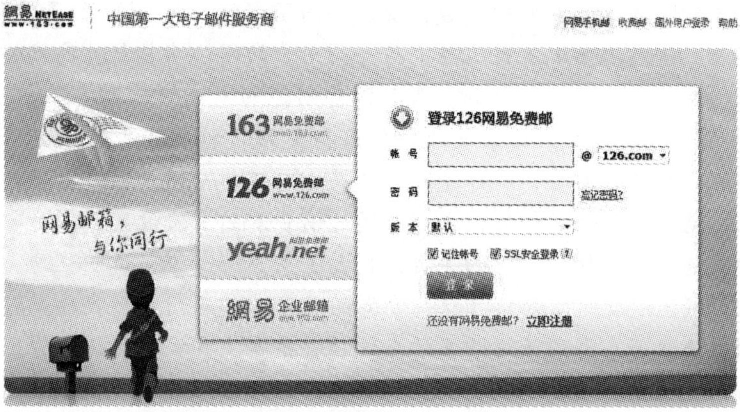

从更新数据入手，倡导更可靠的用户身份认可

网络邮箱作为网民的主要沟通工具，在网民的工作与生活中起着重要的桥梁和纽带作用，2005 年全球用户每天发送的电子邮件总量超过 360 亿封。艾瑞市场咨询的研究数据表明，中国用户平均每人每周发送电子邮件 9.8 封，收到电子邮件 21.9 封。由于电子邮件和用户的日常生活关系的密切程度不断增加，使用频率也越来越高，用户频繁更换邮箱账号的几率越来越小，电子邮件营销也因此成为重要的营销工具。Jupiter 资讯的研究报告指出，2005 年，美国企业利用电子邮件行销产品和服务的花费预计达 73 亿美元。相比之下，根据艾瑞咨询的数据，中国邮件广告支出仅 1 亿元左右，市场还远未得到充分开发。而据 DoubleClick 2005 年一季度的调查，中国用户对电子邮件广告的点阅率和点击率分别达到了 19.4% 和 22.4%，居世界领先水平，表明中国用户更乐于接受邮箱广告。

制约国内电子邮件营销发展的两个关键问题：一是，发送“未经许可”的垃圾邮件充斥市场，“经许可”电子邮件的规范运作迫切需要大力倡导；二是，建立在用户数据库信息分析基础上的定向发送（或个人化定制），由于需要较详尽准确的用户信息做支持，现在还处于起步阶段。目前，在网民收到的邮件中有相当一部分没有得到用户的发送允许，这类邮件侵占了用户的邮箱空间和时间成本，甚至给用户造成了麻烦，影响了市场的健康发展。而用户信息填写不准确、更新不及时等问题，则很难更好地开展邮件定向发送，无法发挥电子邮件营销的最大效力。

“网易邮箱回娘家”万元大奖回馈活动的开展，正是顺应了市场发展的要求，建立起更真实、更完善的邮箱用户个人信息，推动电子邮件营销服务品质的整体提升。

用户参与意识的强弱是决定网络活动成败的关键。网易邮箱不仅用户规模庞大，而且用户互动性强、活跃度高，他们对于新鲜、时尚的东西有着天然的喜好和参与热情。同时，活动设置了笔记本电脑、手机、MP3 等丰厚的奖品，而且所有参与活动的邮箱用户均可获得“支付宝”提供的网上购物红包，这也最大限度地调动了网上购物一族的参与热情。

基于对活动现实利益和邮箱未来价值的认识，短短一个多月，活动便赢得了数千万邮箱用户的积极响应。而品牌客户对活动的深度参与，也获得了广告宣传以外的更多价值。

以活动为契机，倡导更实效的网络数据库营销

“网易邮箱回娘家”活动，为品牌客户拉近与邮箱用户的关系、开展基于邮箱用户使用体验的数据库营销提供了良好的平台，因此得到了支付宝和DHC的青睐和全程参与。

支付宝作为一种网上金融支付工具，与邮箱用户的网络消费行为高度关联。考虑到网易邮箱用户主动性、参与性强的特点，带有消费功能的“支付宝红包”、“支付宝超级红包”和“支付宝幸运红包”分别被设计成礼品和奖品的形式，置入活动环节，从而为支付宝提供了嵌入式的品牌通路，延伸了产品的展示与销售空间。通过活动，邮箱用户得到了实际的利益，满足了网上购物的需求；而通过消费者的身份注册，支付宝也成功地将大量有网上购物兴趣的用户转化为它的会员，扩大了用户群。事实证明，这次活动的人气和网络的共通性，实现了支付宝与活动推广资源的共享和邮箱用户数据的嫁接，为其提供从推广、认知到用户注册，再到使用购买的全过程营销解决方案，获得品牌形象的提升与产品销售提升的双重利益。

DHC作为一个直销类化妆品，使用人群的口碑对其产品销售有着至关重要的作用。而网易的女性邮箱用户大多属于时尚化妆品品牌的重度消费者，也正是DHC所寻找的目标使用人群。在此次“网易邮箱回娘家”万元大奖回馈活动中，参与者只需在网上填写产品调查问卷和个人资料，即可免费获取DHC试用装一份。作为唯一的化妆品类合作伙伴，DHC备受用户关注，并且成功地将大量网易邮箱用户转化为DHC的使用者，最大限度地扩大了使用人群，降低了营销成本，为下一步的销售跟进作了很好的铺垫。DHC利用网络人群的需求点，与活动有机结合，与邮箱用户有效互动，为其他化妆品或快速消费品避开传统渠道产品的直接竞争，开展实效网络营销提供了良好的范例。

“网易邮箱回娘家”活动，实现了邮箱用户和品牌客户的双赢，并为未来开展更实效的电子邮件营销奠定了基础。

（资料来源：网易快讯，http：//e - newsletter. blog. 163. com/blog/static/22753546200702901531102/？hasChannelAdminPriv = true，案例有修改）

最早的网络营销既不是网上销售、网上广告，也不是网上拍卖、网上推销，而是电子邮件营销。自从1994年4月12日美国两位移民咨询签证律师把一封“绿卡抽奖”的广告发到他们可以发现的每个新闻组，并仅以20美元的代价就吸引了25 000个客户并赚取了10万美元开始，电子邮件营销就正式诞生了。随着互联网的发展，E-mail不但成为人们生活的一部分，更成为公司和消费者之间联系的重要工具。作为在互联网络中使用得最为广泛的工具，电子邮件（E-mail）正在成为互联网中最璀璨的一颗明珠。

7.1 电子邮件营销概述

7.1.1 电子邮件营销含义

伴随着电子邮件通信方式的爆炸式增长，电子邮件营销也随之蓬勃发展。电子邮件营销，简单地说，就是借助电子邮件（E-mail）为媒介所进行的营销活动，是指在用户事先许可的前提下，通过电子邮件的方式向用户传递有价值的信息的一种营销方式。但随着网络上垃圾邮件的逐渐泛滥及美国、韩国等国家反垃圾邮件法的通过，E-mail 营销又更进一步增加了其内涵的范围，这就是居于许可的电子邮件营销。因此，电子邮件营销所必须包含的三要素为：许可、邮件、营销活动。

1. 许可

对于现代的电子邮件营销而言，其第一要素便是“许可”。如果离开了许可，那么邮件营销就会成为人人喊打的过街老鼠——“垃圾邮件”，而且更严重的是它还可能会使企业面临违背国家的法律、法规的风险。

“许可营销”理论是由优优大娱乐公司（Yoyodyne Entertainment Inc.，为互联网上最大的直销公司，已被 Yahoo！公司收购）的创始人塞思·戈丁（Seth Godin）在 *Permission Marketing* 一书中最早进行系统研究的，这一概念一经提出就受到网络营销人员的普遍关注并得到广泛应用。许可 E-mail 营销的有效性已经被许多企业的实践所证实，据 IMT Strategies 公司于 2000 年 4 月发布的一份题目为《许可 E-mail：直复营销的未来》研究报告所述，到 2000 年年底，在许可 E-mail 营销计划中的花费至少达到 10 亿美元。

许可营销的原理其实很简单，也就是企业在推广其产品或服务的时候，事先征得顾客的“许可”。得到潜在顾客许可之后，再通过 E-mail 的方式向顾客发送产品或服务信息。因此，“许可”也就是 E-mail 营销的许可，只有按照许可的方式进行电子邮件营销，才能获得电子邮件营销的营销“许可证”。许可的获取可通过多种方式获得，如在填写调查表、会员申请表或者填写在线表单时，会询问你“是否希望收到本公司不定期发送的最新产品信息”，或者给出一个列表让你选择自已希望收到的信息。在传统营销方式中，许可营销很难行得通，但是互联网的交互性使得许可营销成为可能。

2. 邮件

营销自然需要凭借一定的媒体来进行。电子商务时代承担这个重任的主要媒体之一就是 E-mail，它是与消费者沟通、传递信息的最佳工具。E-mail 之所以能成为电子商务时代的最佳营销媒体之一，就是因为 E-mail 营销具有低成本、快速响应以及较高的点击率等优点，它比其他广告更容易管理和追踪，在测量投资报酬率上也更为准确。IMT 预测，许可 E-mail 营销将持续 2 ~ 3 年，具有相当高的响应率。IMT 询问网友如收到更多许可 E-mail营销信息，会更多或更少点击 E-mail 这个问题时，答案是：61% 的人说是一样的，23% 回答会减少，而 14% 的回答则是会增加。所以在短期内许可 E-mail 营销还是有良好的营销效果，因为消费者在收到更多的信息时并不会降低太多的点击率。

3. 营销活动

现代营销理论认为，营销是计划和执行关于商品、服务和创意的概念、定价、促销和分销，以创造符合个人和组织目标的一种交换过程。因此，作为邮件营销的核心词，“营销”界定了 E-mail 营销应具有以下营销的特征：

（1）过程性：电子邮件营销可以或应该为营销的整个过程提供服务，而不是仅仅服务于其中的一个环节，如产品推销或者品牌推广。

（2）互动性：营销的目标既然是一种交换过程，这就决定了电子邮件营销应该是一个互动的过程，是一个沟通的过程。营销双方只有充分进行信息的沟通才能实现最终的交换过程。

（3）共赢性：营销的目标是为了达成符合个人和组织目标的一种交换，因此在E-mail营销的整个过程中及营销效果的考评中应注意营销是否真正意义上达到了共赢；营销活动本身所提供的信息对用户是否有用；是否有价值；营销活动是否会对用户构成骚扰；所提供的信息是否会成为垃圾。

7.1.2 电子邮件营销的分类

电子邮件营销的分类主要有以下几种：

1. 按照是否经过用户许可分类

按照营销邮件在发送前是否征询并获得过用户的许可来进行分类，可把电子邮件营销分为许可电子邮件营销及非许可电子邮件营销。根据目前各国的法律情况看，从某种意义上而言，许可电子邮件营销与非许可电子邮件营销也可以分类为合法电子邮件营销及非法电子邮件营销。

对于许可电子邮件营销，根据其获得许可的方式不同，又可以进一步细分为：

（1）Option-in：在向用户发送营销邮件之前事先获得用户同意；

（2）Option-out：在向用户发送营销邮件之前事先并不获得用户同意，而是允许用户选择退出；

（3）Double-Option-in：向用户发送营销邮件之前事先获得用户同意，向用户发出确认邮件，并且要求用户回信确认后才向用户进行邮件营销。

一般多建议企业使用 Double-Option-in 的方式进行电子邮件营销，可以提高营销效率，避免冒名恶意订阅或邮件地址错误等问题的产生。

2. 按照营销目的分类

按照营销的目的不同进行分类，电子邮件营销又可以进一步细分为品牌形象推广电子邮件营销、产品促销电子邮件营销、社会调查电子邮件营销、客户服务电子邮件营销、网站推广电子邮件营销等。

3. 按照邮件列表来源的不同分类

按照具体使用邮件列表来源的不同进行电子邮件营销的分类，则又可将邮件营销具体分类为内部邮件列表营销与外部邮件列表营销。其中内部邮件列表营销是指采用企业自身所收集并维护的许可邮件列表进行的营销；而外部邮件列表营销是指采用第三方所提供的邮件列表进行的邮件营销。从具体使用效果上看，并不建议使用外部邮件列表的方式进行邮件营销。

4. 按照营销目标用户分类

按照邮件营销的具体对象不同，我们可以把邮件营销具体分为企业内部电子邮件营销和企业外部电子邮件营销。其中内部电子邮件营销具体是指以电子邮件的方式对企业的内部人员，包括企业的股东、经营者、管理者和企业员工进行的营销行为；而外部电子邮件营销则指的是利用电子邮件方式所进行的针对企业用户的具体的营销行为。

7.1.3 电子邮件在网络营销中的作用

电子邮件在网络营销中可以扮演多种角色，在网络营销的不同阶段，可以应用电子邮件完成不同的营销功能。

1. 电子邮件信息宣传

企业可以利用电子邮箱巨大的用户资源来销售软件、音像制品、电子图书等数字产品。这些产品不需要利用传统的物流渠道进行配送，可以使商品销售和相关费用大大降低，用户付款后，销售商就可以把数字产品资料发送到用户的邮箱里。

2. 电子邮件广告

利用电子邮件发布广告信息，具有比传统电视广告甚至现在绝大部分旗帜广告更大的优势。主要表现在有更强的针对性和更高的反馈率，并且更容易管理和控制，使得电子邮件广告得到更明显的收益。

（1）一对一的广告效果。电子邮件营销可以针对用户发布完全的“个人化定制”的广告信息，取得任何其他广告形式难以达到的效果。利用 E-mail 营销，营销者可以决定营销的对象、时间、内容，可以有足够的途径和机会来与消费者做多次的接触，直到获得他的同意为止（注意：利用 E-mail 在网络上争取消费者许可时，播放频率是免费的，而相关调研结果表明许可与接触频率是正相关的）。当所提供的资讯正是对方所期待的，和他个人相关的，他们就会排除其他的杂音，来了解营销者所提供的价值。E-mail 营销接下来要做的就是将目前潜在的顾客变成真正的顾客，再利用顾客的许可，持续地营销。

（2）客户认可度高。企业通过收集用户需求信息，然后“投其所好”，向用户发送定制化邮件，向他们介绍企业的产品与服务。这种颇有针对性的主动式营销迎合了用户需求，企业同用户之间的关系也就潜移默化地得到了改善。E-mail 营销帮助企业与用户（不论是企业用户还是普通用户）建立更为紧密的在线关系，获得用户的认可。

（3）管理和控制。随着技术进步，电子邮件营销在消息的发送、管理和控制方面也具有其他广告形式无法比拟的优势。

（4）成本。每个电子邮件信息的成本约为传统的直邮广告、优惠卡以及其他营销方式成本的 1/4 左右。特别是电子邮件的成本和接收者的数量没有对应的关系。

3. 客户意见反馈

电子邮件是吸引回头客的有力工具，而回头客又是电子商务获得成功的关键所在。电子邮件在网络营销中最经常使用的功能就是建立客户意见反馈的渠道，实现企业和客户一对一的直接联系，拉近企业与客户之间的关系。但必须及时处理客户的邮件，否则无法实现促进营销的目的。

7.2 有效的电子邮件营销方法

7.2.1 有效的电子邮件列表营销

1. 明确建立邮件列表的目的和表现形式

每一项营销活动或每一种营销计划都应该有特定的目的，邮件列表也不例外。按照邮件的内容，邮件列表可分为新闻邮件、电子刊物、网站更新通知等类型。不同类型的邮件列表表达方式有所区别，所要达到的目的也不一样。当建立自己的邮件列表时，首先应该考虑，为什么要建立邮件列表?

一般来说，网站经营邮件列表有以下几种主要目的：

(1) 作为公司产品或服务的促销工具；

(2) 为了方便和用户交流；

(3) 获得赞助或者出售广告空间；

(4) 收费信息服务。

就目前环境来看，大部分网站的邮件列表主要有上述前两个目的。因为，一般网站的邮件列表规模都比较小，靠出售广告空间获利的可能性较小，而收费信息服务的条件还不太成熟。不过，这些目的也不是相互孤立的，有时可能是几种目的的组合。

确定了建立邮件列表的目的之后，下一步是，通过什么表现形式来建立邮件列表的内容风格。这个问题和用户的需求行为有关。比如，作为促销工具的邮件列表，自然要了解用户对什么产品信息感兴趣，并在邮件内容中重点突出该产品的特点、优惠措施等。而一个注重与用户交流的邮件列表，则通常会告诉用户，网站有什么新的变化，更新了哪方面的内容，增加了什么频道等。

例如，亚马逊网上书店就有这么一项服务，用户只要告诉网站对哪个作者的新书感兴趣，只要该作者有新书到货，用户就会收到亚马逊网上书店发来的通知。这种服务对增加顾客忠诚度和公司长期利益无疑起到了良好效果。

2. 通过多种渠道获得建立邮件列表的资源

进行电子邮件营销，建立一个可以反复发送信息的列表是取得成功的关键，邮件列表的基本资源可以从多种渠道获得。

现有客户是可充分利用的最好的资源。对于各种形式的商务来说，最困难的事情就是寻找新顾客，不仅代价昂贵、花费时间，而且要争取信任。对感到满意的顾客再次销售就会相对容易。忠诚的顾客基础是有效电子邮件营销的重要因素。建立客户电子邮件地址数据库，使下次与客户通过邮寄或电子邮件联系时，可以为通过电子邮件回复者提供特别的服务，例如一份免费报告或者特别折扣优惠，就可以得到顾客的电子邮件地址。

通过合作人担保的邮件或其他相关的、非竞争性的业务发送个人化的电子邮件也是一种很好的办法，通过互惠的交换，在其他公司向其顾客发送的邮件中加入介绍产品或服务的信息。在前期应该放弃部分利润，一旦拥有忠诚的顾客，以后你可以反复地向他们销售。因此，从长期来讲，合作方式可以带来丰厚利润。

通过网站上的表单建立潜在顾客列表是最有力的手段。有三种主要策略鼓励访问者自愿加入你的邮件列表：邀请人们订阅新闻邮件；提供免费的、无版权问题的咨询；请求访问者把网站推荐给他们的朋友和同事。可利用许多方法与网上浏览者互相影响，向回应者提供免费报告、创建新闻邮件、提供免费软件或共享软件的免费下载，作为报答，通常可以询问访问者的名字和电子邮件地址。给出适当的理由吸引人们留下联系信息，以便保持联系，发送新的产品或服务信息。

无论利用在线广告或者非在线广告，都要留下电子邮件地址，以鼓励人们通过电子邮件方式联系，其目标是把顾客和潜在顾客的电子邮件地址收集到自己的邮箱中来，这样便可以建立一个可通过电子邮件联系的可靠的潜在顾客列表。把电子邮件地址印在名片、文具、发票、传真、印刷品上，即使在广播电视广告上也留下电子邮件地址，这样，便于顾客通过电子邮件联系，这种电子邮件“关系”使得你能够通过电子邮件向顾客介绍最新的产品或服务。

报纸杂志提供的新闻具有较高的有效性，可以在报刊上发表人们必须通过电子邮件才可以接收的免费报告，或者可以通过电子邮件发送的产品，可以发表一些引起读者共鸣的话题，在读者回应的过程中收集其姓名和电子邮件地址。

当有潜在顾客索取免费报告时，请求他们向自己认为可能感兴趣的朋友推荐这份报告。这有点类似于担保性的邮件。当有被推荐的人加入时，发一封个人化的邮件向其解释：你是由你的朋友（给出名字）推荐来的，你的朋友请求给你发一份免费报告。为保证他们不介意将其加入邮件列表，可在邮件结尾加上这样的信息：“为证实这封邮件已经发给收信人，请回复这封邮件，并在主题栏写上 Thanks，以确信这份报告已经发到了正确的地址。”

租用电子邮件地址列表，这可能要花费较大的代价，但如果邮件列表非常适合目标受众，付出也是值得的。根据所要求的邮件数量、目标定位方式以及收集名字的方式不同，每个电子邮件地址的价格会有所不同，每个地址的价格在0.05~0.4美元之间。可以先用一个小的列表测试回应状况，或者利用后面所附电子邮件直邮服务商之一提供的服务。最好利用著名在线公司的邮件列表，并且要非常细心，绝不要使用包含数以百万计的 CD-ROM 地址列表，其中大部分地址可能是无效的。

电子邮件直邮服务是把邮件发送给一批自愿加入列表的目标受众。应该确认提供该服务的公司的确把信息发送到了自愿加入列表的目标受众，而且在付出任何费用之前，确认列表上的名字是最有可能的潜在客户。电子邮件直邮发送到5 000~200 000名订阅该服务的互联网用户。如果该服务与网站、电子店面或者自动应答器组合，将是一种有力的工具。给潜在客户邮寄电子邮件，对利用电子邮件回应你的邮件者给予额外的奖励，告知订单很快就会处理完毕，如果利用电子邮件回应，将获得一定的奖励。其目的是把昂贵的潜在顾客的邮寄费用转化为廉价的电子邮件地址列表，利用电子邮件可以联系到的人越多，费用就减少得越多。

3. 有效发行邮件内容

一些大型网站或者专业的邮件列表服务商都拥有自己的邮件服务器和相应的电脑程序，有专门的技术人员负责系统的运行和维护。对于企业网站或者小型网站来说，通常不具备这样的条件，也不必要为此投入巨资。通常的做法是利用群发邮件程序或者第三方提供的发行平台。

如果采用群发邮件程序的邮件列表，严格说来，这并不是真正意义上的邮件列表，不过由于这种方式被许多小型网站所采用，因此也可以理解为一种简单的邮件列表形式。通常适合于用户数量比较小的情况，网上经常有此类共享或免费程序可以下载。当然，如果通过正式渠道购买原版软件更好。方法很简单，可以在自己的网页上，设置一个供用户提交电子邮件地址的订阅框，通过表单或电子邮件的形式将用户输入的电子邮件信息传送给服务器后台管理区或者传送到网站管理员的邮箱中，然后，在需要发送邮件内容（比如新闻邮件或电子杂志）时，利用群发邮件程序将欲发送的内容同时发送给所有订户的邮件地址。

当然，有些程序可能对每次最大发行数量有一定的限制，如果邮件列表订户数超出了最大数量，分若干次发送就可以了。这种发行方式最大的缺点是需要人工干预，因此，错误在所难免，如漏发、重发、误发、没有按照用户要求及时办理退订手续等。因此，在一个网站的邮件列表拥有一定数量用户之后，最好不要利用这种方式。

大多数网站邮件列表采取的形式通常是，利用第二方邮件列表发行平台，在邮件列表发行商的发行平台注册之后，可以得到一段代码，按照发行商的说明，将这些代码嵌入自己网站需要放置的地方。于是，在网页上就出现了一个“订阅”框（有的同时还有一个“退订”框），用户可以通过在网页上输入自己的电子邮件地址来完成订阅或者退订手续，整个过程一般都是由发行系统自动完成的。

不同发行商提供的服务方式有所不同。有些发行系统除在网页上完成订阅之外，同时还可以提供利用电子邮件直接订阅或退订的功能，有的则可以提供自动跟踪和抓取等先进技术，有些则允许为用户提供个性化服务，例如用户不仅可以自己设定邮件的格式（纯文本格式、HTML 格式、RICH MEDIA 格式等），而且还可以设定接收邮件的日期，并决定是否允许通过手机或传呼机通知邮件到达信息等。

利用第三方邮件列表发行平台的最大优点是减少了烦琐的人工操作，提高了邮件发行效率，但同时也附带了一些明显的影响，尤其是当选择的是免费发行平台时。因此，在利用第三方邮件列表发行平台时应避免下列情况发生：

（1）大部分发行商会在提供的代码中插入类似“由×××（发行商）提供”等字样的标志，并在网页上有指向该发行商网址的链接。这种情况对于非商业性网站或者个人主页来说，也许没有什么影响。但是，对于商业网站，有时会严重影响企业形象，正如使用免费邮箱和免费网页空间对企业造成的影响一样。因此，商业性网站应慎重，不能因为贪图便宜而伤害到自己企业的形象。通常，通过和发行商的联系和协商，在达成一定协议的条件下，这种情况是可以解决的。

（2）当用户输入邮件地址，并点击“订阅”或“提交”按钮后，反馈的是发行商服务器上的确认内容，确认订阅的邮件通常也是直接来自发行商的邮件服务器，这样不仅会给用户造成一种错觉，似乎是点击错误而进入了一个不相干的网页，而且，确认页面通常没有可以返回到刚刚浏览网站的链接。解决这个问题的办法，只有和发行商协商订制一个专用的反馈页面，或者选择一个可以提供自己订制反馈页面的发行平台。不过，目前国内还没有具备这种功能的邮件列表发行平台。

（3）无法预计的插入广告。第三方邮件列表发行商吸引其他网站利用其发行系统的主要目的是向邮件列表中的用户投放广告，作为交换条件，利用发行商的发行系统，发行商在邮件中放一些广告。本来是互惠互利的合作，但是在某些情况下，由于无法知道发行商将要在邮件中投放的广告数量和字节大小，可能会造成邮件字节数过大而遭到用户投诉。或者，如果邮件内本来已经包含广告，再加上发行商投放的广告而显得广告数量过多，并有可能影响整个邮件的美观。

（4）管理和编辑订户资料不方便。各发行平台大都不同程度地存在着这样或那样的问题，与采用群发邮件方式相比，通常要麻烦一些。例如，无法查看每天加入和退出用户的详细资料、不能批量导入或导出用户资料、不能获取发送不到的用户地址的详细信息等。除了努力避免上述几种主要不方便或不利之处外，也应注意有的发行系统会设立用户人数限制、遭受某些邮件服务器的屏蔽、发行系统功能缺陷等，需要在实际运用中认真测试和跟踪，并及时排除因邮件列表发行系统可能带来的影响。

在选择服务商时需要慎重，同时考虑到将来可能会转换发行商，要了解是否可以无缝移植用户资料，同时还要考察服务商的信用和实力，以确保不会泄露自己邮件列表用户资料，并能保证相对稳定的服务。

4. 吸引用户加入邮件列表

对于网站浏览者来说，各种各样的注册早已司空见惯，常见的情形有：免费电子邮件、网络社区、网络传呼、电子杂志、专业信息、网上购物、网上拍卖、网上招聘等，总之，网站通过为用户提供一定的服务或有价值的信息，或者某种特权等方式，吸引访问者成为注册用户。

不同场合的注册程序，对用户信息的要求也不同。一些比较简单的，比如电子杂志等也许只要填写邮件地址即可成为注册用户；而在一些对用户资料要求比较高的网站，比如网上拍卖或者网上购物，因为要涉及商品配送、货款支付等环节，因此，对用户的信用程度有较高的要求，不仅需要填写真实姓名和住址，有时甚至会需要真实的身份证号码等。对于其他大多数需要用户注册的情形，通常要求用户的电子邮件地址、性别、年龄、所在地区、职业、收入水平、兴趣爱好等基本的人口统计信息。

一般说来，注册用户的价值主要体现在下列两个方面：其一，用户数量是网站受关注的标志。网络经济的核心理论基础是“注意力经济”，至于这种理论在多大程度上成立，现在似乎还不是下结论的时候，因为，注意力的确造就了一批成功的企业，创造出了以雅虎为代表的新经济的范例。从表面上来看，用户的数量在一定程度上反映了网站受关注的程度。其二，注册用户数量反映了网站的潜在价值。因为一个网站的注册用户也可能就是潜在顾客，而且，拥有一定数量的注册用户，实际上也就拥有了一批忠实的受众，无论是向用户推广自己的产品或服务，还是作为一种资源向用户发布广告主的信息以获取广告收入，通常可以取得比其他形式的广告更好的反馈效果。因此，可以认为，注册用户数量与网站的获利能力呈正相关关系。当然，要将用户转化为收益，需要建立在网站有自己的产品和服务可以出售，或者其他企业愿意为此支付广告费的基础之上。但是，将有价值的用户转变为真正的价值也并不简单，一些不适当的方法甚至会失去用户的信任，注册用户的价值也就无法得到体现。

邮件列表的用户数量是衡量其价值的重要指标之一。在作为企业的营销工具之前，首先要为邮件列表做营销，让尽可能多的人了解并加入你的邮件列表。前面讲到，建立邮件列表的主要方法是让用户（网站访问者）通过网页上的“订阅”框自愿加入，但是，这并不意味着只能被动地等待用户的加入，应该采取一些推广措施来吸引用户的注意和加入，正如网站推广一样。

（1）将邮件列表订阅页面注册到搜索引擎。如果你有一个专用的邮件列表订阅页面，请将该页面的标签进行优化，并将该网页提交给主要的搜索引擎。

（2）为邮件列表提供多订阅渠道。如果你采用第三方提供的电子发行平台，且该平台有各种电子刊物的分类目录，别忘记将自己的邮件列表加入到合适的分类中去，这样，除了在自己网站为用户提供订阅机会之外，用户还可以在电子发行服务商网站上发现你的邮件列表，增加了订阅机会。

（3）其他网站或邮件列表的推荐。正如一本新书需要有人写一个书评一样，一份新的电子杂志如果能够得到相关内容的网站或者电子杂志的推荐，对增加新用户必定有效。

（4）提供真正有价值的内容。一份邮件列表真正能够取得读者的认可，靠的是拥有自己独特的价值，为用户提供有价值的内容是最根本的要素，是邮件列表取得成功的基础。

7.2.2 使用 Rich 邮件营销

为了使电子邮件营销更有效，电子邮件营销技术本身也在不断发展，Rich 电子邮件的有效性正迅速表现出来。Rich 电子邮件的基础是 Rich Media。由于互联网的飞速发展，许多技术人们甚至还来不及为其做出合理的定义，便已广泛地应用于互联网的各个领域，Rich Media 就属于这类技术。现在，我们在许多场合都会看到 Rich Media 表现出的特殊效果，无论是网站设计、网络广告，还是电子邮件，Rich Media 的突出表现很容易给浏览者留下深刻印象。

采用 Rich Media 技术的电子邮件被称为 Rich 电子邮件。很明显，Rich 电子邮件的视觉效果远好过纯文本格式的电子邮件，同时由于 Rich 电子邮件增强了可点击性，反馈率远高于纯文本邮件。从营销效果来讲，Rich Media 与电子邮件的结合简直是天造地设，取得的营销效果有时让人难以置信。例如，华纳兄弟公司曾向潜在客户发出介绍一部新片的 Rich 电子邮件，跟踪结果表明，邮件的点击率为 40%，成交率达到 12%，效果比任何其他推广手段都要好。当然，取得较好效果的前提仍然是对潜在客户的正确定位，否则，盲目滥发邮件，无论采取什么技术都不会有好的效果。

但是 Rich 电子邮件的应用还处于起步阶段，无论从用户的可接受程度，还是技术、价格等方面都存在一定的限制。据调查，现在只有大约 40% 的用户可以接受 HTML 格式的邮件，而这是应用 Rich 电子邮件的最基本条件。从技术角度讲，设置一封包含 Rich Media 的邮件并非一般用户都可以做到，即使专业的电子邮件营销人员也需要有一段时间的适应过程。而且，不同的公司所采用的标准也不一致，例如，RadicalMail 公司使用 Java

配置音频文件，而 Real Player 采用的是 Plug-in 技术，相同点是都将声音信息集成到电子邮件中去。

尽管如此，可以预期在不远的将来，Rich 电子邮件在网络营销中将展现出强大的发展势头，值得营销人员予以高度关注。

7.2.3 电子邮件营销专业化

电子邮件营销专业化的含义包括两个方面的内容：企业营销人员的专业化和电子邮件营销服务的专业化。

1. 企业营销人员的专业化

企业营销人员专业化的含义，是指企业自行开展具有专业水平的电子邮件营销，而不是通过第三方专业服务商进行时，需要一批具备专业知识的营销人员。电子邮件营销不像一般人理解的只要收集一些邮件地址，然后随意发送邮件那么简单，没有专业的营销人员，没有足够的前期投入，只是在市场推广需要时才想起利用电子邮件这一工具，显然为时已晚，临时抱佛脚不可能产生奇迹。

电子邮件营销需要基于用户许可，因此，收集用户电子邮件地址是开展电子邮件营销的基础，同时也是最为烦琐的劳动，为获得足够的用户资料有时需要较长时间并需要较大投入。获取潜在用户邮件地址的主要途径有：现有用户的资料、一般注册会员的资料、各种邮件列表订户的资料等，也可以统称为“用户”资料。电子邮件营销的表现形式都是各种邮件列表，不过，对不同类型的用户资料，在推广方式上有一定的区别。

许多网站不了解如何正确利用用户资料进行营销，正是缺乏专业人员的典型表现，即使拥有几万甚至上百万用户的注册信息，却不知道如何有效地发挥其作用，有时每天将大量的商业信息强行发送给用户，有时在很长时间之内似乎完全没有考虑到用户的存在，这样的电子邮件营销当然不可能有好的效果。企业花费很大代价获取用户资料，但由于缺乏专业的网络营销人员开展专业的营销工作，用户资料很难转化为收益，实际上是资源的严重浪费。

2. 电子邮件营销服务的专业化

经营和维护一个专业的邮件列表实际上并不容易，许多企业也很难像那些门户网站或者专业的邮件列表服务商那样拥有大量潜在用户的资料，因此企业针对自己的用户资料开展电子邮件营销的做法在实际工作中受到很大限制。另一种方法就是利用专业电子邮件营销服务商开展营销。这种方式在某些方面有点类似于网络广告，不同的是表现手段更为灵活，既可以像一般的 Banner 广告投放方式一样，又可以将欲诉求的信息放置到邮件内容中适当的位置，甚至出现在邮件正文之中。

相对于企业自行开展专业化的电子邮件营销，利用专业服务商的服务具有另外一些方面的优势：企业自己不需要配备专业化的电子邮件营销队伍，不需要为开发和维护用户资料付出代价，而且往往可以利用比较丰富的潜在用户资料，还有一点好处就是，可以通过专业的服务商用最短的时间将信息发送到订户的电子邮箱中，而不是像自己经营邮件列表那样需要长时间的积累过程。当然，企业需要为此支付相应的广告费。网站是最重要的营销工具，网络营销的成效在一定程度上取决于网站建设的专业化水平，同样，电子邮件营销的效果也与专业化与否有直接关系。针对很多企业网站实际上没有发挥作用的情况，时代财富科技公司总裁张静君认为："一个界面粗糙、内容空洞、流程混乱、安全性差、没有更新维护的网站，给访问者留下的是极差的感觉，严重破坏了企业的形象，这样的网站又怎么能发挥作用呢？企业网站必须是专业的、有吸引力的、经常更新的，能提供强烈的宣传效果继而引起访问者的购买欲。"同样道理，如果电子邮件营销没有取得预期的效果，应该从经营思路和操作方式上进行反思。

7.2.4 利用会员制进行电子邮件营销

1. 会员制营销的实际价值

开展会员制计划的目的是通过拓展销售渠道达到增加销售的目的。会员制营销的实际价值可以从两个方面来分析。

从开展会员制计划的公司来看，会员制营销已经被证明是网上营销战略的成功模式，从理论到实践都已经比较完善，因此，许多国际知名的公司都已经将会员制纳入营销计划之中。另一方面，对于加盟的会员网站来说，也许自身不具备直接开展电子商务的条件，通过参与会员制计划，可以依附于一个或多个大型网站，方便地开展网上销售，虽然获得的不是全部销售利润，而只是一定比例的佣金，但相对于自行建设一个电子商务网站的巨大投入和复杂的管理而言，无须面临很大的风险，这样的收入也是合理的。加盟会员制营销的网站实际上也并不限于小型网站或不具备自行开展电子商务的网站，即使正在开展电子商务的网站，或者甚至自己也在开展会员制计划的网站，也可以通过加入会员计划来扩充商品的种类，并获得额外的收入。事实上，电子商务网站加盟会员制计划获得成功的可能性会更大一些，因为相对于个人网站或没有电子商务经验的小型网站而言，它们具有更多的销售经验、更大的访问量和更合理的产品组合。

2. 会员制营销的形式

会员制营销最初的基本形式有两种，可形象地比喻为"指路型"和"讲解型"。所谓"指路型"是访问者通过会员网站的链接进入实施会员计划的商业网站的首页，然后开始正常的购物活动。从用户的角度来看，与自己直接进入实施会员计划的商业网站购物没有区别，会员网站的链接只起到一种"指路"的作用，实施会员制计划的商业网站则跟踪用户的所有行为，如果完成了购物，将从交易额中提取一定比例作为佣金支付给"指路人"。"讲解型"的会员制营销从技术上说则更具体和完善一些，可以通过会员网站对某种特定产品的链接直接进入到商业网站的产品页面，会员网站不只是起到指路作用，还具有产品推销员的功能，通常是在相关内容中对某个产品进行推介并直接链接到相应的网页。

网上连锁店的出现，将会员制营销的基本形式提高了一个层次，已不仅仅是"指路"或者"讲解"那么简单，而是完全按照自己的喜好设计一个完整的网上购物网站，不仅可以从网上连锁店网站中挑选所有适合在自己的网站销售的产品，还可以自己设计网页的内容和风格，也可以在任何你认为合适的位置展示产品，并自行加入对产品的评价等。一个成功的会员制营销计划取决于多种因素，是提供这项计划的网站和会员网站双方共同努力的结果，既然网上连锁店的本质仍然属于会员制营销，在很大程度上，也无法违背会员制营销的一般成功法则。

3. 会员制营销的成功条件

开展会员制营销最基本的条件是，要有一个提供这种计划的商业网站（下面简称网站）和一批加盟的会员网站（下面简称会员）。计划的成功与失败，自然也就取决于网站和会员之间的关系以及各自的表现了。网站是计划的提供者和规则的制定者，担负着最为重要的责任。

第一，要提供完善的技术保证，至少应该包括方便的在线加盟程序、稳定的用户购买行为跟踪记录、可靠的在线销售统计资料查询等几个方面。第二，网站对会员制计划的推广也非常重要，推广力度与加盟会员的数量有直接关系，而会员数量在一定程度上决定了网站通过会员最终获得的收益。第三，提供适当比例的佣金并按时支付给会员。佣金的比例也许并没有固定的标准，取决于不同产品的利润状况和同行之间的平均佣金水平，但至少可以肯定，过低的佣金不会吸引会员参与。同时，一个不能按时支付佣金的网站同样会让会员失去信心。第四，重点发展金牌会员。最好的会员是那些拥有比较专业的、有较大访问量的网站，但事实上，大部分会员是普普通通的网站。

会员是否能够通过会员制计划取得收益，取决于自己的实力和努力。

其一，会员自身的条件。用户通过会员的网站链接完成购物，其前提条件是，会员网站拥有一定的访问量，且访问者有可能成为网上消费者。否则，无论参与多少个网站的会员计划，也无论推荐多少种商品，都相当于开设在荒山野岭人烟稀少之处的商店，结果可想而知。另一方面，会员网站起到介绍人的作用，介绍人是否值得信任对用户的购买决策同样具有重要影响。

其二，加入适合自己特点的会员制计划。提供会员制计划的网站可能很多，但并非每个网站都适合，在选择会员制程序时，有六条需要关注的基本原则：是否与自己网站的核心业务内容有关？是否可以将会员制程序集成到自己的网站内容中去？是否与网站访问者兴趣有关？是否考虑到会员网站的需要？是否可以反映出自己网站的价值？是否可以取得较好的效果？

其三，努力推广网站的产品。利用一切可能的机会，像推广自己的产品一样推广网站的产品。

网站和会员之间的关系主要表现在网站对会员的培训、咨询、服务等方面，有时候这种关系成为制约整个计划发展的重要因素，比如在线帮助系统不完善，而网站对会员的询问又不能提供及时、准确的回复。网站和会员之间的相互关系，在表面上看起来类似于传统销售渠道中厂商和代理商之间的关系。但是，在整个会员制计划当中，会员都处于绝对的弱势，和网站之间根本没有处于平等的地位，基本上受制于网站。如果是因为网站和会员的关系影响了会员制计划最终的成功，最主要的责任毫无疑问应该归于网站一方。

7.2.5 准确定位电子邮件广告目标

事实上，并不是所有的产品都适合做电子邮件推广，也不是所有的电子邮件地址都可以用来发送广告邮件。广告主也许并不总是十分清楚他们真正的目标受众是哪些人。

用数据库技术对用户个人特征如年龄、性别、爱好、收入、受教育程度等加以分类，结合产品的特点，有针对性地向用户发送电子邮件广告。如果目标市场是18～34岁的怀孕妇女，其特点是最近30天上过网、喜欢编织、对猫过敏，那么仅仅发邮件给18～34岁的女性实际上就不是真正的目标，应该尽可能与委托人一起确定目标市场，找出从心理描绘图或者统计学标准中“暗示”而实际上没有指名的其他目标。具体方式如下：

（1）文本标志。电子邮件最通常的方式是文本标志，文本标志是一些有特定意义的字符，大约5行左右，一般放置在新闻邮件或经许可的电子邮件中间。这些文本标志也可以设置一个URL，链接到广告主公司主页或提供产品或服务的特定页面。

（2）标志广告。HTML格式的电子邮件和新闻邮件可以设置与一般网页上所显示的一样的标志广告，不过并不是要在整页都放置广告，而是在特定目标受众的HTML格式的电子邮件和新闻邮件中放置标志广告，这些目标受众是事先征得许可的。

随着电子邮件营销的不断发展，现在出现了一些更有吸引力的其他方式。这些方式有时是由制订这些计划的广告主和第三方撰写的电子邮件，其中一些营销方案中设有奖励或奖金计划。计划的基础是邮件地址列表，这是相当不错的定位手段，因为制订邮件列表时询问过登记者各方面的问题，登记者的回答被用作定位目标的标准。这种宣传方式一般用每个目标受众的费用来判定。

7.3 电子邮件营销的渠道实施

7.3.1 邮件标题和内容的设计

对于客户来说，并不关心企业向多少跟他一样的客户发送了电子邮件，也不关心企业是通过何种技术手段将电子邮件发送到他的邮箱的，客户关心的是电子邮件的内容对他是否有价值。除了不要印刷、运输之外，营销电子邮件的内容编辑与纸质杂志没有实质性的差别，都需要经过选题、内容编辑、版式设计、配图、样刊校对等环节，然后才能向客户发送。在众多影响电子邮件营销效果的因素中，电子邮件的内容与电子邮件营销最终效果的关系更为直接，影响也更明显，邮件内容所涉及的范围最广，灵活性最大，没有合适的内容，即使拥有再多的客户，仍然无法向他们传递有效的信息。关于营销电子邮件的内容，经常有人提到“内容为王”，但是如何才能为客户提供有价值、真正“内容为王”的电子邮件呢？营销电子邮件有各种形式，包括广告、时事通讯、电子期刊等，即使同样形式的营销电子邮件，在不同的阶段，或者根据不同的环境变化，电子邮件的内容模式也是在不断变化的。但是在组织营销电子邮件内容时，还是有一些基本原则可以遵循的。

1. 目标一致性

营销电子邮件的目标一致性是指电子邮件的内容应与企业总体营销战略相一致，企业的营销目标是营销电子邮件内容的第一决定因素。比如，以客户服务为主要目标的会员沟通邮件，如果插入大量的广告内容会偏离预定的客户服务目标，同时也会降低客户的信任；而注重于宣传企业品牌形象的推广电子邮件也不应带有太多的具体产品的详细介绍。

2. 内容系统性

营销电子邮件如果内容过多，或者内容匮乏，或者过于随意，或者没有特定的主题，或者方向性不明确，都会让客户感觉和自己的期望有很大差距。如果将一段时期内的邮件内容放到一起，很难看出这些邮件之间的联系，这样，客户就无法产生对营销电子邮件的整体印象，从而很难培养客户的忠诚度，因而会削弱电子邮件营销对于提升品牌形象的功能，并且影响电子邮件营销的整体效果。

3. 内容来源稳定性

客户可能注册后很久都收不到电子邮件，而在客户逐渐遗忘时，突然收到一封电子邮件，这很有可能是因为企业的营销电子邮件来源不稳定而造成的。在电子邮件营销活动的过程中，由于内容来源不稳定使得电子邮件的发送时断时续，甚至半途而废的情况并不少见。电子邮件营销是一项长期的工作，必须有稳定的内容来源，才能确保按照一定的周期发送邮件，邮件内容可以是自行撰写、编辑，也可以转载、由第三方撰写，无论哪种来源，都需要保持相对稳定性。

4. 内容精简性

尽管增加电子邮件内容不需要增加信息传输的直接成本，但是从客户的角度考虑，电子邮件的内容不应当过分庞大。第一，字节数太大的邮件占用客户邮箱的空间比较大，容易被当成垃圾邮件直接删除。第二，接收和打开较大的邮件耗费客户的时间相对较长。第三，太多的信息量反而让客户很难一下子接受，从而降低电子邮件营销的有效性。第四，在互联网和电子邮件逐渐普及的今天，客户往往一天会收到大量的电子邮件，过长的邮件内容可能使客户失去阅读的兴趣，或者仅仅浏览靠近邮件顶部的内容。因此，应该注意控制邮件的内容，不要在同一封邮件中包含过多的栏目和话题。如果确实有大量的信息，可以充分利用链接的功能，在一段内容概要之后列出相关的链接，如果客户有兴趣，可以通过点击链接到网站上浏览相关的详细内容。

5. 内容灵活性

电子邮件营销的目的，主要体现在客户关系、客户服务、产品促销、市场调研等方面，但对于特定的企业，需要达到的目的也不尽相同。在不同的经营阶段，邮件列表的作用也会有所差别，电子邮件的内容也会随着时间的推移而发生变化，因此营销电子邮件的内容设计也不能是一成不变的，在保证整体系统性的情况下，应根据阶段营销目标而进行相应的调整。电子邮件的内容毕竟比印刷品灵活得多，栏目结构的调整也比较简单。

6. 最佳邮件格式

邮件内容需要设计成一定的格式进行发行，常用的电子邮件格式包括纯文本格式、HTML 格式和富媒体格式，或是这些形式的混合。一般来说，HTML 格式和富媒体格式的电子邮件比纯文本格式具有更好的视觉效果，从广告的角度来看，效果会更好。但同时也存在一定的问题，如文件字节数过大，某些客户端软件无法正常显示邮件内容等。哪种邮件格式更好，与电子邮件的内容和客户的阅读特点等因素相关，如果可能，最好给客户提供不同内容格式的选择，也可以在 HTML 格式和富媒体格式的电子邮件中加入“如果无法正常显示”的文字链接，让客户在无法看到邮件内容的情况下可以点击链接到特定的网页浏览邮件内容。尽管每封营销电子邮件的内容各不相同，但是邮件的内容结构有一定的规律可循，完善的邮件内容结构一般应至少包含下列基本组成部分：

（1）邮件主题。提示本邮件最主要的内容，或是电子期刊的名称和期号。可以理解，在当前垃圾信息泛滥的时代，许多人会根据邮件主题决定要不要打开一封商业邮件，所以为了让收件人看到企业的电子邮件信息，精心构思电子邮件主题必不可少。确定邮件主题的原则类似于文章标题或关键字的选择，选择主题应尽量遵守一些基本原则。

①应当开门见山简单明了地告诉收件人该邮件给收件人提供的利益。例如："即刻注册'FT 中文网'，得到'中国商务指南'！"这样的邮件主题既说明了电子邮件的来源，又明确地说明了客户可以得到的利益。

②要用词准确，避免使用过于含糊的表达。让人摸不着头脑的主题往往导致收件人直接将邮件删除。

③要尽可能地有创意，避免落入俗套。

④避免使用可能被垃圾邮件过滤器过滤掉的词汇。如"免费"，"赠送"或"中奖"等。

⑤要保持简短。不要企图把所有内容都放在标题行中，超过 20 字以上的部分很可能收件人根本看不到。

⑥标题和内容要统一。不能为了吸引人而挂羊头卖狗肉。靠无关的关键字诱骗收件人打开邮件的后果只会是让收件人把企业的邮件地址加入黑名单，企业将永久性地失去这个客户。

⑦尽可能使用个性化的标题。

⑧必要时可以选择不同的标题行进行效果测试。选择最佳方案，或者设计多个主题，在发送电子邮件时随机选用。

（2）发件人。作为正规的营销电子邮件，应当使用企业名称或品牌作为电子邮件的发件人名称。不要试图在发件人名称上掩盖自己的真实身份，也不要使用类似 info@ * * *. com 这样的不知所云的电子邮件地址作为发件人名称。调查表明，电子邮件的发件人名称也是客户决定是否打开电子邮件的主要判断因素。应通过发件人名称来赢得客户的信任，而不是破坏信任。

（3）目录或内容提要。如果电子邮件包含的信息较多，可以给出邮件所包含内容的目录或者内容提要，并链接到内容所在位置。

（4）网页浏览模式链接。为保证收件人在电子邮件内容无法正常显示的情况下也能得到企业传递的信息，应提供电子邮件的网页浏览模式，并在电子邮件的顶部加以说明，提供网页浏览模式的链接。

（5）邮件正文。电子邮件正文的内容要突出企业产品或服务的各种优势，表述要简洁，层次分明，使用分级标题，使文章适合略读。最重要的内容要在正文开头部分出现，可以让客户不用翻页就能读到。重要的词可以使用粗体强调，但是不要使用下划线，以免被收件人误以为是链接。将即时回复的选项放置在显要位置。如果使用 HTML 格式编写信件，用插图支持文字说明会提高邮件的可读性。电子邮件中使用的图像要大小合适，可以快速下载，原文件最好存储在运行稳定可靠的服务器上。另外，电子邮件的内容要同企业使用其他传播渠道发布的信息以及公司的形象保持一致。最后，在发送营销电子邮件以前，要对广告的文案、版面设计进行全面的测试，找出最适合目标客户的设计。

（6）退订链接。退订是正规营销电子邮件必不可少的内容，退订的方式应该出现在发送给客户的每一封电子邮件中。纯文本格式的邮件通常使用文字说明退订方式，HTML格式的邮件可以直接设计退订框，或提供退订的链接。

7. 个性化

个性化也是建立良好客户关系，提高回馈率的有效手段。个性化的营销电子邮件可以使客户产生亲切感，加快建立信任。要力争使营销电子邮件更富个性化，可以从以下几个方面入手：

（1）问候语个性化。在问候语中加入客户的姓名甚至职位称呼，可以一下子拉近与客户的距离。

（2）内容个性化。针对客户的细分特征，设计有针对性的内容，使客户得到真正关心的内容。同时，也可以说明对客户需求的理解，以赢得客户的信任。

（3）邮件的署名应该是公司中一个真实的人。只签署部门名称或者头衔都会使邮件带上很重的官僚气息。

但是需要注意的是，在与客户的初期接触中，应当慎重使用个性化的元素，由于在此阶段，企业尚未与客户建立起基本的信任，过分亲热的个性化邮件反而可能会加强客户的戒备，起到相反的效果。

7.3.2 邮件发送时间和频率

何时发送营销电子邮件以及以什么频率向客户发送邮件，也会直接影响到电子邮件营销的效果。专业电子邮件营销服务提供商 Return Path 曾对电子邮件到达率和发送时间的关系进行了调查研究。研究数据表明，一天中上午 6：00—10：00 间发送的电子邮件的到达率最高，比平均到达率高出 2%；而 10：00—14：00 时一天中电子邮件到达率最低，低于平均到达率 3.1%。在一周中，周一的电子邮件到达率最高，周六的到达率则是最低的。基于相关统计数据，企业应当尽量在工作日发送营销电子邮件而非周末。如果一定需要在周末发送，较好的时间是上午 6：00—10：00 以及 22：00—2：00。尽量在周一发送营销电子邮件，其次的选择依次是周二、周四和周三。而对于电子邮件的打开率和点击率来说，一周中周五的打开率是最高的，其次是周四和周三，而点击率则是周日最高，其次是周五和周一。这些统计数据同样支持应当在工作日而非周末发送营销电子邮件，以保证较高的打开率和点击率。

频率选择也是电子邮件营销策略的一个重要方面，企业需要决定发送同样的信息给同一个客户的次数和频率。发送次数太少客户可能无法留下任何印象，发送次数太多则会使传播的边际收益下降，甚至还可能激怒收件人，使他们退订企业的电子邮件或者干脆将企业加入黑名单。最佳的发送频率取决于信件的内容以及企业与客户现有的关系，交易导向的电子邮件的发送周期一般需要和产品的更新周期相结合，品牌推广导向的电子邮件则可以稍微频繁一些。

7.4 电子邮件营销的效果评估

7.4.1 获取客户资源阶段的评价指标

在获取和保留客户资源阶段，电子邮件营销相关的指标主要有：有效客户数量、客户增长率、客户退出率等。

1. 有效客户数量

电子邮件营销客户资源最重要的指标之一是“有多少有效的客户”。因为客户信息是开展电子邮件营销活动的基础，也是体现企业价值的基础。吸引尽可能多的客户注册是电子邮件营销的长期任务。一个企业的注册客户数量，取决于企业网站的专业程度、规模和投入的资源等因素。一般而言，专业性较强的企业的网站访问量相对较低，注册客户的数量无法与一般新闻网站相比，但是专业网站的定位较高，客户质量相对也较高，即使数量少一些，同样会具有较高的价值。一个电子邮件营销的客户资料库需要至少1 000个有效客户信息，才能逐渐开始体现电子邮件营销的价值，如果能够维持一个10 000个以上客户的资料库，那么就可以更好地运用电子邮件营销的各种手段，改善营销活动的效果。当然，根据企业性质的不同，用于电子邮件营销的客户资料库的量级也会有很大差异。比如，商务电子杂志可能需要至少10万个注册客户才能显现出它的价值，而大型工业设备企业则可能只需要上百个有效客户就能够达到理想的效果。

2. 客户增长率

对于自我积累客户数据的方式，企业经营的时间越长，客户数量的积累越多。客户数量的增长在一定程度上可以反映客户对企业电子邮件营销活动的认可。客户增长率越高，说明电子邮件营销越有效。一般而言，随着注册客户数量的不断扩大，客户增长率呈现逐步下降的趋势。企业需要持续改进吸引客户的方式，尽量保持基本稳定的客户增长率。

3. 客户退出率

与客户增长率相对应的一个指标是客户退出率。许可电子邮件营销的基本原则是允许客户自愿加入自由退出，所以一旦客户觉得企业的电子邮件对他已经没有价值，客户可以随时选择退出。

企业当然希望客户退出率越低越好，如何保持客户对企业电子邮件的兴趣，持续为客户提供有价值的信息，是保持尽量低的客户退出率的关键因素。需要指出的是，某些客户可能在对企业电子邮件失去兴趣的情况下，并不选择退出，而是仅仅简单地不阅读企业的电子邮件或干脆将邮件放入垃圾箱。所以，事实上的客户退出率要比企业可以统计到的退出率略高一些。

7.4.2 传递电子邮件阶段的评价指标

衡量传递电子邮件的指标包括电子邮件的到达率和退信率。企业拥有客户信息是为了向客户传递企业的产品或服务信息，而在实际发送电子邮件的过程中，并不是所有的电子邮件都可以到达客户的邮箱。如果信息无法有效地传递给客户，那么即使企业拥有的有效客户数量再多，电子邮件营销的效果也不会很好。用电子邮件的到达率和退信率可以很好地反映电子邮件营销活动中信息传递的有效性。值得注意的是，由于互联网的不断发展，对电子邮件的到达率和退信率的统计也提出了新的挑战。目前的电子邮件服务提供商都有“垃圾邮箱”的设置，服务商会根据一些事先设定的规则过滤到达的电子邮件，将符合规则的邮件放入垃圾邮箱，这样的电子邮件虽然未被退回，却也未到达客户的收件箱，客户仍然无法得到企业传递的信息。所以在计算到达率和退信率时，企业需要充分考虑“垃圾邮箱”对统计数据的影响。

为了获得理想的电子邮件营销效果，企业需要在客户数量一定的前提下，通过一定的技巧，争取获得尽量高的电子邮件到达率，如与主要的电子邮件服务提供商协商建立“绿色通道”，让企业的营销电子邮件直达客户的收件箱，或是充分理解电子邮件服务提供商的垃圾邮件过滤标准，从而避免发送的电子邮件被屏蔽。在每次营销电子邮件的发送之后，需要对退信状况进行跟踪分析，在及时了解电子邮件的实际发送状况的同时，还需要分析发生退信的原因，并在下一轮的发送时采取一定的措施加以纠正，从而降低电子邮件的退信率。

7.4.3 客户接收/反馈信息的评价指标

在信息被传递到客户的收件箱之后，并不意味着客户就会阅读并作出反应。客户对信息的接收和反馈可以通过打开率、点击率、转化率、转发率等指标来衡量。

1. 打开率

打开率是指在电子邮件到达客户收件箱之后，打开邮件的客户占全部送达客户数量的比例。

打开率反映了邮件信息受客户欢迎的程度。如何获得尽可能高的打开率是电子邮件营销活动中要考虑和解决的重要内容。只有在电子邮件被打开的情况下，才可能被阅读，也只有被阅读，信息才可能会被客户接收。客户可能受到邮件主体等信息的影响而打开邮件，但是打开之后并不一定完全阅读邮件的内容，可能快速浏览一下就将邮件删除了。所以，理论上客户的阅读率是最理想的衡量客户信息接收效果的指标，但是，阅读率是一个不可测量的指标，所以，实践中一般用打开率来表示信息被客户接收的水平。根据目前电子邮件营销领域的平均水平，最理想的情况下打开率可能超过 50% 。

为了获得精确的打开率统计，通常需要在电子邮件中附加一些特殊的代码。这些代码并不会在邮件正文中显示，对于客户阅读邮件不会产生影响。目前的一些客户端软件会在缺省设置下对一部分代码进行屏蔽，这会影响到对打开率的统计。

2. 点击率

点击率也是最常用的评价客户对信息接受程度的指标之一，它因为具有直观、直接、可精确测量等特点而一直被广泛采用。

3. 转化率

转化率是指由于电子邮件营销活动而形成的客户直接购买、注册或者增加的网站访问量等，是一个内涵相对较广的指标。相对于点击率等指标，其表现更为全面，对于全面评价电子邮件营销的效果更为合理。

4. 转发率

当收到的邮件比较有价值或比较有趣时，客户可能会将电子邮件转发给朋友或者同事，这时可以用转发率来评价邮件的价值。转发率越高，电子邮件得到的反馈越高，并且可以发展原来不是企业注册用户的客户，则电子邮件营销的效果也越好。

综上所述，与电子邮件营销相关的指标很多，但在实际中对电子邮件营销进行准确的评价仍然比较困难，每个单一的指标都无法全面评估电子邮件，并且每个指标也无法真正准确地进行统计及说明电子邮件营销的效果。因此，对电子邮件营销效果的评价最好采用综合的方法，既要对可以量化的指标进行评价，也要关注电子邮件营销所具有的潜在价值，如对客户关系和客户服务的价值等。

本章小结

电子邮件营销，简单地说就是借助电子邮件（E-mail）为媒介所进行的营销活动，是指在用户事先许可的前提下，通过电子邮件的方式向用户传递有价值的信息的一种营销方式。电子邮件营销所必须包含的三要素为：许可、邮件、营销活动。电子邮件营销可按是否经过用户许可、营销目的、邮件列表来源、营销目标用户等标准进行不同的分类。电子邮件在网络营销中的作用主要表现在：①电子邮件信息宣传；②电子邮件广告；③客户意见反馈。有效的电子邮件营销方法包括：①有效的电子邮件列表营销；②使用 Rich 邮件营销；③电子邮件营销专业化；④利用会员制进行电子邮件营销；⑤准确定位电子邮件广告目标。其中有效的电子邮件列表营销包括：①明确建立邮件列表的目的和表现形式；②通过多种渠道获得建立邮件列表的资源；③有效发行邮件内容；④吸引用户加入邮件列表。一般来说，网站经营邮件列表的目的有：作为公司产品或服务的促销工具；为了方便和用户交流；获得赞助或者出售广告空间；收费信息服务。吸引用户的注意和加入时可以：①将邮件列表订阅页面注册到搜索引擎；②为邮件列表提供多订阅渠道；③其他网站或邮件列表的推荐；④提供真正有价值的内容。使用 Rich 电子邮件的效果比任何其他推广手段都要好，但其应用还处于起步阶段，无论从用户的可接受程度，还是技术、价格等方面都存在一定的限制。电子邮件营销专业化包括企业营销人员的专业化和电子邮件营销服务的专业化。邮件标题和内容的设计中需要遵循一定的基本原则：①目标一致性；②内容系统性；③内容来源稳定性；④内容精简性；⑤内容灵活性；⑥最佳邮件格式；⑦个性化。完善的邮件内容结构一般应至少包含下列基本组成部分：①邮件主题；②发件人；③目录或内容提要；④网页浏览模式链接；⑤邮件正文；⑥退订链接。何时发送营销电子邮件以及以什么频率向客户发送邮件，也会直接影响到电子邮件营销的效果。最佳的发送频率取决于信件的内容以及企业与客户现有的关系。在获取和保持客户资源阶段，电子邮件营销相关的指标主要有：有效客户数量、客户增长率、客户退出率等。衡量传递电子邮件的评价指标有电子邮件的到达率和退信率。客户对信息的接收和反馈可以使用打开率、点击率、转化率、转发率等指标来衡量。

思考题

1. 电子邮件营销含义的三要素是什么？谈谈你的理解。
2. 你对 Rich 邮件营销未来的发展有什么看法？
3. 简述电子邮件营销专业化所包含的内容。
4. 完善的邮件内容结构一般应至少包含哪几部分内容？
5. 如何评估电子邮件营销的效果？各阶段的主要评价指标有哪些？

8 Web2.0 营销

学习目标

1. 掌握微博营销与其他营销的区别
2. 了解微博营销的价值和技巧
3. 理解博客的内涵及主要特性
4. 掌握博客营销文章的写作技巧
5. 了解我国 SNS 网站的现状及盈利策略

本章结构图

Webz.o营销
- Web2.0概述
- 微博营销
  - 微博的含义与类型
  - 微博营销与其他营销的区别
  - 微博营销的价值
  - 微博营销的技巧
- 博客营销
  - 博客的内涵与主要特性
  - 博客的“编年史”
  - 博客营销文章写作技巧
- SNS营销
  - SNS的含义、分类及特点
  - 我国SNS网站现状及特点
  - 我国SNS网站盈利策略

引　例

你在玩微博，还是微博在玩你？

微博水军来袭，广告铺天盖地，营销无处不在。这句话也许对现在的微博夸张了一些，但是也许这就是未来微博的状态。

据华财网调查，草根微博排行榜前 50 名中，大部分并不是以交流为目的的网民，像

“冷笑话精选”、“全球时尚”、“爱情物语”、“精彩语录”、“微博搞笑排行榜”这些拥有上百万、几十万粉丝的知名微博，是被投资实体有组织、有目的地进行“运营”的，这些投资实体之所以运营这些微博，有的是看准了微博长远的影响力，有的则是希望通过在微博上传播公关软文、发广告、卖产品盈利。

既然微博号称自媒体，在微博上每个人都可以通过自身的努力创造影响力，那么，微博参与者通过自媒体获得收入就也是题内应有之义。在国外也是如此，比如，有一家叫Vitrue的公司就运营着2 500家公司的Facebook和Twitter账号，世界前10位的品牌中有8家都在使用Buddy Media管理官方账号的后台。而DELL也已经在Twitter上创造了几百万美元的销售额，社交网络拉近了卖家与消费者之间的距离，甚至由此产生了新的购物入口，形成电子商务的新机会。

像早期的Twitter一样，在中国的微博江湖上，有一个关键词绝对绕不过去，那就是“粉丝”（有的微博叫听众），至少在目前，粉丝是中国微博价值的绝对核心。而与Twitter不同的是，它既是微观上微博账号的核心，也是宏观上微博运营的核心，人们通过粉丝来衡量微博账号的价值，而各个运营商也以此来标榜自己的规模。在Twitter上，仅仅是用户在追求粉丝，但在中国，由于有多家微博在竞争，微博运营商也在刻意推高粉丝的数量。众所周知的一个行业规范是，每个新注册的微博账号，都会被系统锁定关注一批特定的名人，这样，随着微博新用户每天的增加，那些被锁定名人的粉丝也每天在水涨船高，所以，尽管中国微博的用户总数不如Twitter，但却创造出许多粉丝全球之最的微博名人。

粉丝成为微博价值的核心导向后，滋生出许多问题。最主要的是造假，微博走向大众没几个月，在淘宝上就出现了销售“人造粉丝”的业务，一般人购买是为了满足虚荣心，而一些瞄准微博创业的账号则是为了增加自身的价值和吸引力。同时，一些微博运营商也在参与制造僵尸账号或者粉丝，因为对他们来说这意味着用户数量。假粉丝出现的直接后果是在微博上制造了泡沫，而危害则是使占微博绝大多数的普通用户体验下降，他们认真地写微博，但粉丝数却在泡沫中缩水。

虚荣心具有普世性，假粉问题不单单是中国的问题，在Twitter上，粉丝泡沫也很严重，人们花5～50美元不等，就能找到一个程序或网站为用户自动增加粉丝。比如只要加入一个小组，就能跟小组所有人相互关注。它还能将那些不愿意关注你的人从你的列表中删除。在Twitter的用户协议中，类似这种做法是被禁止的，因此Twitter的打击也很严厉，处罚从重置账号密码到封号不等。但中国的问题则更复杂，由于市场中有几家微博运营商在激烈竞争，因此处理起作弊用户来未免有些投鼠忌器，另外，通过系统赠送粉丝也是“收买”名人的好办法，看着粉丝的迅速增长，名人写微博的积极性往往也大增。

更多粉丝＝更多的曝光＝更多的钱？（倒卖粉丝网站的广告语）与Twitter不同，中国知名草根微博大规模商业化的一个潜在后果就是，目前活跃在传统互联网上的“水军”很可能会在微博上开辟新的战场。像传统互联网上那些推手公司一样，微博上的推手公司也在竭力宣扬微博公关的商业价值，这也是他们高调站出来接受采访，主动披露操作内幕的原因，因为新闻报道会使潜在客户们认识他们，同时也认识到他们宣扬的“商业价值”，从这个角度讲，尽管我相信相关媒体在调查草根微博内幕的时候态度是认真的，但基于商业利益，被调查到的一些公关业者很可能会夸大微博营销的影响力，他们透露的一些数据、价码也未必真实，因为这样的报道会吸引更多的客户。而大量客户的到来，就代表着资源的进入，人力的进入，市场的形成，那时候，微博离被水淹也就不远了。在当前的中国市场上，连传统媒体都还做不到规范，何况互联网媒体，何况互联网自媒体？

由于微博用户有选择关注对象的自由，按照道理，那些过分广告化的微博会逐渐被用户淘汰，但就像互联网具有自我纠错能力，而假新闻和炒作在中国网络上却依旧盛行一样，用户素质的参差不齐以及假粉的大量存在，仍会使一大批这样的账号高居在价值榜上。在微博上，人们的从众心理会表现得更强烈，这就导致在粉丝增长和转发传播过程中出现马太效应，那些粉丝本来就多的账号会很容易吸引更多粉丝，那些被转发传播得多的微博会被更多人转发，同样道理，人们在整理自己的关注名录时，粉丝多的账号也往往更容易被保留下来，在潜意识中，人们以为粉丝关注或转发就像投票选举，当选的一定是好的，却不知道也能造假。因此，要减少微博乱象的出现，除了用户的自我维护之外，运营商方面“打假扫水”机制的完善也成为必要，毕竟，大多数人更喜欢在一个商业味较淡的网上社区里进行交往，但对于激烈竞争中的运营商来说，要狠下心来彻底挤破泡沫，可不是一件容易的事情。

（资料来源：中国经营网，http：//www.cb.com.cn/1634427/20110506/205908.html，案例有修改）

随着互联网的深入应用，网民的个性化和社会化需求进一步增强，互联网上的服务应用、基础设施以及技术的发展已经能够支撑这些需求的实现，通过整合现有技术、理念而形成的满足这些需求的理念促使了Web2.0的产生。Web2.0无疑是当今互联网上的高频词汇之一。不管是概念炒作还是Web2.0在酝酿新一轮的互联网革命，Web2.0的确已经渗入到越来越多的行业和各类人群中。Web2.0利用微博、博客、社会性网络服务（SNS）等技术，形成了全球性的新一轮互联网创新和创业热潮。Web2.0让我们都要重新认识互联网，它让用户从原来被动地接受网络内容到主动提供网络内容，即全民“织网”，形成以用户为核心，开放、共享、创造网络内容的互联网新景象。

8.1 Web2.0 概论

8.1.1 Web2.0 的定义

2003 年在美国 O’Reilly 媒体公司和 MediaLive 国际公司召开的一个“头脑风暴”会议中，O’Reilly 公司注意到，虽然许多人认为互联网已经“崩溃”，然而，几乎就在同时，很多前所未有的新应用和网站正在出人意料地、有规律地涌现出来，而且那些当初幸免于网络泡沫的公司之间往往都有一些共同之处。随后有观点认为这是互联网公司那场泡沫的破灭标志着互联网的一种转折，即将产生不同于过去的第二代互联网，即“Web2.0”。

作为一种新出现的事物，Web2.0 的定义尚缺乏统一的论断。国内研究机构——互联网实验室认为：Web2.0 是一套可执行的理念体系，实践着网络社会化和个性化的理想，使个人成为真正意义上的主体，实现互联网生产方式的变革从而解放生产力。实践 Web2.0 的成型的应用元素包括：博客（Blog）、RSS（简易聚合）、开放式 API. S（开放式应用程序接口）、Wiki（维客）、Tag（分类分众标签）、Social Bookmark（社会性书签）、SNS（社会网络）、Ajax（异步传输）等等，底层是 XML 和接口协议，而这些应用又都是在一些 Web2.0 体系下的理论和思想指导下形成的，包括六度空间理论、长尾理论、社会资本、去中心化等。

从服务的角度看，Web2.0 是一种以 XML、RSS、AJAX 等技术为基础，融合了 Web1.0 的应用模式及新出现的 Blog、SNS、Wiki 等多种多对多互动应用服务，来满足不同用户社会化、人性化需求的服务平台。Web2.0 是互联网的一次理念和思想体系的升级换代，由原来的自上而下的由少数资源控制者集中控制主导的互联网体系转变为自下而上的由广大用户集体智慧和力量主导的互联网体系，其内在的动力来源是将互联网的主导权交还个人从而充分发掘了个人的积极性，使他们参与到体系中来，广大个人用户所贡献的智慧和个人联系形成的社群的影响就替代了原来少数人所控制和制造的影响，从而极大解放了个人的创作和贡献的潜能，使得互联网的创造力上升到了新的量级。

8.1.2 Web2.0 与 Web1.0 的区别

Jim Cuene 在 *Web2.0：Is It A Whole New Internet*？这篇演说中较为精辟地分析了 Web1.0 和 Web2.0 的区别。通过表 8 - 1 中 Web2.0 与 Web1.0 的对比，我们可以更加深刻地理解 Web2.0。

表 8-1 Web2.0 与 Web1.0 的对比

	Web1.0	Web2.0
发展时间	1993—2003 年	2003—未来
信息传播目的	满足尽可能多的用户的共同需求	满足尽可能多的用户的个性需求
模式	读取	写入
主要内容单元	网页	发布/记录信息
形态	静态	动态
浏览方式	Web 浏览器	各类浏览器，RSS 阅读器及其他
体系结构	客户服务器	网络服务器
内容创造者	网络程序员	任何人
应用的领域	电脑高水平玩家	业余人士
用户体验程度	低参与度、被动接受	高参与度、互动接受
个人内容共享程度	共享渠道不畅、简单共享	参与贡献并分享

通过表 8-1，我们可以看出 Web2.0 相对 Web1.0 而言，是一次从外部应用到核心内容的变化，具体地说，从模式上是单纯的“读”向“写”、“共同建设”发展；从基本构成单元上，是由“网页”向“发表/记录信息”发展；从工具上，是由互联网浏览器向各类浏览器、RSS 阅读器等内容发展；运行机制上，由“Client/Server”向“Web Services”转变；内容建立者由程序员等专业人士向全部普通用户发展；应用领域则由初级的应用转向大量成熟应用。

猫扑网董事长兼 CEO 陈一舟这样总结：从知识生产的角度看，Web1.0 的任务是将以前没有放在网上的人类知识，通过商业的力量，放到网上去。而 Web2.0 的任务是将这些知识，通过每个用户浏览求知的力量，协作工作，把知识有机地组织起来，在这个过程中继续将知识深化，并产生新的思想火花；从内容生产者角度看，Web1.0 是以商业公司为主体把内容往网上搬，而 Web2.0 则是以用户为主，以简便随意的方式，通过 blog/podcasting 的方式把新内容往网上搬；从交互性看，Web1.0 是以网站为主，而 Web2.0 是以 P2P 为主；从技术上看，Web2.0 是 Web 客户端化，工作效率越来越高。比如像 AJAX 技术，Google MAP 和 Gmail 里面把它用得出神入化。通过上述互联网两个时代的对比可以看出，互联网用户从上网“冲浪”到自己“织网”，从信息消费者变为信息生产者。个人化和去中心化是 Web2.0 的显著特征，在 Web2.0 所提供的开放共享的网络环境下，社会全体人员一起参与创造互联网，充分体现了平等、民主、自由的互联网精神。

8.1.3 Web2.0 的典型特征

1. 社会参与性

有人将 Web2.0 称为社会化互联网，突出的就是其社会性。每个人都是社会的人，他的信息需求必然会产生社会性的需求。信息用户希望自己的期望被周围亲近的朋友们关注，期望被更有权威的人关注，炫耀自己拥有的或者自己知道的，或者说共享、交流等社会性需求能在网络中得到满足。所以用户希望网络内容能跟着人走，同时，网络内容又能够被用户自由地组合。也就是说，用户能够自由地借助内容媒介，创建起一个个的社群，发生各种社会性的行为，希望能通过网络以自身辐射出一个私有的、可信赖的交际网络。

在 Web2.0 环境下，参与互动性也是用户需求的一个比较明显的特点。用户在利用网络时，并不只是需要了解网络的信息，更多的是希望别人能系统地了解自己，能在网络上表达自己，更希望参与到网络中去，能自己管理、维护、存储、转移、利用每天产生和消费的微内容。而单纯的论坛、个人主页等都要通过复杂的内部机制才能让有质量的内容显示出来，用户之间无法非常便利地进行交流。在 Web2.0 环境下，用户信息要求的参与互动性就更加明显。因而 Web2.0 采用一种鼓励用户参与和贡献的架构，改变了以往那种“只读”的属性，将网站变成可读写的服务。

在 Web2.0 中，以个人为中心，个人深度参与到互联网中，人人既是信息的阅读者，同时也是信息的发布者、传播者、修改者。在 Web2.0 信息环境下，信息用户的需求呈现出了个性化、参与互动性、社会性这些特点。这是一个革命性的变化，Web2.0 的这种社会性，为网络共同体的创建提供了更为优越的环境。

2. 开放性

Web1.0 大谈门户，用户可以进入门户网站，阅读所喜欢的内容。门户网站上面的内容生产者是网站的工作人员，所以门户网站有一种封闭性，用户不能自由地写入或者导出自己的内容。然而 Web2.0 的时代是一个开放的时代，一方面，网上的内容大多是由用户来创造的，网站景气与否，完全取决于用户的付出，使得用户可以方便地共享自己的智慧，这是智慧的开放，我们可以这样说，Web2.0 是利用集体智慧将互联网变成某种意义上的全球大脑；另一方面，由于采用了 RSS 聚合的方式，Web2.0 脱离了网站本身的束缚，用户可以用自己喜欢的方式阅读网上的资源，使得网络资源更加开放。

3. 创造力

Web2.0 的世界充满了创造，Web2.0 的每个用户都可以成为创作者。用户的创造力是由 Web2.0 提供支持的，主要有以下两方面的支持：

一是开放的 API。API 是 Application Program Interface 简写，中文名称是应用程序接口，它是指用来创建软件程序的一系列的子程序、协议和工具。当前大部分的 Web2.0 产品都已经倾向于开放 API，从而使用户可创造性地使用该技术或产品，参与产品的二次开发。开放 API 最典型的例子就是 Google Map，Google Map 开放 API 后，得到了广大用户的广泛应用和参与创建，在网络上可以找到无数个可以应用的版本。如美国房地产交易地图网就整合了 Google Map。此外，微软、雅虎、Skype 也纷纷加入开放 API 的行列。

二是逐渐扩充的硬盘容量和带宽。用户参与创造之后，必然需要一个展示分享的平台，这些分享不仅限于文字的创作，更多的是图片、视频、音频等媒体的分享、上传，这就需要提供一个相对无限的网络硬盘空间和足够的带宽，使用户更加方便快捷地使用这些网络产品。计算机和网络技术的发展，使这种需求成为可能，从而加速了用户的参与创造。比如 Flickr，SeeHaHa，都为用户提供非凡的网络速度和网络空间。

4. 个性化

个性化是 Web2.0 环境下用户信息需求的最大的特点之一。由于传统的门户网站用庞大的编辑体系组织内容，几乎将所有的东西一网打尽，但对特定的用户来说却只是一个

"信息过载"的负担，所以信息用户希望有定位清晰、针对特定用户群的网络来为自己服务。也就是说在此环境下用户希望可以按照自己的目的和要求，在某一特定的网上功能和服务方式中，自己设定网上信息的来源方式、表现形式、特定的网上功能及其他的网上信息服务方式等。希望网络能通过对用户个性、兴趣、心理和使用习惯的分析，主动地向自己提供其可能需要的信息服务，能够满足用户的信息需求，用户可以在互联网上定制自己关心和感兴趣的内容，网络隔一定的时段给用户进行一次推送服务，让用户能随时获取信息，而不是在网站上不停地输入相同的关键词进行搜索。用户希望网络在研究用户的个性、习惯、兴趣、知识结构、心理倾向、信息需求和行为方式的基础上，通过自助服务，使用户接触到所需的相关信息和感兴趣的知识内容，以节约查找时间，提高效率，满足个性化服务需求。Web2.0打造了个性化时代，真正实现了与个性化的人进行心灵的沟通，改变了其实质是与计算机交流的Web1.0时代。

5. 真实性

在Web1.0时期，网络上都是虚拟社区、虚拟个体，但Web2.0的基本原则是真实，其社区将推广实名制，即使每个人的名字不算真实，但个人资料起码是可信的，这在SNS（社会网络软件）中体现得更加明显。Amazon公司的前首席科学顾问安德烈亚斯·S·维根认为，随着Web2.0应用范围的扩大，它的内容的真实性和引导性会表现出来。当用户长时间地使用社会性软件进行聊天或发表内容时，他通常只用一个固定网名，其实已经在为自己的网上身份建立声誉。在以往的网络时代，只有发文者才有声誉，但现在所有的互联网用户都可以参与进来，并建立信誉。我们可以设想将来网络评价这种社会性的诚信方式，可能会成为比eBay、阿里巴巴这种集中性的诚信方式更为重要的信誉诚信，从而引起商业上的一些变革。

除了以上最核心的特点外，Web2.0还有去中心化、聚合性、自组织性等特点。

8.2 微博营销

8.2.1 微博的含义与类型

1. 微博的含义

最早提出微博理念的是伊万·威廉姆斯（Evan Williams），他创办的Twitter是世界上最早提供微博服务、用户数最多、影响力最大的微博网站。对于微博的名称，人们众说纷纭。在台湾，有微部落格、微网志、微博客、微型网志这几种称呼；在报纸和杂志上基本上称其为微网志；而在中国大陆也被称为"围脖"（围脖是根据微博的音译和传播的便利、即时性特征来命名的）、微博客和微博，目前学界和营销界广泛称其为微博。

微博一词来自英文Micro-Blog，是由博客发展而来的一种新兴媒体形式。关于微博的定义，学界和营销界的对它的界定各异。维基百科描述微博"是一种允许用户及时更新的简短文本，并可以公开即时发布的博客形式，其信息允许任何人阅读或只能由用户选择的群组阅读。”随着媒介技术的发展，微博消息可以被多种方式传送，包括实时消息软件、短信、电子邮件、网页等。百度百科的定义是：“微博，即微博客（Micro-Blog）的简称，是一个基于用户关系的信息分享、传播以及获取平台，用户可以通过 Web、Wap 以及各种客户端组建个人社区，以 140 字左右的文字更新信息，并实现即时分享。”

本书认为，微博即微博客（Micro-Blog），是一种基于 Web2.0 技术，用户可通过 Web、Wap 以及各种客户端组建个人社区在微博上即时发布 140 字以内的字符，并实现与同伴（Follower）即时分享信息的新兴媒体。

2. 微博的类型

按照不同的分类标准，微博的类型也各不相同。

（1）按微博的内容来源分，有原创微博、转载微博以及两者兼有的微博。原创微博就是微博的内容全部是出自自己的观点和见解；转载微博就是微博的内容是转载自己感兴趣的其他媒体或者微博的内容；两者兼有的微博就是博主既发表原创性的信息又转载其他渠道的信息。

（2）按微博的汇聚方式分，有个人微博和群体微博。个人微博是微博中最简单最常用的一种形式，博主既可以对新近发生的事件发表评论，又可以抒发自己内心所思所想等，这些话题或言论可以涉及人生百态；群体微博就是企业或团体聚集着若干具有相同兴趣的个人，围绕企业相关的信息或某一热门事件发表见解和言论。

（3）按微博的内容分，有三类：一类是以记录个人情感和生活为主的微博，这是目前使用者最多的微博类型；一类是记录各种新闻信息的微博，对当前发生的热门新闻事件发表议论、意见或观点，这类微博具有很强的时效性；一类是以介绍专业知识为内容的微博，对某一领域的知识进行普及、共享与交流等。

（4）按微博主人的知名度、美誉度以及受欢迎程度分，有精英微博、草根微博、综合性微博等。草根微博也叫平民微博或百姓微博，使用者大多是普通人，他们将自己的微博作为传达自己情绪、感情和知识等信息的重要场所。如新浪微博的草根微博就有冷笑话精选、精彩语录等，如后宫优雅就是草根微博的代表；精英微博又叫名人微博，一般是在社会上有声望的演艺界、学界、体育界等具有重要影响的名人开的微博，他们把微博作为自己言行举止、知识传播、扩大自己影响力的主要场所。比如新浪微博的人气榜和名人堂就有许多各界名人开得微博，人气榜的人气关注总榜里有姚晨、小 S、赵薇、黄健翔、潘石屹、陈坤等名人；综合性微博就是介于精英微博和草根微博之间的微博。

（5）其他。如企业微博，就是企业以自己的名义建立的微博网站，利用微博促进企业营销目标的一种重要手段。它既可以是企业营销的窗口、对外宣传企业文化的窗口，又可以是企业联系客户，作为公关手段的重要窗口。通过微博便于收集大家对产品和服务的意见和建议，可以让企业与其所关心的客户、媒体、合作伙伴的沟通更为有效。当前，企业的官方微博、产品微博、总裁微博等纷纷上线。

当前的企业微博主要有业务微博、员工微博和管理者微博三类。

①企业业务微博。它是企业为营销业务而开通的，业务微博犹如企业的前台，可以借助微博与消费者拉近距离，进而影响到企业的形象和营销效果。业务微博主要有产品微博、招聘微博、官方微博、售后服务微博等形式。

②企业员工微博。它是企业的员工自己开设的微博，员工微博是企业与个人的混合

体，通过微博名字可以看出员工来自于哪个企业。比如东方航空公司的“东航凌燕”召集了符合东航形象和服务质量的空姐，让她们的微博在真实姓名前均冠以“凌燕”为统一形象。有“凌燕木易景”、“凌燕孙晴雯”等。

③企业管理者微博。它是指企业的董事长、总经理等主要领导开通的微博。由于企业管理者是整个企业的领导核心，是一个企业的灵魂，企业管理者微博在微博营销中起着至关重要的作用。企业管理者可以借助微博打造个人的品牌形象，更好地让消费者了解到企业管理者的个人魅力，可以让消费者对企业产生信心和好感，进而对企业的营销起到推波助澜的作用。例如新东方董事长兼总裁俞敏洪的微博、京东商城的CEO刘强东的微博等。

当然，世界上万事万物都是变化发展的，随着媒介技术的不断发展和成熟，微博这一新兴媒体还会出现许多新的类型。比如同城微博就是一种区域性的微博，是居住在同一个地区、同一个城市、同一个省份的微博集合体，人们可以在同城热门话题榜上寻找自己感兴趣的信息。当前，新浪微博有全国各市的同城微博，还有各省、自治区、直辖市的微博。如北京微博、湖南微博、新疆微博等。

8.2.2 微博营销与其他营销的区别

1. 微博营销与传统营销的区别

微博是利用新媒介微博为载体进行的营销，微博营销具备其他传统媒体所不具备的传播优势。微博的互动性强，利用微博直接与客户沟通交流，有利于客户关系的维护；微博营销对象更精准，贴近目标用户群体的需要，可以降低企业营销推广的费用，实现以最低的资金投入获取最大的营销价值，并且微博营销还适合各种类型的企业。传统营销的传播主要利用传统的大众传播媒介为传播工具，在传播方式上以单向传播为主，沟通反馈机制不畅通，追求的是一种大众化传播，这就造成了传统的营销传播难以形成“N次传播”效果，不利于客户关系的维护而且营销成本过高，只适合规模较大的企业制定营销策略。两者的区别具体见表8－2。

表8－2　微博营销传播与传统营销传播的比较

营销传播类型	传播媒介	传播方式	沟通反馈	营销目标	营销成本	适用企业
传统营销传播	传统的大众传播媒介，如电视、网络、报刊等	以单向传播为主，难以形成“N次传播”	沟通和反馈不便捷，不利于客户关系维护	追求传播数量和广覆盖率	千人营销成本较高	规模较大的企业
微博营销传播	各种微博如Twitter和新浪微博等	病毒式传播，利于形成“N次传播”	沟通和反馈迅速，利于客户关系维护	营销对象精确，达到信息的有效传播	千人营销成本较低	适合各种类型的企业

2. 微博营销与其他网络营销的比较

新媒体微博在营销成本、传播速度、互动性以及准确性等方面，具有其他网络营销所不具有的优势。首先，在传播性方面，相比其他的网络营销模式，微博媒体的传播性更强；其次，在精准性方面，只有对企业感兴趣的用户才去关注企业微博，因而，企业微博的受众都是潜在或现实的消费者，微博营销的目标客户更精准；再次，在营销成本上，新媒体微博的营销成本相对于其他网络营销媒体价格更为低廉。综上所述，微博营销是一种低成本管理目标客户的全新的营销方式。微博作为当前比较低廉实惠的营销工具，能够帮助企业与客户之间形成良好的互动关系。微博营销与其他网络营销方式的比较具体见表 8 - 3。

表 8 - 3　微博营销与其他网络营销的比较

网络营销模式	成本	传播性	互动性	精准性
网络广告	☆☆☆☆☆	☆	无	☆☆
搜索引擎	☆☆☆☆	☆	无	☆☆☆☆☆
E-mail	☆☆	☆	☆	☆☆
SNS	☆	☆☆☆☆	☆☆☆☆	☆☆☆☆☆
博客	☆	☆☆☆	☆☆☆	☆☆☆☆☆
微博	☆	☆☆☆☆☆	☆☆☆☆☆	☆☆☆☆☆

注：星号越多，代表在这一特征向量中的特征值越大。

8.2.3　微博营销的价值

1. 为广告主提供了低廉而有效的广告平台

随着微博用户数量逐渐增多，微博媒体的价值也在不断增大，这让广告主、第三方厂商等看到了微博媒体蕴含的巨大营销价值。广告主利用微博为自己的产品做广告，这样既可以宣传本企业的品牌形象，又可以扩大产品的销售量。而且利用微博发布广告，还具有费用低廉的特点。客户用手机发布微博广告，费用相当于普通短信收费，且微博裂变式信息传播模式可将广告信息迅速扩散到数量庞大的目标群体，更是摊薄了广告的成本。另外，相比传统的广告模式，微博内容发布和维护相对简单，具有发布门槛低、交互便捷、实时性强等特点，使得任何企业都可自由地利用微博随时随地地发布、更新广告信息。微博不仅可以作为硬性广告的载体，而且也是植入式广告的最好载体之一。在微博上做植入式广告可以通过一幅照片，一个故事，一个话题，加上代言人的人气，可以立即吸引成千上万个粉丝关注和讨论；还可以通过具有创意搞笑的图片，打上公司 logo 形式做植入式广告。如蔡文胜投资的公司——美图秀秀。美图秀秀的营销方式很简单，专门在网上找那些经典有趣且受众面广大的图片进行美化 PS，然后打上美图秀秀的 logo，只要有传播就有影响力。

在美国，微博营销运用得比较成熟，已有一些公司和企业在 Twitter 上登载广告业务。2010 年 4 月 13 日，Twitter 正式发布其广告平台 Promoted Tweets。该广告平台当前仍处于初始阶段，企业和组织可以利用该平台让用户注意到和他们自身相关的 Twitter 消息。广告主 Starbucks 在该平台发布广告的详细步骤是这样的：首先，广告主 Starbucks 提交和制定需要推广的 Tweet 到 Promoted Tweets 平台；然后，经 Promoted Tweets 平台审核批准 @Starbucks提交的 Tweet，在相关的搜索结果中置顶，标记成 Promoted by Starbucks；最后，广告受众在 Twitter 上搜索"Starbucks"，广告内容就会在搜索结果置顶显示。而对于不受用户欢迎的 Promoted Tweets，Twitter 可以适时地取消 Promoted Tweets 作为广告置顶展示。据悉，目前已经有星巴克、百思买、索尼、维珍航空等著名公司参与到 Promoted Tweets 广告平台。此后，Twitter 还将根据用户反馈对其广告平台进行调整。可以预见，广告业务将成为 Twitter 重要收入来源之一。

2. 为企业的市场调研和危机公关提供了平台

在新媒体微博出现之前，不仅企业针对自己的产品或服务搜集数据的成本非常高，而且市场研究、产品开发等项目从组织到执行都会耗时数月。而微博最大的优势在于缩短了产品和消费者之间的距离。企业通过微博可以最为直接地获取消费者的心声、对产品的感受以及最新的需求；企业客户也可通过微博自主发布、讨论、传播信息，形成非常真实鲜活的数据，进而为企业制定正确有效的营销策略提供参考。

企业不仅可以借助微博进行市场调研，而且为企业的危机公关提供了一种全新的平台。企业利用微博开展危机公关的成功案例有"霸王"洗发水致癌风波。7 月 14 日，据香港《壹周刊》披露，"霸王"品牌旗下的中草药洗发露、首乌黑亮洗发露以及追风中草药洗发水，经香港公证所化验后，均含有被美国列为致癌物质的二恶烷，但具体含量并没有透露。消息一出，"霸王"公司顿时被推向舆论的风口浪尖，"霸王"的股票更是暴跌了 14%。直到 16 日晚，国家食品药品监督管理局通报"霸王"洗发水二恶烷含量水平不会对消费者健康产生危害，才平息了这场风波。"霸王"针对致癌风波全面启动危机公关程序，12 小时内在新浪开通官方微博。仅 7 月 14 日，就在新浪微博官网发布了 17 条信息作出相关的说明，"霸王"洗发水在新浪微博的危机公关一直持续到 7 月 31 日。由于公司对此事件处理的迅速、高效，"霸王"洗发水凭借微博发布信息，将媒体的关注集中到新浪微博上，减少了人们对公司无端的猜测，避免该风波对企业造成负面影响。

3. 有助于企业开展口碑营销和病毒式营销

微博的聚合性和分享体验为企业进行口碑营销和病毒营销创造了得天独厚的条件，用户可以将自己喜欢的内容分享给好友，在一级又一级的病毒式的分享过程中，即使内容的初始发布者与受传者没有任何交集，他们依然有机会就共同的兴趣展开对话并与更多人共享交流。在微博平台上，每个个体都可能在某一事件上成为意见领袖，对其他受众的态度和行为造成影响。这里所说的意见领袖（Opinion Leader）是指活跃在人际传播网络中能够为他人提供意见、建议，并能够对他人施加影响的活跃分子。简而言之，就是指那些在团体中，构成消息和影响的重要来源，并能左右多数人态度倾向的少数人。微博营销中的意见领袖是能够直接影响其他消费者购买行为的人，他们是口碑传播影响力的源头。意见领袖介入到微博营销，可以加快信息传播速度和加大信息传播范围。

由于新浪微博具有"@"功能，"@"在此没有实在意义，其功能主要提醒人们注意这条信息。企业利用微博提升营销效果时，不仅可以让这条信息在普通大众中传开，而且草根微博也可以吸引意见领袖的注意，他们都可以利用微博的"@"功能。在微博中，存在着大量的名人微博和草根微博，利用好他们的口碑传播，是口碑营销和病毒式营销成功的关键因素。试想，对于一个想购买电脑的用户而言，在微博上搜索到“××电脑返修率高”和“××电脑速度很快”将是两种截然不同的心理导向，极有可能影响目标客户最终的消费选择。

2010 年上半年，中国南方五省（云南、广西、贵州、四川、重庆）发生了历史罕见的旱灾，灾情持续将近了 5 个月，饮水困难的人数达到 2 212 万人，耕地受旱面积达到 1. 11 亿亩，南方旱灾因此成为各类媒体报道的新闻焦点，并引起社会各界人士广泛的关注。3 月 26 日，著名演员姚晨在其新浪微博发布了一条支援南方灾区的信息：“为支援抗旱救灾，卤蛋童鞋现决定，将代表每一位加我关注的粉丝，捐出一角钱，捐出一角钱，你们的关注总数量将作为俺最终的捐款数额，关注时间截止到 3 月 23 日晚 24：00。款项将通过中国红十字基金会捐至灾区，欢迎监督。微薄之力，希望能帮到需要帮助的人们。用老爸的话说：一定要做一个对社会有用的人啊。”据统计，在姚晨公布这条信息不到一周，她的粉丝暴涨了 4 万，信息被转载 7 352 次，评论 5 105 次。这次姚晨为支持抗旱救灾活动，借助西南五省干旱事件，加上借助影星姚晨的名人效应，这条信息在广大微博受众中广为传播。我们可以想象：公司或企业在开展营销时，借助热点事件，让广受关注的名人在微博上发布关于企业或产品的信息或言论，通过新媒体微博的裂变式传播，可以实现口碑营销和病毒式营销，进而达到销售产品和树立品牌形象的目的。

4. 有助于企业实现精准营销

以微博为载体的精确营销与传统营销有着很大的不同，在消费者的沟通方式、沟通工具、预算经费所产生的效果等方面都有着很大不同。新媒体微博的传播特性，是实施精确营销的最佳载体之一。当前，开通微博的公司或产品可以派专业的“推客”研究微博粉丝的发帖、转帖和评论，找到活跃在该微博上的目标客户，对客户的特征进行研究，研究目标客户的消费特征、消费心理和个人喜好，进而分析客户所属的社会阶层及购买力。企业可以对主要的目标客户建立数据库，营销人员通过数据分析和数据挖掘，识别各个客户的差异化需求，加强与客户的沟通交流，制定合适的营销策略。

在精准营销方面，美国的 Twitter 已经开始实时数据搜索业务，可为企业开展精准营销提供用户相关信息。Twitter 已经通过与微软 Bing、谷歌、雅虎等搜索引擎分享实时信息搜索业务而获取了部分收入，Twitter 还与 Scoopler、Twazzup、Collecta 等实时搜索引擎展开业务合作。比如 Twazzup 搜索引擎里添加了由演算生成的结果，可以对相关的照片、楼主发表的具有影响力的主题加以搜索，这样可以大大地优化搜索查询的效果。Twitter 在实时搜索数据业务的同时，还具有在线统计分析工具 Tweetstats，用户只要在 Tweetstats 上输入自己的 Twitter 用户名，该统计分析工具就会自动分析 Twitter 用户在线时间、用户习惯以及用户最关注的言论。Twitter 的实时搜索技术的开发可以为企业实施精准营销提供服务。所以，Twitter 要确立自己在实时搜索上的竞争优势，通过对实时数据的分析挖掘，产生出新的盈利增长点。这样企业就可以根据 Twitter 实时搜索数据业务，建立用户数据库，针对个人实施更为精确的精准营销。

5. 为企业的客户服务提供了全新的窗口

微博营销最便利之处就是可以把客户关系管理作为重点，加强客户的满意度，捕捉用户最新的潜在需求，进而提高产品的销售量。在传统媒体上，大多数企业把媒体作为发布公司和产品信息的平台，这种以传播者为主导的信息传播模式，受传者在信息传递过程中处于被动的地位，不具有新媒体微博在客户服务方面具有的即时、双向传递信息的优势。

“沉默的螺旋”理论认为：在某一特定时期内，大众传媒的某些观点在社会上占有优势，持非主要观点的人随着时间的推移会越来越少，以至保持沉默，形成一个“沉默的螺旋”。而企业单纯地把微博作为信息发布地平台，对用户反馈的意见和建议不去迅速地解决，即使少数人的观点也依然可以相对独立地存在，用户的评论就可能从少数的个人演变成多数，少数人的意见具有多数人意见同样的地位。因而，企业可以派专人维护企业微博信息，关注客户、意见领袖的言论，发现负面的信息争取在第一时间及时处理，防止事态的迅速扩大，避免给公司和企业造成负面的影响。2010 年 4 月 6 日，肯德基中国公司推出“超值星期二”秒杀活动：64 元的外卖“全家桶”只要 32 元，但当消费者拿着从网上辛苦“秒杀”回来的半价优惠券到店里消费时，肯德基中国公司却单方面宣布优惠券无效，原因是部分优惠券是假的。网友纷纷在新浪肯德基中国公司微博界面上发言质疑：“肯德基还我全家桶”，“不再去 KFC”，“肯德基玩不起就别玩”等言论充斥在微博和论坛上。即使肯德基中国公司于 4 月 7 日向消费者发表官方道歉声明，但这次“秒杀门”事件还是对肯德基的形象造成了比较大的负面影响。与此同时，2010 年 4 月 15 日，星巴克推出“自带杯具可获免费咖啡一杯”活动，向自带环保杯的顾客提供免费咖啡，鼓励消费者选用可重复使用的杯子。当时肯德基“秒杀门”风波尚未平息，星巴克却向消费者兑现诺言，让消费者颇感满意，部分网友纷纷在微博上上传在星巴克免费自带杯喝咖啡的照片，这个好印象不仅留给领到咖啡的有限消费者，也让数量众多的微博用户看到了这次让利活动，这大大提升了星巴克的知名度和美誉度，进而实现了企业与受众之间的关系维护。

8.2.4 微博营销的技巧

微博营销想要获得成功，有一定的技巧，主要包括以下几点：

1. 微博数量不在多而在于精

有的人在建立微博的时候，一开始没有定位好主题，今天觉得这个网站的微博很不错，就建立了一个微博用户，明天可能会觉得这类主题的微博不错，也建立了一个。建微博就和运营网站有点类似，个人站长总是觉得这个好就换，换来换去，结果一个也没做成功。我们做微博时也要讲究专注，因为一个人的精力是有限的，杂乱无章的内容只会浪费时间和精力，所以我们要做精，重拳出击才会取得好的效果。

2. 个性化的名称

一个好的微博名称，不仅便于用户记忆，也可以取得不错的搜索流量。这个和我们个人站长取网站名称类似，好的网站名称如百度、淘宝、开心网等都是很简洁易记的。当然，企业如果建立微博，准备在微博上进行营销，那么可以取企业名称、产品名称或者个性名称来作为微博的用户名称。

3. 巧妙利用模板

一般的微博平台都会提供一些模板给用户，我们可以选择与行业特色相符合的风格，这样更贴近微博的内容。当然，如果你有能力自己设计一套有自己特色的模板风格也是不错的选择。

4. 使用搜索检索，查看与自己相关的内容

每个微博平台都会有自己的搜索功能，我们可以利用该功能对自己已经发布的话题进行搜索，查看一下自己内容的排行榜，与别人微博内容进行对比。可以看到微博的评论数量、转发次数以及关键词的提到次数，这样可以了解微博带来的营销效果。

5. 定期更新微博信息

微博平台一般对发布信息频率不太做限制，但对于营销来说，微博的热度和关注度来自于微博的可持续话题，我们要不断制造新的话题，发布与企业相关的信息，才可以吸引目标客户的关注。我们刚发的信息可能很快被后面的信息覆盖，要想长期吸引客户注意，必定要对微博定期更新，这样才能保证微博的可持续发展。当然，长期更新又好又新颖的话题，还可能被网友转发或评论。

6. 善于回复粉丝们的评论

我们要积极查看并回复微博上粉丝的评论，被关注的同时也去关注粉丝的动态。既然是互动，那就得相互动起来，有来才会有往。如果你想获取更多评论，就要用积极的态度去对待评论，回复评论也是对粉丝的一种尊重。

7. #与@符号的灵活运用

在微博上发布内容时，两个“#”间的文字是话题的内容，我们可以在后面加入自己的见解。如果要把某个活跃用户引入，可以使用“@”符号，意思是“向某人说”。比如“@微博用户欢迎您的参与”。在微博菜单中点击“@我的”，也能查看到提到自己的话题。

8. 学会使用私信

与微博的文字限制相比较，私信可以容纳更多的文字。只要对方是你的粉丝，你就可以通过发私信的方式将更多内容通知对方。因为私信可以保护收信人和发信人隐私，所以当活动展开时，发私信的方法会显得更尊重粉丝一些。

9. 确保信息真实与透明

在做一些优惠活动、促销活动时，当以企业的形式发布，要即时兑现，并公开得奖情况，获得粉丝的信任。微博上发布的信息要与网站上面一致，并且在微博上及时对活动跟踪报道。确保活动的持续开展，以吸引更多客户的加入。

10. 不能只发企业产品或广告内容

有的微博很直接，天天发布大量产品信息或广告宣传等内容，基本没有自己的特色。这种微博虽然别人知道你是做什么的，但是绝不会加以关注。微博不是单纯广告平台，微博的意义在于信息分享，没兴趣是不会产生互动的。我们要注意话题的娱乐性、趣味性、幽默感等。

除此以外，微博营销还需要注意以下两点：

（1）取得粉丝信任是根本。微博营销是一种基于信任的主动传播。在发布营销信息时，只有取得用户的信任，用户才有可能帮你转发、评论，才能产生较大的传播效果和营销效果。获得信任最重要的方法就是，不断保持和粉丝之间的互动，让粉丝觉得你是个真诚、热情的人。要经常转发、评论粉丝的信息，在粉丝遇到问题时，我们还要及时地帮助他们。这样，我们才能与粉丝结成比较紧密的关系。在我们发布营销信息时，他们也会积极帮我们转发。

（2）通过活动来做营销。抽奖活动或者促销活动，都是非常吸引用户眼球的，能够实现比较不错的营销效果。抽奖活动可以规定只要用户按照一定的格式对营销信息进行转发和评论，就有中奖的机会。奖品一定要是用户非常需要的，这样才能充分调动粉丝的积极性。如果是促销活动，一定要有足够大的折扣和优惠，这样才能够引发粉丝的病毒式传播。促销信息的文字要有一定的诱惑性，并且要配合精美的宣传图片。如果能够请到拥有大量粉丝的人气博主帮你转发，就能够使活动的规模达到最大化。

8.3 博客营销

8.3.1 博客的内涵与主要特性

8.3.1.1 博客的内涵

博客，又译为网络日志、部落格或部落阁等。最初的名称是 Weblog，由 Web 和 Blog 两个单词组成，按字面意思就是网络日记，后来喜欢新名词的人把这个词的发音故意改了一下，读成 We Blog。由此，Blog 这个词被创造出来。

百度百科里对于博客是这样解释的：博客是一种通常由个人管理、不定期张贴新的文章的网站。博客上的文章通常根据张贴时间，以倒序方式由新到旧排列。许多博客专注在特定的课题上提供评论或新闻，其他则被作为比较个人的日记。一个典型的博客结合了文字、图像、其他博客或网站的链接，以及其他与主题相关的媒体。能够让读者以互动的方式留下意见，是许多博客的重要因素。大部分的博客内容以文字为主，仍有一些博客专注在艺术、摄影、视频、音乐、播客等各种主题。博客是社会媒体网络的一部分。

但对于“博客”这样一个仍处于蓬勃发展阶段的新生事物而言，尚不能用一个统一标准的定义去概括它。但我们可以通过一些比较典型的有代表性的说法，从各个角度丰富对“博客”这个新兴的媒介技术形式的认知。

目前被引用得比较广泛的是“网络翻译家”所下的定义：一个 Blog 就是一个网页，它通常是由简短且经常更新的 Post 所构成。这些张贴的文章都按照年份和日期排列。Blog 的内容和目的有很大的不同，从对其他网站的超级链接和评论，到有关公司、个人、构想的新闻到日记、照片、诗歌、散文，甚至科幻小说的发表或张贴都有。许多 Blogs 是个人心中所想之事情的发表，其他也有非个人的 Blogs，那是一群人基于某个特定主题或共同利益领域的集体创作。Blog 好像是对网络传达的实时信息。撰写这些 Weblog 或 Blog 的人就叫做 Blogger 或 Blog Writers。

“市场术语”的定义则更为精准和透彻：A frequent，chronological publication of personal thoughts and web links。（一种表达个人思想和网络链接，内容按照时间顺序排列，并且不断更新的出版方式。）这一定义基本体现了 Blog 的五个重要特征：个人性、互动性链接与评论、时间序列、不断更新和在线出版。

比较有创新见地的是著名博客研究学者吴波的理解。他站在一个整合的视角，看到了博客的多种形式的存在方式，并且通过这些新形式的博客存在提出了博客功能的延伸问题，并且提到了博客的内涵，从文化和形式两个方面出发看待博客外延的扩大。他在解释博客概念的时候提出："①博客是对于网络'个性'化存在的一种结构化的记录，任何个体所表现的网络行为都是博客行为，随着网络的发展，博客将无所不在；②博客是一种通过'利己'实现'利他'的全新的网络交流结构；③博客交流结构必然向多媒体、新媒体化发展；④博客基于个性的交流和记录本质，以及反映存在的价值在于交流，也反映交流的源泉在于记录。"

8.3.1.2　博客的主要特性

相对于其他传播媒介，博客具有自己独特的传播特征。它不再是一种由上至下的直线式的单向传播，而是一种去中心化的互动表达。正是由于这种"草根"特性，博客才得到了网民的积极响应。

1. 个人性

传统意义上的大众媒介是一种自上而下的传播形态，传播机构始终处于强势地位，他们决定传播什么样的信息，以什么样的形式传播，什么时候传播。而受众是一个个散落孤立的个体，他们无法影响传播机构的行为，也无力发出自己的声音。

而博客却赋予了每个人平等的信息权利，提供了一个极好的个体表达渠道，颠覆了大众媒介的中心化地位。只要具备基本的信息终端（电脑、手机等）和网络条件，即使你是处于社会底层的平民百姓或是在行业内处于弱势的普通企业，都具有相同的信息制作权和发布权，从而形成了多元化的传播态势。博客这种高度平民化、鼓励观点对撞的传播特性也激发了大众的自我表达热情，很大程度上推动了社会民众交流，使传者和受者成为真正意义上的对话者。

2. 交互性

博客可以通过链接将博客与博客之间、博客与其他网站之间连接起来，形成一种交互性的公共传播空间。单个的博客作为传播主体，与受众对象也存在着交互性，即受众也可以在他人的博客上，自由地发表他认为真实或虚假的事实以及赞成或反对的观点和意见。这样，在传播主体和阅读博客的受众之间，也产生了交互性。传播主体和受众之间的关系，也变成了相对关系，成为一种互为主客体的关系。

3. 社群性

人类的本质属性即社会性，注定了社群性生存是人的基本生存方式之一。在虚拟的网络世界，人依旧无法摆脱一定程度上依附于群体的命运。人们会依据针对某种特定的职业、兴趣、爱好或某个突发事件以及话题，在网络上寻找志趣相投的"朋友"，集结成社群的形式。所谓博客社群（Blog Community），就是由具有共同自我认知的参与者组成的，并且通过制度形式得以具体体现的某种互动，其主体特征就是参与者拥有共同的信仰。

台湾地区最著名的博客托管商番薯藤创办者陈正然在 2006 年就提出，社群功能将是博客的下一个行为。他认为：首先，博客具有社群、互动、串联的功能，可作为不同使用者间沟通、分享、发表以及浏览之共同行为。例如探讨专门主题的博客将吸引有相同喜好的网友，而浏览不同博客的使用者也可透过留言、串联等功能进行互动，因而凝聚为“社群”。其次，人群和社群的虚拟与现实的互动需求增加，各虚拟社群连接互动加强。例如雅虎所提供的生活家功能，便可让网友提供自身体验的不同餐厅、旅游资讯等。

新浪网总编辑陈彤曾这样评价博客传播：“博客之间便捷地建立了沟通渠道，使得相应信息内传递达到了前所未有的高效率。”陈彤所说的“博客之间”、“相应信息”实际上就是指兴趣相同的博客所营造的资讯圈和受众圈。

博客在中国的发展，单枪匹马的匹夫之勇已经逐渐成为过去时，而团队的、合作的、兴趣趋势的、专业发展的新博客写作，博客生态发展将成为可能。而博客将从网络传播小众化，到平媒博客传播化，再到企业和组织博客管理化，从更多博客互动中获得新知的加速度，深化了博客内涵主题，促进了博客的社群化进程。

8.3.2 博客的“编年史”

美国是博客的发轫国，早期博客的出现是出于个体想在互联网世界寻找稳定而持久的空间来表达自我。从一开始的个人日志，逐渐发展成具有影响力的新兴媒介，并展现出巨大的商业价值，博客一路走来经历了哪些曲折历程，这是本节想要梳理的内容。通过对博客“编年史”的研究，我们可以从中看清博客迅速崛起的特质。

1. 博客萌芽于美国（1994—2001 年）

最早的博客可以追溯到 1994 年 1 月，是作为网络“过滤器”出现的，主要就是挑选一些特别的网站，并作简单介绍。最早的博客先驱，是当时还在大学就读的贾斯廷·霍尔（Justin Hall）用 HTML 语言手动编码网页“Justin Hall’s Link”（www. link. net）。主页上很多是指向互联网社区的链接，内容大多是一些生活和旅行中的奇闻轶事。他的来自地下的链接（Links from the Underground）可能是第一个重要的日志，时间远远早于专门的博客软件工具的出现。

贾斯廷·霍尔的手动主页作为博客的雏形，具备了博客主页的一些功能：个人空间、导向其他网站的页面链接、日志存档、逆时序排列、读者评论和评论回复。虽然他的主页没有实现工具的自动化，也不具备成熟博客主页所有的流量统计、引用通告、RSS 等全面的功能，但是在写作风格的个性化、用主页充当网络导航和全方位生活平台的意向上，与真正意义上的博客页面一脉相承。

1997 年 12 月，Jorn Barger 运行的“Robot Wisdom Weblog”第一次使用 Weblog 这个正式的名字。至今，在博客领域，他还是一位非常有影响力的人物。Jorn Barger 的贡献主要体现在形式上，他将 Log 的意义从接近航海日志那种无人称、拟客观、机械式写作，转换成较接近旅游日志的“有人称、有个性”的自由书写。

1999 年起，Blogger、Pita、Manila、Diary Land、Big Blog Tool 等众多简单易用的免费软件涌现，开始了真正意义上的博客运动。它们的问世清除了横亘在普通公众面前的网页制作技术壁垒，消除了传统出版人和公众的界限，博客开始爆发式增长。当时，Blogger. com 成为美国最有影响力的博客托管网站，短短几个月内，该网站就涌现出成千上万的新博客。

2. 博客在世界范围内崛起（2001—2004 年）

2001 年的“9·11”事件是博客赢得读者群和影响力的重要转折。当时几乎所有的主流媒体网站都因访问量过大而瘫痪，人们在寻求新闻信息的迫切要求下，将注意力转向了博客。面临着巨大的灾难，民众需要通过各种渠道发泄悲痛、祈祷平安、传递信息、评论政治，产生了强烈的表达和宣泄的需求。在这种背景之下，博客主页有力地补充了主流媒体的缺陷，以更具个性化和人情味的资讯吸引读者。戴夫·温纳的博客主页 Scripting News 当天发布相关消息近百条，其中包括媒体摘录和声明、目击者自述、他国反应以及最新的照片。伴随着幸存者们对悲剧的目击陈述，未经中介的博客新闻报道展现了巨大的力量。自此，博客开始进入主流社会的视野。

到了 2002 年，博客现象已经引起了《纽约时报》等主流媒体的广泛报道，哥伦比亚新闻评论开始常规报道博客。博客的文选开始付梓，博客名人开始在广播和电视节目中露面。当年最后一天，“在线新闻评论”（Online Journalism Review）网站预测，2003 年博客将进入主流，“2003 年将是博客真正突破性的一年，更多的记者使用它，更多的普通人和名人使用它。”

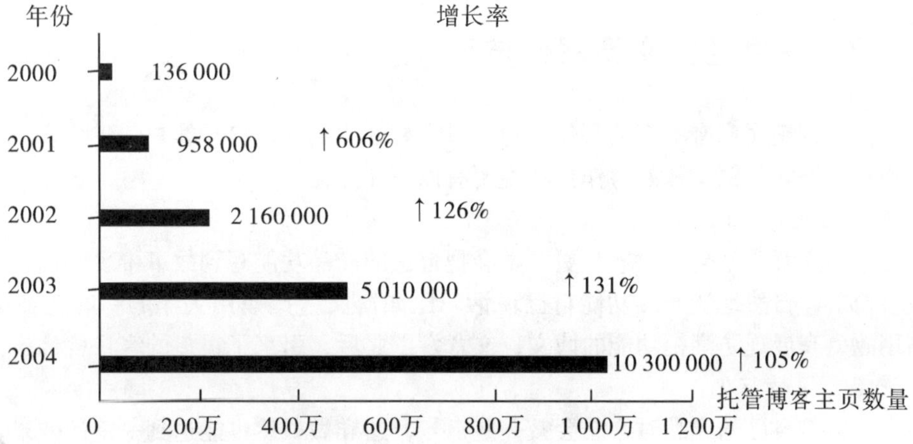

图 8－1　2000—2004 年美国博客主页增长状况

美国博客在 2004 年得到了爆发性的增长。除了美国，英国、匈牙利、德国等欧洲国家的博客也形成声势。亚洲，包括中国也开始感受到博客的脉动。这些博客的影响力，却早已超出了作为个人、甚至作为自己所在行业的原有范围。开始引起主流媒体的强烈关注，并明显感受到博客崛起对传统媒体的冲击。

3. 博客在中国

以上主要是以美国为中心对全球博客发展阶段的简单梳理。在中国，与所有的网络革命一样，继续保持着一定的“滞后度”。在博客方面也不例外，中国的发展阶段基本上差了一个阶段。

2001 年 11 月 20 日，美国新闻传播学教授 Dan Gillmor 先生应邀参加了“清华阳光传媒论坛”，演讲主题是“9·11 后世界新闻传媒的走向”。在他的演讲中特别提到了“网络日记”，并且向大家展示了他自己的网络日记。这使中国人第一次知道“网络日记”这个概念。方兴东算是“博客”在中国的一个关键性人物。2002 年 7 月，Blog 的中文“博客”由方兴东、王俊秀正式命名，同时起草了《博客宣言》。同年 8 月，方兴东、王俊秀开通博客中国（Blog China）网站，开始了博客在中国的全面启蒙和推动。

2002 年 10 月，台湾艺立协在李士杰带动下开设博客网站，将 Blog 命名为“部落格”。真正使“博客”成为中国民众的热门话题，是发生于 2003 年的“木子美性爱博客事件”。2003 年 6 月，性专栏作家木子美将其性体验日记在博客中国网站上登载，随即引起了巨大的轰动。一时间，有关木子美和博客中国的网站点击率急剧攀升。至 2003 年 11 月 11 日零时 30 分，其性爱日记《遗情书》的访问量达到 162 682 次。“木子美事件”对中国网民了解博客现象，起到了意外的推动作用。方兴东也坦言：“是木子美让‘博客’概念走向大众，木子美对博客概念的普及功不可没。这一点毫无疑问。所以木子美的大名在中国博客的发展历史上必然是一个留下重要墨迹的名字，她躲也躲不掉，你拦也拦不住。”

2004 年开始，网易、新浪、QQ、天涯等知名网站相继推出自己的博客。博客应用技术也不断推陈出新，民众的接受程度越来越高，已成为家庭、公司、部门和团队之间越来越盛行的沟通工具，也逐渐被应用在企业内部网络（Intranet）。

8.3.3 博客营销文章写作技巧

掌握博客营销文章有一定的写作技巧，只有好的文章才能打动客户、感化客户、提高产品的销量。博客营销文章的写作技巧主要有以下几点：

1. 产品功能故事化

博客营销文章要学会写故事，更要学会把自己的产品功能写到故事中去。通过一些生动的故事情节，自然地让产品功能自己说话。比如博文《妈妈用去年的粽叶包粽子》就是一篇用故事来展现防潮柜功能的博文，文章发了之后，引来了很多的客户咨询产品。

2. 产品形象情节化

当企业宣传自己的产品时，总会喊一些口号，这样做虽然也能达到一定的效果，但总不能使自己的产品深入人心、打动客户、感动客户。因此最好的方法，就是把对产品的赞美情节化，让人们通过感人的情节来感知认知你的产品。这样，客户记住了瞬间的情节，也就记住了企业的产品。

3. 行业问题热点化

在博客文章的写作过程中，一定要抓行业的热点，不断地提出热点，才能引起客户的关注，也才能通过行业的比较显示出自己产品的优势。要做到这些，也就要求博文的作者要和打仗一样，知己知彼，百战不殆。

4. 产品发展演义化

博客营销文章要赋予产品以生命，从不同的角度、不同的层次来展示产品。可以以拟人的形式进行诉说，也可以是童话，可以无厘头，可以幽默等。越有创意的写法，越能让读者耳目一新，也就越记忆深刻。

5. 产品博文系列化

这一点非常重要，博客营销不是立竿见影的电子商务营销工具，需要长时间的坚持不懈。因此，在产品的博文写作中，一定要坚持系列化的，就像电视连续剧一样，不断有故事的发展，还要有高潮，这样产品的博文影响力才大。

6. 博文字数精短化

博客不同于传统媒体的文章，既要论点明确、论据充分，又要短小耐读；既要情节丰富感人至深，又要不占用太多的时间。所以，一篇博文最好不要超过 1 000 字，坚持短小精悍是博客营销的重要法则。

7. 博客文章重在给予和分享

博客营销文章真正能起到营销作用的还在于文章能给予读者、客户什么样的实惠。营销博客不仅要保证每篇博文带来应有的信息量和知识含量，还要有趣味性与经验的分享，让客户每次来你的博客都有所收获。这是留住客户最好的方法。这种经验的给予和分享是博客营销最大的技巧，比其他的方法都重要。

8. 博客文章切磋与交流

与博客写作需要分享的观点类似，与业内人士进行切磋与交流，也是博客文章选题和写作的较好方法。不仅要自己写作和发布博客文章，也要经常关注同行和业内人士的观点，这样不仅扩大了自己的知识面，也获得了更多的博客写作素材。与读者分享与交流，也决定了企业博客文章在发布之后还需要了解用户的反馈，对于用户的咨询还有必要作出回复，因此一篇受用户欢迎的博客文章，可以在很长时间内发挥其影响，这是一般的企业新闻所不具备的优点之一。

8.4 SNS 营销

8.4.1 SNS 的含义、分类及特点

8.4.1.1 SNS 的含义

SNS，全称 Social Networking Services，即社会性网络的互联网应用服务。人们在 SNS 服务平台上，通过朋友认识朋友，扩展自己的人际关系。SNS 是“六度分割”理论与互联网的紧密结合。1967 年，哈佛心理学教授斯坦利·米尔格拉姆（Stanley Milgram）提出了著名的“六度分割”理论。该理论指出：任何一个人最多透过 6 个人就可以认识世界上任何一个陌生人。通过 SNS 平台，将现实世界和虚拟世界联系起来，网民由此可以轻松认识“朋友的朋友”，社交圈不断扩大，最终形成一个大型社会化网络。SNS 的产生和发展与六度分割理论密切相关。从功能上看，SNS 能够使用户通过朋友的朋友，加入感兴趣的圈子，不断扩张自己的人脉，在需要的时候，可以随时获得来自该人脉关系网络的帮助。从社交行为来看，SNS 服务将人们从现实世界搬到互联网上，通过彼此关联形成更大的关系链。通常用户主要是和自己的朋友或者是熟悉的人联系，如果遇到志同道合的陌生

人就能扩大人际圈子，从此通过彼此的关注维持人际关系。从技术层面来看，SNS 是一个采用点对点技术构成的基于个人的网络基础服务。它通过分布式软件编程，将分散在世界各地的个人电脑统筹安排，并赋予这些相对服务器来说很渺小的电子设备强大的能力。

庞大的互联网、无边的网络世界容纳着各类群体，无论职业、性格，每个人总能找到自己的同类，而后在群体交流中找到这个虚拟社会的归属感，而这样一种社交性网络服务即是 SNS。在社区中的人具有一种社区意识或称为“精神纽带”，用户在社区中的交流形成社区意识，即“同他人相类似的知觉；一种公认的与他人的相互依赖；一种维持这种相互依赖的意愿，这种维持通过给予他人或为他人做人们期待的事情来实现；一个人是某一更大的、可依赖且稳定的组织之组成部分的情感”。SNS 的两个特点表现在：其一，以个人为中心。它有自己的网络平台，可以实现自己和朋友之间的交流。其二，个人的全面展示。SNS 网络属于延时沟通，但每个人都有一个属于自己的个体空间，任何人与人之间的信息交流，都更人性化。SNS 和传统交友网站的区别在于：后者通常是个人对个人，以一点为核心向外辐射，这方面最为典型的应用如 QQ 群，其具体过程见图 8－2。而前者则遵循六度分割理论，以一种类似于病毒传播的模式形成一个个的人际交往圈，通过朋友去认识朋友，见 8－3。SNS 交友模式打破了传统的人与人之间的交流障碍，可以让人足不出户，迅速地扩大社交圈子。

图 8－2　传统交友模式图

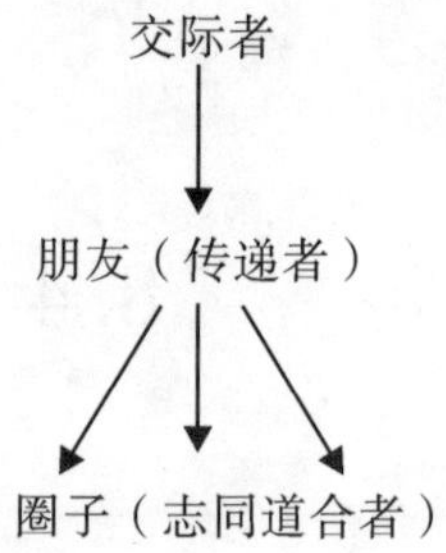

图 8－3　SNS 交友模式

2003 年，SNS 从美国兴起，几个月的时间便风靡全美洲。如 Facebook 和 MySpace。中国也很快紧随其后，众多 SNS 网站如雨后春笋一样出现在中国互联网上。2008 年，以开心网、校内网为代表的社交网站使得 SNS 陡然成为国内互联网最醒目的词语之一。随着用户规模的不断扩大，SNS 网站的媒体价值也开始凸现。根据美国网络流量调查单位 Compete 公布的数据显示，Facebook 今年的美国国内用户访问数达到 6 850 万，网站活跃用户即将达到 1.54 亿。在中国，据艾瑞数据显示，2009 年 4 月，交友社区网站中校内网依然居于首位，4 月日均覆盖人数达 1 303 万人，比 2009 年 3 月增长 15.2%。在知识爆炸后的信息社会，注意力资源已经成为十分稀缺的经济资源，著名的诺贝尔奖获得者赫伯特·西蒙在对当今经济发展趋势进行预测时也指出：“随着信息的发展，有价值的不是信息，而是注意力。”可以说，SNS 网站目前在聚集注意力这方面取得了很大的成功。

8.4.1.2 SNS 网站的分类及特点

1. SNS 网站的分类

网络文化是建立在因特网基础上的一种不分国家、地区的信息文化。它以通信技术和计算机技术的融合为基础，以网民为主体，以虚拟的网络空间为主要传播领域，以数字化为基本技术手段，为人类创造出一种新的思维方式、活动方式和生存方式。今天的互联网以前所未有的方式增大和加快了信息传播和沟通的范围和频率，使文化的传播和表征这两个特征更为突出，从而在网络中形成了一种独特的文化，并对其他文化的沟通和传播产生了重要的影响。Schein 通过观察一个组织生命周期背景下变革与文化之间的关系并阐述了这种相互联结的关系，他认为，组织在变革的同时，也创建了新的文化并经过了文化的塑造。随着文化由地域性向全球性的转变和升迁，网络文化正在改变着各国民族的文化观念。它是一种新文化，影响了人们的价值观和世界观以及情感世界；重新构造了人们日常生活和意识形态，甚至催生出了一种新的社会化流行趋势价值取向或是一种新的生活方式。在互联网上，虚拟社交的网络文化最为丰富，而 SNS 网站是目前最为火热的虚拟社区。主要有以下四种类型：

（1）白领社交型。这种类型的 SNS 网站的目标人群主要是白领，提供迷你博客、群组、电台、相册及电影评论等服务，甚至有固定的电台节目。目前国内最成功的白领社交类型的 SNS 网站是开心网。

（2）婚介型。如国内的珍爱网和世纪佳缘网站。用户可以搜索符合自己条件的目标用户，浏览彼此留言板、个人资料，同时网站还组织线下的联谊活动。

（3）校园社区型。这种网站锁定校园生活、提供校友相册、校友录、校友论坛，包括校花校草、情感世界、校园原创等板块。如成立于 2005 年的校内网，学生在那里展示自己，找老同学结识新朋友，分享群组和相册，目前校内网已经开通了 1 800 所高中和 2 000所大学。

（4）休闲娱乐型。最典型的是成立于2003 年的 Facebook，除了可以浏览彼此的档案、留言、照片之外，还可以互送虚拟礼物；免费发布各种分类广告，通知朋友将发生的活动，也组织线下的社交活动。

2. SNS 网站的特点

（1）真实性。早期的网络社区、博客、BBS 论坛，用户常被符号化为一个 ID。这种匿名的形式导致网络世界缺乏信任，许多网民渴望构建一个可以相互信任的透明社交圈。而 SNS 则以实名制为主要网络情境，改变了以往网络的虚拟性特征，使得用户以真实的方式拓展真实的社交圈。网络实名制，就是网民们使用网络服务如博客、BBS 讨论、电子购物、网络游戏等时，要进行真实姓名和身份证号登记与验证，以加强网络管理。

（2）现实性。SNS 网络文化是一种极具现实性的文化。不同于现实世界的是，SNS 是以用户的人缘关系建立而成的虚拟社区。虽然 SNS 用户间的人际交往是通过虚拟方式呈现出来的，但它们是以现实社会为基础的，形成了具有现实意义的人缘文化。这种人缘文化的现实性首先体现在用户身上。SNS 用户是生活在现实世界中的人，他们在现实世界的身份、社交广度、人格特质、行为规范、兴趣爱好会不可避免地延伸到网络世界。例如，开心网用户可以根据自己的爱好加入不同的群组，现实生活中人缘好、交际广的用户在这个虚拟空间中也拥有较多的朋友，比较受欢迎。其次，SNS用户的网络人际交往既可巩固现有的人际关系，又可以发展新朋友，扩大交际圈。

（3）娱乐性。德国著名文学家和诗人席勒曾言："只有当人充分是人的时候，他才游戏；只有当人游戏的时候，他才是完全的人。"娱乐是人与生俱来的天性，随着社会的不断发展，娱乐休闲作为一种生活理念日益凸显，娱乐性逐渐成为社会生活重要组成部分。SNS用户91%的有效操作时间和85%的有效操作次数均花在参与娱乐互动上。校园和白领网络交友形式，在2008年发展非常迅速，凭借已有的用户规模基础，吸引了更多的新用户。SNS充分挖掘其娱乐休闲的功能，来迎合用户追求现实快乐的价值观念。比如开心网上的装修房子、钓鱼、饲养动物、抢车位，无不提供了一种轻松休闲娱乐性极强的娱乐功能。

8.4.2　我国SNS网站现状及特点

SNS网站在我国的发展大体上经历了以下三个阶段。如表8－4所示：

表8－4　我国SNS发展的三个阶段

	第一阶段	第二阶段	第三阶段
时间	2003—2004年	2005—2007年	2007年至今
模式	以"第二代交友"模式、在线约会交友服务即"寻找朋友的朋友"的方式以建立完善社交圈	MySpace、Facebook模式	Facebook模式，SNS开元建站程序，UCenterHome，游戏组件受欢迎
特征	用户黏性不强，不活跃，在线使用率低，新用户少，对搜索引擎开放。	对象为校园、网吧、城市流动人口、三线城市、同城约会和一夜情、视频认证、对搜索引擎开放和不开放模式	邀请注册模式，封闭搜索引擎，APP社区游戏，病毒式营销，网下媒体大量报道邀请注册模式（邀请注册，邮件、MSN、QQ等形式发送邀请信，新注册用户必须受过邀请才可以注册），SNS社区游戏化（Webgame，Flash运用，交互功能，API，"朋友买卖"，"争车位"等游戏娱乐式APP）（SNS应用程序）

（续上表）

	第一阶段	第二阶段	第三阶段
代表网站	UUZone（UU 地带）、友友网络（yoyo.net）、联趣网（liangqu/u2unet）、友友网（you2you）、UUME、亿友（yeeyou.com）、嘿友（heiyou）、中国缘、圈网、若邻、Linkist 联络家、天际网等	51.com、赛我网（Cyword）、MySpace、海内网、校内网（现改名为人人网）、5Q 校园网、chinay、底片、露脸、酷部落、同学网、360 圈、FaceKoo	开心网、校内网、蚂蚁网、5Gme、同事录、占座网、赛我网、亿聚（校园）、360 圈、FaceKoo、一起网、海内网、豆瓣网。
状态	死亡或半死亡状态	半死亡或活跃	活跃
模式	无	VIP 会员、功能化收费	VIP 会员、广告、虚拟物品交易
状况	大部分没有盈利，一些盈利很少或不稳定	只有极少盈利	一部分开始盈利

近年来，我国 SNS 网民数量激增。截至 2009 年 2 月，我国网络社区业务月度覆盖用户规模达 1.632 亿人次，比 2008 年 1 月份的 1.188 亿网民覆盖规模增长 41.7%。目前我国的 SNS 服务正处在大量泛滥阶段，为了具备 SNS 的一些功能，几乎所有的门户都增加了 SNS 交友栏目。随着用户量的持续攀升，SNS 社交网站已经成为重要的网络领域。以校内网、开心网、海内网、天际网、聚友网等为首的 SNS 网站在国内发展势头非常迅猛，紧接着新浪的“新浪朋友”，腾讯的“QQ 校友”，搜狐的“白社会”、我国移动的“139 社区”，联通也宣布其“新势力”旗下定位年轻人的 SNS 网站上线公测。一时间，我国 SNS 网站遍地开花，而艾瑞咨询数据显示，截至 2008 年 11 月，国内社区网站用户覆盖人数达 1.79 亿。

目前国内 SNS 网站主要具有以下特点：

1. 用户数量多，覆盖率高

随着互联网在我国的不断发展，SNS 网站用户的数量也在不断地增加，且呈上升趋势。如据各自网站的统计，开心网 2009 年 7 月注册用户已超过 4 000 万，校内网的真实注册用户超过 7 000 万，爱情公寓的注册用户超过 1 400 万，360 圈的注册用户超过 3 000 万。据艾瑞咨询的调查，2004 年我国网络休闲交友活跃用户规模为 3 310 万，2006 年达到 5 600 万人，2007 年为 7 000 万人，2008 年 8 月为 7 679 万人。我国网络休闲交友用户规模处于稳步发展过程中。与此同时，SNS 网站已获得了网民的认可，用户覆盖率逐步呈现出较为明显的优势。在 2009 年第二季度社区网站季度覆盖人数前 10 名中，校内网（34.5%）、开心网（24.71%）、51.com（23.03%）、千橡开心网（19.93%）等休闲交友网站占据了前 4 位，并且在前 10 名中拥有 8 席。

2. 服务种类较多

目前 SNS 网站的目标用户年龄主要集中在高中生、大学生和刚毕业不久的群体，而其大部分主要是 16~26 岁之间。为使这部分群体实现交友目的，迎合他们的需求，我国 SNS 网站目前所提供的服务呈现多样化服务态势：有以校园交友为主题的服务，以兴趣爱好归类的主题服务，以虚拟空间为主题的服务，以在校学生为对象的服务，以城市白领为主要对象的服务，以儿童为对象的服务等。

3. 市场潜力大

目前我国SNS网站主要针对目标用户年龄集中在16~26岁之间的年轻人，由于我国人口众多，互联网中用户数量多，消费潜力巨大，因此非常有发展空间。随着互联网用户的快速发展和不断成熟，我国SNS市场近几年发展比较迅猛，并将进一步增长。我国网络交友付费用户所占份额在逐步扩大，2006年付费用户仅占用户总数的9.4%，预计2011年将上升至12.6%。

4. 竞争不断加剧

2008年，我国SNS网站得到了快速的发展，随着SNS网站的不断发展，SNS用户覆盖率不断提高，市场竞争也在不断加剧。在2008年可归为SNS类别的中文网站约480家左右。SNS类站点呈现出少数站点占据大量用户的情况，多数用户集中在不超过10家的主要站点中，共占据了大约82.5%的访客。据艾瑞咨询的报告，QQ交友中心在2005年占据整个我国休闲交友市场规模的1/3。但随后的市场竞争逐渐激烈，一方面，国内类似的网站不断涌现。据不完全统计，单单在2008年4月21日UCenterHome正式发布的短短7天内，就有4 000多个站长成功使用它搭建了类似校内为基础的互联网社交网络，并且使UcenterHome的终端网民用户数量已经高达200万之多。另一方面，国际知名社交网站实力强悍。目前，MySpace——世界上最大的社交网站于2006年4月在中国内地的网站“聚友网”正式发行。Facebook也一直试图进入中国。在如此激烈的市场竞争中，中国SNS市场上，一些较小的交友网站将逐渐被淘汰和吞并。

8.4.3 我国SNS网站盈利策略

8.4.3.1 广告收益

我国SNS的广告收入主要来自两部分，一部分是以首页广告和网站点击广告为主的网站广告收入，另一部分广告收入来自于植入式广告。

1. 网站广告收益

第一部分广告收益和门户网站的广告收益模式没有什么两样。主要来自网站广告，包括主页广告、旗帜广告和弹出式广告。如校内网（人人网）的登录主页上右上方的广告区中，登录过宝岛眼镜、完美时空、中国联通、百事可乐、361°、谷歌、方正、华硕、伊利等众多品牌的Flash广告。大幅的动态图片，借助于界面的视觉敏感位置呈现，很容易吸引用户的注意，再加上校内网（人人网）庞大的用户群，其网站广告的同比收益相对较大。

截至2010年2月，校内网（人人网）的用户数量总计已经超过1.2亿，每日活跃用户超过3 000万，而人人餐厅目前的总用户已经将近1 000万，每日活跃用户数量达到100万。高涨的人气、庞大的用户数量，是以校内网为代表的SNS社区网站吸引广告投放的基础。

由于我国的SNS运作的时间比较短，为避免用户反感，网站广告比较谨慎，主页广告所占的比重比较大，旗帜广告和弹出式广告数量较少。另外，SNS 的活跃用户中一大部分会采用计算机开机时自动启用相应的 SNS 网站，如校内网（人人网），或者是自动登录功能，这样主页就无法跳到用户的眼前。校内网（人人网）的人人桌面的使用，更是让无数的用户略过了主页广告。即便是从主页登录的用户，登录后迅速进入自己感兴趣的功能模块，也可能“过滤”掉主页广告。所以，广告商更愿意将广告投放到那些需要用户浏览的门户网站上，这样广告获得的有效注意力比较多。所以，来自这部分广告的收入虽然可观，但无法满足 SNS 顺利运营的资金需求。我国的 SNS 的广告收入更多地来自植入式广告。

2. 植入式广告收益

植入式广告，又叫置入式广告、网游内置广告（In-Game Advertising），是指通过网络游戏为媒介所投入的广告，其主要表现形式包括静态、动态游戏内置广告，是基于互联网和无线通信技术的一种新型广告形式。最初的植入式广告是把产品或服务名称、标识语、宣传语、品牌标志融入影视剧、音乐或其他舞台产品中，从而在不经意间给观众留下深刻的印象，以达到营销的目的。所以，植入式广告又叫植入式营销。

植入式广告的优势在于其隐蔽性，可以让受众在不经意间接受广告信息，而不产生反感情绪。不仅如此，植入式广告还因其趣味性和娱乐性而引发用户的高度注意，而这种高度注意力资源正是广告主求之不得的。在广告充斥的现代社会，植入式广告的隐蔽性成为众多厂商的选择。而大多数网络用户对网络广告都持反感情绪，我国的 SNS 还没有形成自己的核心竞争力，网络广告过多，会导致用户逆反而流失用户。所以，植入式广告成为最好的选择。巧妙的植入式广告不仅不会引起用户的反感，反而能够获得广告收益，还可以吸引人气而壮大用户群，可以说一箭双雕。

（1）植入渠道——组件游戏。我国的 SNS 植入广告的主要渠道是组件植入。如 2008 年 12 月 10 日，别克新一代君威植入开心网“争车位”游戏，成为开心网第一个植入广告。六天内，该车的虚拟销售量就高达 40 万辆。之后“争车位”陆续推出广告车型，这些广告车型虽然被冠以“广告车型”，但是隐蔽在之前推出的几百款车型中，并不引人注意，也不会让人生厌。用户点击可以了解车型的基本情况，如果感兴趣还可以点击“详情”，直接链接到该车型的官方网站上。从君威到荣威再到斯柯达晶锐，开心网的“争车位”成功植入了许多名车广告。用户在这个游戏完成的不仅仅是购买宝马、奔驰、劳斯莱斯等现实生活中想都不敢想的名车，还可能形成广告车型的现实购买力。

在很多 SNS 都具备的“好友买卖”、“礼物”组件中同样有很多植入式广告，当好友被买为奴隶，安抚奴隶的选项中，会出现很多植入式广告。如“送他个 ipad”、“请他喝罐百事可乐”、“给她使用雅诗兰黛眼部精华”……在“礼物”组件中也有植入式广告的身影，如卡西欧相机、百事可乐。这些组件游戏使用户在娱乐的同时接受到广告信息，而这些广告也成为我国 SNS 的盈利方式之一。

我国的 SNS 还和许多知名企业联合策划比较大型的植入式广告，很多 SNS 中都有种地的组件，如校内网的“开心农场”、“开心农民”；开心网的“买房子”等都是植入式广告的良好平台。乐事薯片、果缤纷果汁、伊利金典都曾经在校内网的“开心农场”和“开心农民”引起虚拟种植和饲养高潮；中粮集团推出的“悦活”果汁同样在开心网上引起种植高潮，从而将其成功推向市场。王老吉因为向汶川灾区捐款 1.4 亿而声名鹊起，

“封杀王老吉”的成功营销，使超市的王老吉一度脱销。校内网专门设计了一个组件游戏“王老吉”庄园为其营销。正是因为植入式广告可以以一种不经意的方式唤起消费者的注意，如果植入巧妙的话，还能够引起观众的联想、谈论、思考，从而带动观众对商品的好感和认同，并转换为现实购买力。植入式广告的隐蔽性，使用户不会对其产生反感和厌烦，也给我国的SNS带来了商机和利润。

（2）植入收益的关键——锁住高效注意力资源。植入式广告之所以能带来巨大的广告效益，主要在于植入式广告的接触质量非常高，而且植入式广告一般能抓住信息社会的极度稀缺资源——高度专注的受众注意力。在注意力经济环境下，谁拥有注意力资源，谁就拥有发展的主动权。植入式广告由于其往往出其不意、攻其不备地出现在接触者的视线里，而且或情节高度相关，或被掩盖在受众的竞争意识的背后，让接触者欣然接受，毫无招架之力。植入式广告的优势与SNS的盈利需求不谋而合，可以说植入式广告借助了SNS巨大的用户基数，SNS凭借植入式广告的隐蔽性，形成了双赢，为我国的SNS带来了巨大的利润。如开心网在植入式广告的第一个月就有100万元的广告收入，之后每个月广告收入就是几百万元。

虽然植入式广告为我国的SNS带来了第一桶金，但是组件游戏植入广告的盈利方式能否为SNS带来长久的利润呢？就组件游戏本身而言，其生命周期有限，热潮之后，用户对组件游戏本身的热情开始冷却，那就谈不上植入广告了。再者，植入式广告纵然隐蔽，但是“路遥知马力，日久见人心”，时间久了，当用户对植入式广告产生免疫力，其盈利效果可能就不那么可观了。所以，我国的SNS要想持久盈利，还得挖掘其他的盈利方式。

8.4.3.2 增值服务和联合运营

广告并不是我国SNS的唯一盈利方式。我国的SNS经营者们已经意识到：植入式广告虽然收益可观，但毕竟依靠组件游戏植入广告不是长久之计。正如开心网总裁程炳皓所说，SNS还是“希望依靠社交本身而不是游戏来留住用户”。如果我国SNS成功实现依靠个性内容或有价值的服务留住用户，形成自己的核心竞争力，那么，依靠SNS的用户黏度来实现的广告收入就能够成为其发展过程中源源不断的资金来源。遗憾的是，多数SNS还因没完成这一转型而不得不努力寻求其他的盈利方式，其中增值服务也是我国的SNS获取盈利的一种主要方式。

1. 增值服务

增值服务的收益主要是SNS与社会服务机构相互合作而带来的利润分成。SNS作为一个用户基数较大的网络平台，以其良好的用户体验和用户交互能力，如果与其他服务机构联合起来，也能够获得很大的利润空间。如2009年6月16日，开心网与新华社达成合作，新华社电视正式入驻开心网，成为开心网的第一个机构用户。新华社电视的进入，为开心网增加了新的人气，同时也成为一些用户留在开心网的理由之一。此后，上海文广、壹基金等机构纷纷入驻开心网，成为开心网的增值服务机构。这些机构也为开心网的用户带来了各种各样的信息，满足了用户更深层次的需求，使开心网成为一个为用户搭建深层社会关系的网络平台。可以说，服务机构借助SNS的人气而增加自身的用户使用率，同时为 SNS 带来了财气。

如果说组件游戏为我国的 SNS 赢得了用户，那么，增值服务则是为 SNS 留住用户，增强用户的忠诚度。我国的 SNS 发展迅速，有的甚至可以说是一夜成名。创业容易守业难，我国的 SNS 可能遭遇的发展瓶颈就是其是否能留住用户和创造利润。其中，创造利润是关键，单纯留住用户，没有后续资金也是枉然。增值服务作为一种盈利方式，对我国 SNS 的未来发展会起到多大程度的帮助，目前还很难下定论。因为毕竟它是刚刚起步，一切还在摸索当中。

2. 联合运营

我国的 SNS 的收入方式还有联合运营。联合运营是 SNS 与软件开发商或网络应用开发者合作，SNS 为其开发设计的软件提供平台，后者为 SNS 提供能够吸引用户的各种游戏组件或应用，这些游戏组件或应用在运行过程中所得收益由双方按照协议分割。

表 8－5　校内网应用开发者排行 Top16

排名	开发者	总用户数	每日活跃用户	应用数
1	五分钟（Five Minutes）	31 409 723	1 851 635	4
2	人人游戏	22 768 194	1 256 104	2
3	热酷（rekoo）	25 172 262	1 085 756	2
4	北京智明星通讯科技有限公司	24 473 698	634 401	4
5	博雅互动	12 271 816	548 218	3
6	锐易通	5 505 396	436 320	1
7	北京赛博先锋软件有限公司	4 726 401	360 080	6
8	卢利国	4 937 244	355 235	1
9	昆仑万维	6 172 864	344 849	4
10	上海恺英网络科技有限公司	5 485 392	263 239	1
11	第三方	8 107 584	218 113	28
12	傲世荣盛	15 829 148	165 847	1
13	游戏树（Gametree）	945 212	162 200	1
14	潘美凝	15 104 393	142 907	1
15	亿播在线传媒	3 671 626	127 689	1
16	人人网	12 230 166	119 765	8

注：按每日活跃用户数排名，数据日期 2010 年 5 月 15 日。

联合运营的收益主要来自网络应用或者游戏组件。如多数 SNS 都包含的应用“礼物”，其中设计了很多常规“礼品”，还有一些特殊“礼品”，这些特殊礼品相对精美，或设计精巧，或造型独特，很多还是限量版。用户如果要向好友赠送这些礼物，就需要支付一定的费用。一般费用都很低，都在普通用户的承受范围内。如校内网的支付方式是用人民币兑换校内豆，1 元兑换 10 个校内豆；开心网则是开心币，1 元兑换 10 个开心币。这些礼物一般为1校内豆或1开心币。费用虽然低廉，但就陈一舟在千橡集团更名为“人人网”的新闻发布会上透露的“7 000万用户”而言，假使每年只有平均1%的用户平均消费1元钱，那就是70万。可见，基于巨大用户数量的联合运营的盈利潜力之大。

表8－6　校内应用排行Top16

	应用名称	总用户数	活跃用户数	活跃用户%	昨日新增用户	开发者
1	小游戏	41 072 603	6 343	0%	0	李福松
2	开心农场	30 583 313	1 781 939	6%	64 211	五分钟（Five Minutes）
3	狗狗	26 634 826	67 137	0%	0	程华俊
4	小游戏中心	26 375 202	73 251	0%	829	小游戏中心
5	阳光牧场	20 850 435	950 625	5%	9 893	热酷（rekoo）
6	荣光医院	15 829 148	165 847	1%	484	傲世荣盛
7	开心鱼塘	15 104 393	142 907	1%	0	潘美凝
8	测试	14 225 961	1 907	0%	0	北京智明星通讯科技有限公司
9	人人餐厅	13 746 314	488 941	4%	142 518	人人游戏
10	人人农场	9 021 880	767 163	9%	166 103	人人游戏
11	抢车位	8 703 454	93 413	1%	0	人人网
12	开心农民	6 918 488	609 927	9%	60 961	北京智明星通讯科技有限公司
13	全民斗地主	6 877 479	10 658	0%	142	广州锐汇软件科技有限公司
14	开心宝贝	6 479 542	291 195	4%	140 747	博雅互动
15	天书奇谈	6 469 542	11 090	0%	0	千橡互动
16	泡泡鱼	5 505 396	436 320	8%	7 796	锐易通

注：按总用户数排名，数据日期2010年5月15日。

联合运行收益的大小取决于应用的火爆程度和协议中所规定的利益分成。表8－5中列出了与校内网联合运营的组件游戏和应用的开发者排名Top16。表8－6和表8－7中分别列出了校内网应用按照总用户人数和活跃人数排名Top16。如校内网的开心农场是其总用户人数排名第二和活跃用户人数排名第一的组件游戏，在这个游戏中，用户如果想使用快速化肥、急速化肥、友情化肥来加速作物的成熟，或者需要狗来“看家护院”，就必须支付现实货币来购得校内豆，才能进行购买，普通游戏收益无法购买。尽管每袋化肥的钱数并不多，大约1~3校内豆或校内金币，而且也不是所有的玩家都愿意为此支付现金。但是开心农场有3 000多万的玩家，其中活跃用户170多万，就算仅有活跃用户支付现金，每人只支付1元钱，那就是170多万。联合运营的收益可见一斑。

表 8-7 校内应用排行前 Top16

	应用名称	总用户数	活跃用户数	活跃用户%	昨日新增用户	开发者
1	开心农场	30 583 313	1 781 939	0%	0	五分钟（Five Minutes）
2	阳光牧场	20 850 435	950 625	6%	64 211	热酷（rekoo）
3	人人农场	9 021 880	767 163	9%	9 893	人人游戏
4	开心农民	6 918 488	609 927	9%	166 103	北京智明星通讯科技有限公司
5	人人餐厅	13 746 314	488 941	4%	60 961	人人游戏
6	泡泡鱼	5 505 396	436 320	8%	142 518	锐易通
7	开心水族箱	4 937 244	355 235	7%	7 796	卢利国
8	开心宝贝	6 479 542	291 195	4%	2 208	博雅互动
9	楼一幢	5 485 392	263 239	5%	140 747	上海恺英网络科技有限公司
10	德克萨斯扑克	4 780 070	238 807	5%	2 432	博雅互动
11	升职记	4 099 185	215 210	5%	4 314	昆仑万维
12	未来宝宝	6 918 488	204 839	6%	119 966	北京赛博先锋软件有限公司
13	荣光医院	6 877 479	165 847	1%	6 633	傲世荣盛
14	梦想花园	6 479 542	162 200	17%	484	游戏树
15	开心鱼塘	6 469 542	142 907	1%	5 480	潘美凝
16	动物乐园	5 505 396	135 131	3%	1 733	热酷（rekoo）

注：按活跃用户总数排名，数据日期 2010 年 5 月 15 日。

联合运营的收入并不是一个组件或功能具有，而是分布在多个组件或功能中。如开心网的“买房子”组件中，花园当中为用户提供数十种种子，可供用户选择种植，牧场中有十数种动物供用户饲养。这些种子和动物都是用虚拟货币来购买的，运营商会在用户对游戏痴迷的当口不经意地推出一些需要开心币才能购买的动物或种子，如麒麟、会说话的鹦鹉、刻字苹果等。在特殊的节日，如情人节、春节、圣诞节，还会在道具中推出一些 VIP 场景，这些场景都是需要用开心币支付的。那些级别高的游戏用户，往往克制不住想要购买的欲望，更加难以平息因为仓库中少了其中某种动物或者植物而带来的心理缺失感，游戏的场景也会在用户心中产生一种财富象征价值，这一切都可能转化成用户的现实支付。同样的例子还有开心餐厅的付费场景。

联合运营产生的收益具有很大的不确定性。当一个组件异常火爆的时候，其收入可能很丰厚，可是一旦组件的生命周期结束，其收益潜力也就随之消失。要想保持这一块收入的稳定性，那么就得不断地开发新的组件和功能。但是，中国的 SNS 的现状是组件和应用严重同质化，组件和应用缺乏创造性，套路化程度高。开心农场火了，紧接着出现了开心农民、开心餐厅、开心钓鱼、土地买卖、QQ 农场……这些应用相似程度极高。用户玩多了，玩久了，也就玩腻了。失去用户的青睐，收益也就成为空谈了。

由此可以看出，联合运营作为中国的 SNS 盈利方式并不稳定，盈利前景还需拭目以待。其能否为中国 SNS 创造持久的盈利关键在于 SNS 的组件游戏和网络应用的创新程度和个性化程度的高低。增值服务和联合运营作为中国 SNS 的盈利策略是 SNS 在实践中摸索而来的，也将随着 SNS 的不断发展而逐步完善和稳定。

本章小结

作为一种新出现的事物，Web2.0 的定义尚缺乏统一的论断。国内研究机构——互联网实验室认为：Web2.0 是一套可执行的理念体系，实践着网络社会化和个性化的理想，使个人成为真正意义上的主体，实现互联网生产方式的变革从而解放生产力。从服务的角度看，Web2.0 是一种以 XML、RSS、AJAX 等技术为基础，融合了 Web1.0 的应用模式及新出现的 Blog、SNS、Wiki 等多种多对多互动应用服务，来满足不同用户社会化、人性化需求的服务平台。Web2.0 的典型特征包括：①社会参与性；②开放性；③创造力；④个性化；⑤真实性，此外还有去中心化、聚合性、自组织性等特点。微博即微博客（Micro-Blog），是一种基于 web2.0 技术，用户可通过 Web、Wap 以及各种客户端组建个人社区在微博上即时发布 140 字以内的字符，并实现与同伴（Follower）即时分享信息的新兴媒体。不同的分类标准下，微博的类型也各不相同。按内容来源分，有原创微博、转载微博以及两者兼有的微博；按汇聚方式分，有个人微博和群体微博；按主人的知名度、美誉度以及受欢迎程度分，有精英微博、草根微博、综合性微博等。企业微博主要有业务微博、员工微博和管理者微博。微博营销与其他营销在传播媒介、传播方式、营销成本等方面有很大区别。微博营销的价值表现在：①为广告主提供了低廉而有效的广告平台；②为企业的市场调研和危机公关提供了平台；③有助于企业开展口碑营销和病毒式营销；④有助于企业实现精准营销；⑤为企业的客户服务提供了全新的窗口。微博营销技巧有：①微博数量不在多而在于精；②个性化的名称；③巧妙利用模板；④使用搜索检索，查看与自己相关的内容；⑤定期更新微博信息；⑥善于回复粉丝们的评论；⑦#与@符号的灵活运用；⑧学会使用私信；⑨确保信息真实与透明；⑩不能只发企业产品或广告内容。博客是一种通常由个人管理、不定期张贴新的文章的网站。博客上的文章通常根据张贴时间，以倒序方式由新到旧排列。许多博客专注在特定的课题上提供评论或新闻，其他则被作为比较个人的日记。一个典型的博客结合了文字、图像、其他博客或网站的链接，以及其他与主题相关的媒体。能够让读者以互动的方式留下意见，是许多博客的重要因素。博客的主要特性有个人性、交互性和社群性。博客营销文章的写作技巧主要有：①产品功能故事化；②产品形象情节化；③行业问题热点化；④产品发展演义化；⑤产品博文系列化；⑥博文字数精短化；⑦博客文章重在给予和分享；⑧博客文章切磋与交流。SNS，全称 Social Networking Services，即社会性网络的互联网应用服务。人们在 SNS 服务平台上，通过朋友认识朋友，扩展自己的人际关系。SNS 网站主要有以下四种类型：白领社交型、婚介型、校园社区型和休闲娱乐型。SNS 网站的特点有真实性、现实性、娱乐性。SNS 网站在中国的发展大体上经历了三个阶段。目前国内SNS网站主要具有以下特点：①用户数量多，覆盖率高；②服务种类较多；③市场潜力大；④竞争不断加剧。我国SNS网站盈利策略主要来自广告收益、增值服务和联合运营。广告收入主要来自两部分，一部分是以首页广告和网站点击广告为主的网站广告收入，另一部分广告收入来自于植入式广告。

思考题

1. 你认为微博营销与其他营销的区别有哪些?
2. 简述微博营销的技巧。
3. 博客的主要特性有哪些?
4. 目前我国的SNS网站主要有哪些类型?
5. 你如何理解我国SNS网站的盈利方式?

9

网络营销策划

学习目标

1. 了解网络营销策划原则与分类等内容
2. 掌握网络营销策划流程
3. 理解网络营销组织及绩效评估
4. 了解网络营销的控制

本章结构图

- 网络营销策划
  - 网络营销策划概述
    - 原则及需注意问题
    - 分类
  - 网络营销策划流程
  - 网络营销组织
    - 组织机构的重组
    - 业务流程的重组
    - 企业员工的重组
  - 网络营销绩效评估
  - 网络营销控制
    - 风险因素
    - 风险控制
    - 网络营销风险的消费者保护

引 例

LANDS'END“捐大衣”：平凡主题玩出新意

“捐大衣”这种公益号召，似乎主题太老旧？看看LANDS'END服装公司如何把它“玩”得全球皆知！

近年来，美国Sears零售百货公司似乎不再是美国人购物的首选之地了，业绩频频下滑，原因是消费者已经厌倦了它一成不变的购物体验，从而转向更加物美价廉的购物场所，如沃尔玛和 Target。但是，Sears 旗下一家资产高达 507 亿美元的分公司——LANDS'END 服装公司的表现却令人瞩目。

LANDS'END 成立于 1963 年，是世界上 15 家最大的邮购公司之一。作为在服装、箱包和日用百货领先的老牌零售商，LANDS'END 早在 1995 年就开展了互联网战略，当时有大约 100 种商品。其后，该公司的网站在时机成熟时，逐渐提供了下列服务：公司所有的商品，实时的、个性化的交互式导购员，以及“大家一起购物”（能够使不同地点顾客在网上交谈）系统和购物广告。这些技术和服务，进一步扩展了目录购物方式给消费者带来的购物体验。这个网站上活生生的导购专家，可以通过网上聊天方式来帮助你找到自己想要的商品。为了让逛街情境能活生生搬上网络，LANDS'END 的努力还不止这些。最近，它利用实时聊天功能，让女性在网上逛街时多了点沟通乐趣。不论何时何地，当你对 LANDS'END 网上提供的商品有任何问题，都可以向在线店员实时询问相关信息。更妙的是，LANDS'END 也为爱一起逛街的女人们设立“姊妹淘逛大街”（Shop with a friend）的实时对谈服务。无论你的好姊妹远在东京或纽约，都可以透过网络，跟你一起逛 LANDS'END 虚拟大街，一边看网上展示的最新服装、一边运用网站提供的实时聊天软件交换趣闻八卦。这种注重运用网络渠道进行销售，利用诸如病毒视频和微博客等手段与顾客进行深度沟通的网络营销手段无疑帮助 LANDS'END 获得了成功。根据不同的业内评估标准，该公司的网站凭借销售额都可以跻身零售业十大顶级公司之列。

这个冬天，LANDS'END 和美国国家联盟（The National Coalition）一起策划实施的“大热身”（Big Warm-up）公益营销活动，又一次证明了该企业“化平凡为亮点”的创新 DNA。

“大热身”活动很简单，即号召波士顿地区的人们捐赠大衣给那些无家可归的游民，以帮助他们度过这个寒冷的冬天。这种主题并不少见，而 LANDS'END 采用的手法却不简单。

第一，捐赠者每捐出一件大衣，在其购买 LANDS'END 的新大衣时即会获得 20% 的折扣。除了折扣，捐赠者还会获得一个独特的条形码，用这个条形码，可以查询捐出的大衣的信息。

第二，在活动开始，LANDS'END公司通过邮件的方式。给人们传送视频。这个视频由美国Vanksen公司推出，用创意手法号召人们参与Big Warm-up活动。在视频结尾，是一件大衣，邮件收件人的名字被呈现在大衣标签上，正如那些接受捐赠的游民们所看到的一样。

Facebook是这次Big Warm-up活动的又一功臣。在Facebook的Big Warm-up上，会显示有多少Facebook网友加入这个活动，收到多少衣服，产生多大影响力。最特别的是，参与者会清楚地看到自己认识的朋友中已有几人加入、捐了多少件衣服，通通一目了然。利用朋友间的影响力，Big Warm-up活动的影响力在不知不觉中发挥出来。

但是，Facebook也有其弱项，那就是网页的呈现效果在现阶段不能和独立活动网页相媲美。如果再有好的活动网页，有详细活动说明和进度，效果就会加倍。这一点，Lands'End也想到了。活动网站www. bigwarmup. com就以极具创意的表现手法，呈现了活动的缘由、目的和最新进展。目前，该网站的网页截图在一些广告类网站广为流传。

第三，为了配合活动的线下宣传，LANDS'END还在波士顿市区中心的博伊尔斯顿广场进行艺术装置展示。根据粗略统计，波士顿地区的流浪者大约是7 680人，所以展示就采用768个和真人一样大小的塑胶装置，每个装置分别代表10个无家可归的男人、女人和儿童。随着大衣收集工作的进行，装置将用于大衣收集数量的倒计时。

尽管按照计划，活动由2009年10月29日开始至2009年11月30日结束，但是，这场温暖人心的公益活动似乎无法停止得那么彻底。也由于这次营销活动的极大成功，LANDS'END公司营销总监决定将这次活动由波士顿地区扩展到全美国，并且让它的母公司美国Sears零售百货公司也加入进来。除此以外，一段30秒的广告片将会在波士顿电视台开播。

目前，根据www. bigwarmup. com网站的最新统计数据，大衣捐赠数量已经达到33 344件。直接的营销效果是，随之而来LANDS'END将售卖出相同数字的大衣。间接的营销效果更不必说了，通过视频病毒传播、Faeebook、网站、创意塑胶模型展览和电视广告，LANDS'END打了一场漂亮的营销战。

（资料来源：创业第一步网，http：//www. cyone. com. cn/qikan/201006/10679. html，案例有修改）

任何一件成功的事，都需要精心的策划。可以说，我们处在一个完全依赖策划的年代。网络营销策划是指企业以电子信息技术为基础，以计算机网络为媒介和手段，对将来要发生的营销活动及行为进行超前决策（包括网络营销调研、网络产品开发、网络分销、网络促销、网络服务等）。如今，网络营销策划对企业在网络时代的生存和发展起着至关重要的作用。

9.1 网络营销策划概述

9.1.1 网络营销策划原则及需注意问题

9.1.1.1 网络营销策划原则

1. 系统性原则

网络营销是以网络为工具的系统性的企业经营活动，它是在网络环境下对市场营销的信息流、商流、制造流、物流、资金流和服务流进行管理的。因此，网络营销方案的策划是一项复杂的系统工程。策划人员必须以系统论为指导，对企业网络营销活动的各个要素进行整合和优化，使“六流”皆备，相得益彰。

2. 创新性原则

网络为顾客对不同企业的产品和服务所带来的效用和价值进行比较带来了极大的便利。在个性化消费需求日益明显的网络营销环境中，通过创新，创造和顾客的个性化需求相适应的产品特色和服务特色，是提高效用和价值的关键。特别的奉献才能换来特别的回报。创新带来特色，特色不仅意味着与众不同，而且意味着额外的价值。在网络营销方案的策划过程中，必须在深入了解网络营销环境尤其是顾客需求和竞争者动向的基础上，努力营造旨在增加产品价值和效用以及为顾客所欢迎的产品特色和服务特色上。

3. 操作性原则

网络营销策划的第一个结果是形成网络营销方案。网络营销方案必须具有可操作性，否则毫无价值可言。这种可操作性，表现为在网络营销方案中，策划者根据企业网络营销的目标和环境条件，就企业在未来的网络营销活动中做什么、何时做、何地做、何人做、如何做的问题进行了周密的部署、详细的阐述和具体的安排。也就是说，网络营销方案是一系列具体的、明确的、直接的、相互联系的行动计划的指令，一旦付诸实施，企业的每一个部门、每一个员工都能明确自己的目标、任务、责任以及完成任务的途径和方法，并懂得如何与其他部门或员工相互协作。

4. 经济性原则

网络营销策划必须以经济效益为核心。网络营销策划不仅本身消耗一定的资源，而且通过网络营销方案的实施，改变企业经营资源的配置状态和利用效率。网络营销策划的经济效益，是策划所带来的经济收益和策划与方案实施成本之间的比率。成功的网络营销策划，应当是在策划和方案实施成本既定的情况下取得最大的经济收益，或花费最少的策划和方案实施成本取得目标经济收益。

5. 协同性原则

网络营销策划应该是各种营销手段的应用，而不是方法的孤立使用。诸如论坛、博客、社区、网媒等资源要协同应用才能真正达到网络营销的效果。

9.1.1.2 网络营销策划需注意的问题

1. 倾听客户

网络营销策划服务的基本出发点是为了满足顾客需求，它们的站点设计的共同特点之一就是便于顾客使用，这使顾客能够直接给企业反馈信息。顾客们能告诉企业某种产品何时是适应市场需求的，或他们要求产品做哪些具体的改进等。很多企业发现顾客直接反馈系统能激发工作人员最好的思想，促使质量的提高。供应商、零售商、顾客应是整个营销过程的重要参与角色，由此可形成一个互动的系统。

2. 循序渐进

应将每一项服务和每一件产品都视为一个多步骤、循序渐进的过程，而不是一蹴而就的事。这要求每天都要对站点进行不断的改进，比如更换图形、修补破损的链接、改正拼写错误等。从这些小事做起，使站点精益求精。由此，顾客也会赞赏企业所做的这些持续的努力。

3. 密切注意顾客的变化

企业设立站点的最初的一个原因就是要减少电话服务。但现在顾客仍然可能会打电话，就一个技术细节或比较棘手的问题询问技术服务部门。顾客经过吸取网络站点的信息，对服务的要求与以前相比已大大地不同了——他们对产品的知识基础、信息需求的水平都大大提高了。公司要适应这种需求的增长，无疑也应不断地积累、增长自身的知识。

4. 灵活性

网络媒体允许企业不断地完善和扩展它的内容，可以一步一步地扩展，而不必也不可能一下子就尽善尽美，有很大的灵活性。

5. 应急支持计划和系统

应将开发、运送、培训的部门都包括到网络顾客服务支持小组中来。如果他们都不知道网络服务是怎样运用的，就无法通过网络工具帮助顾客。同时还要考虑到灾难性事件发生的可能性：如果每天有 10 000 个顾客利用站点寻求帮助，可是有一天系统突然出现故障，怎么办？所有企业都要保证有一个应急的支持系统，支持在线数据库分析系统或其他解决问题的方法。

6. 做先知，更要做先行

随着科学技术的发展、网民数量的激增，网络在人们的日常生活中扮演着越来越重要的角色；同时，网络营销推广也凭借其诸多优点正在逐渐成为最重要、最有效的营销推广方式。据有关数据统计，在国外，80% 的个人和企业都选择网络媒介进行营销推广，并从中获得了极好的效果。而在中国，虽然选择“网络营销”的人只有 7% ~8%，不到国外的 1/10，但仅仅在这选择了网络营销的“1/10”中，都有多半的公司、个人因为网络营销的强大力量，得以在与对手的竞争中崭露头角、赢得商机。随着网络影响的进一步扩大，随着人们对于网络营销理解的进一步加深，以及越来越多出现的网络营销推广的成功案例，人们已经开始意识到网络营销的诸多优点并越来越多地通过网络进行营销推广。

9.1.2 网络营销策划的分类

网络营销策划按照不同的标准有不同的分类。

9.1.2.1 按网络营销策划层次分类

1. 信息应用层策划

这是最简单、最基本的一层。在这个层次上，企业主要通过利用 Internet 来发布信息，并充分利用网络优势，与外界进行双向沟通。在这个应用层中，不需要企业对信息技术有太高的要求，只是最基本的使用。比如通过发 E-mail 与消费者进行沟通、交流，定期给客户发各种产品信息邮件、产品推荐邮件、电子刊物等，加强与顾客的联系；建立企业主页，将一些有关企业及其产品、服务的介绍放在上面，辅之精美的图文，供访问者浏览；通过专用数据专线上网。

2. 战术营销层策划

企业主要进行下列工作：

（1）网络营销调研。利用 Internet 在线调研可以轻松地完成大量的复杂的调研工作，能够充分满足各种统计数据的要求，提高营销调研的质量。由于它使用电子问卷，从而大大减少了数据输入工作，缩短了调研时间。

（2）网上销售。这是目前网络营销最具诱惑力的地方之一。数以千计的企业在网上安营扎寨，销售产品种类繁多。而实际中，这个企业也许仅仅就是一台电脑，没有厂房，没有员工，没有办公大楼。他们是网上的“虚拟巨商”，却又是如此地真实。网上销售与传统的商业销售的实物流程相分离，是信息时代的一种营销手段。

（3）营销战术系统。主要包括一些用于管理库存的子系统，用于宣传产品、链接网站的子系统及用于答复用户意见、反馈信息的子系统。决策者们利用网上的这一系统分析工具，进行着各种各样的决策活动。

3. 战略营销层策划

这个层次是建立在战术营销层基础上，将整个企业营销组织、营销计划、营销理念等完全融入网络，依靠网络制定方针，开展战略部署，实现战略转移，缔结战略同盟等战略决策。

9.1.2.2 按企业现有网络营销的进度分类

1. 网络营销改进型策划

曾经进行过网络营销，但在网络发展迅速和更新频率加快的同时，现有的网络营销机制已经无法满足大众口味，多个方面受到了影响。产品负面新闻直接影响到产品在市场的受追捧程度，同一产品新厂商的出现加剧了企业竞争网络市场，网络营销中的推广环节过于拥挤导致产品无法得到消费者的信任等。而这种曾经实施过的网络营销行为均会被淘汰，需要新的方案来改进现有方案。这就是网络营销改进型策划的出现前提。对于改进型网络营销策划，着重考虑原有基础上受制约的因素，不仅要跟上网络市场的步伐，更需要洞察同行对手在网络营销上采取的各种方法。对于一个企业在发展过程中遇到的问题，必须与网络市场相结合，网络与市场相结合发展，才能在网络大市场中占得一席之地。

2. 网络营销创业型策划

网络营销与策划更多地偏向于许多创业者，这也成就了所谓的创业型策划的开篇，对于新事物的产生，必须要有一个心理准备，任何一个电子商务人员和企业管理者都必须有这种创业型策划的意识。创业型策划需要包含的内容有：项目发起、项目预测、项目预实施、不可预见性因素预测、项目投放、项目评估、项目改进、具体实施内容、最后转向改进型策划。项目预测中需要做一个项目网络市场和网下市场调查，确保网络营销的顺利进行，并且可以在发现问题中及时得到解决，其中的不可预见性因素预测是非常重要的，需要结合同类或者其他产品在投入网络市场之后所遇到的各种问题来考虑创业型策划的全面性，确保整个网络营销计划的成功。

3. 网络营销辅助型策划

利用各种网络手段，如SEO技术，来加强企业在网络营销上的力度，以获得更好的效果。配合各种技术及手段而做的策划称之为网络营销辅助型策划，这类策划需要企业协调各部门之间的配合，优化组合，优化在新的网络市场中的营销效果。

4. 网络营销效益型策划

网络营销效益型策划，主要是针对中小企业，包含网络营销策划、综合网络推广、效益型网站建设及优化、营销效果跟踪管理等综合顾问式的策划。这种策划特别适用于需要开展基于互联网网络推广且对网络营销效果较为迫切的中小企业。企业无论原来是否拥有企业网站，也无须拥有专业的网络营销人才，都可以选择效益型网络营销策划。

9.1.2.3 按企业网络营销目的分类

1. 销售型网络营销策划

销售型网络营销策划目标是指为企业拓宽网络销售，借助网上的交互性、直接性、实时性和全球性为顾客提供方便快捷的网上售点。目前许多传统的零售店都在网上设立销售点，如北京图书大厦的网上销售站点。

2. 服务型网络营销策划

服务型网络营销策划目标主要为顾客提供网上联机服务。顾客通过网上服务人员可以远距离进行咨询和售后服务。目前大部分信息技术型公司都建立了此类站点。

3. 品牌型网络营销策划

品牌型网络营销策划目标主要在网上建立企业的品牌形象，加强与顾客的直接联系和沟通，增加顾客的品牌忠诚度，配合企业现行营销目标的实现，并为企业的后续发展打下基础。目前大部分企业站点属于此类型。

4. 提升型网络营销策划

提升型网络营销策划目标主要通过网络营销替代传统营销手段，全面降低营销费用，提高营销效率，促进营销管理和提高企业竞争力。如戴尔、海尔等站点属于此类型。

5. 混合型网络营销策划

混合型网络营销策划目标力图同时达到上面目标中的若干种。如亚马逊通过设立网上书店作为其主要销售业务站点，同时创立世界著名的网站品牌，并利用新型营销方式提升企业竞争力。它既是销售型，又是品牌型，同时还属于提升型。

9.2 网络营销策划流程

网络营销策划遵循一定的流程，具体如下：

9.2.1 形势分析

制定网络营销策划需要对目前的经营状况、已开展的电子业务及以前的一些营销计划进行全面的熟悉和了解。这要求企业先收集整理相关信息，同时思考一些问题。

1. 需收集整理的营销信息

（1）与企业营销有关的经济、社会、文化、人口等资料及发展趋势；

（2）与企业营销有关的权威机构的统计数据、学术研究资料；

（3）所在行业的历史现状和发展趋势；

（4）准备进入市场的资料和预测；

（5）企业各年度的营销计划与执行计划。

2. 需思考的问题

（1）企业有哪些销售网络，应该做哪些完善工作？

（2）企业的营销组织、营销人员是否适应市场的发展？

（3）企业的潜在消费者是谁？在哪里？购买力如何？

（4）企业以前执行的营销计划成功和失败的原因是什么？

网络营销的形势分析主要是指SWOT（Strengths、Weaknesses、Opportunities、Threats）分析，即在对环境和竞争力进行分析时，对公司内部的优势与劣势的分析，以及对公司外部所存在的机会与威胁的分析。例如，当初亚马逊公司抓住在线销售的机会时，市场上的竞争还不是很激烈。亚马逊公司面临的最大风险是有一家大的连锁书店（巴诺书店，Barnes &Noble）声称要全面进入网络市场。该公司最大的劣势是没有在线售书的经验，甚至没有办理信用卡交易的经验。而且巴诺公司不了解如何把书装箱托运，最初把书放在地上打包，后来还是一位木匠建议制作一个打包台，才算解决了问题。公司最大的优势是有一个精明的团队，他们肯钻研、善于学习。对于亚马逊公司来说，幸运的是，那些大的书店动作迟缓，也正是他们的延迟进入，才给了亚马逊一个创建网上品牌的机会。直到亚马逊公司的股票上市前夕，巴诺书店（www. bn. com）才开始反击，但已经太迟了。亚马逊公司的首席执行官杰夫·贝索斯（Jeff Bezos）声称他们不会开设实体书店，因为那将不能显示自己的差异性优势，这也显示了这家公司战略决策的英明。对于巴诺公司来说，它无法将实体中的强大优势转化为网络市场上的优势，且面临着渠道冲突，它必须向销售渠道的合作伙伴解释顾客在线购书可以更便宜的原因。

值得一提的是，一家企业在网络市场的优势、劣势与其实体市场中的优势、劣势是不一样的。表9－1显示的是电子商务企业所需要的一些关键的能力。

表9－1　电子商务企业必须具备的能力

内部能力	举例
与客户沟通	电子商务、客户服务、分销渠道
生产与执行	供应链管理、生产计划、存货管理
人员	文化、技术、知识管理、领导能力、对电子商务的执行能力
应变	文化、商务智能、应变能力
技术	ERP系统、原有集成应用程序、网络、网站、安全性、IT技术
绩效考核	对正确的行为进行考核，对错误的行为进行纠正
核心组织结构	财务部、研发部、人力资源部

9.2.2　制定网络营销战略

该步骤中，营销人员将进行网络营销战略规划，这部分规划包括两个层面的战略。第一层面包括：市场细分战略、目标市场战略、差异化战略与市场定位战略；第二层面为按照4P的内容和关系管理制定的营销战略。此外，营销人员还要设计客户关系管理（CRM）及伙伴关系管理（PRM）战略。在实践中，第一层面的战略和第二层面的战略是互相关联的（见图9－1）。步骤2、3是一个互动的过程。例如，营销人员选择最好的目标市场，确定具有竞争性的市场定位，这要求广告、定价等工作进行配合。同样，如果没有明确的品牌承诺（指公司承诺给客户的利益），企业将很难进行品牌定位。

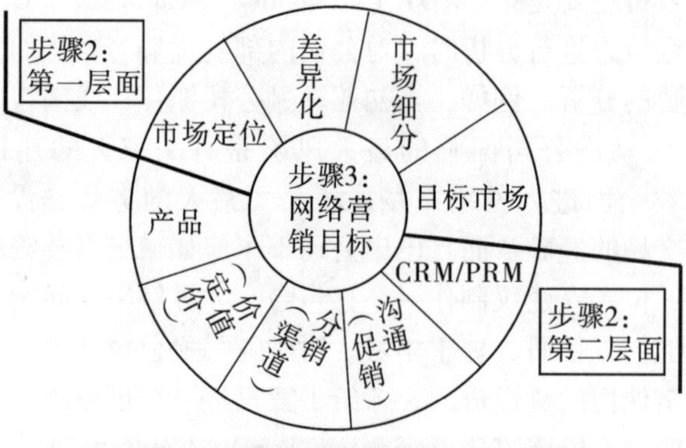

图9－1　网络营销策划的第2、3步骤

9.2.3 确定目标

网络营销策划的目标要明确，要符合企业实际，既不能过高，也不能过低，以量化目标为主，以便对目标进行控制和检查。如果把企业的营销目标按时间、地点、人员进行分级，将有利于目标的实施。网络营销策划中一般也要说明为什么设定这样的目标，也就是在一定的外部环境下，利用电子商务的战略和网络营销的手段，说明为什么这样的目标是可望又可即的。

一般情况下，网络营销策划目标包括以下 3 个方面：任务（需要完成什么）、可量化的工作指标（工作量是多少）、时间限制（什么时候完成）。

但事实上，大部分的网络营销策划都希望完成多个目标，例如：

（1）增加市场份额；

（2）增加企业博客上客户评价的数量；

（3）增加销售收入或销售量；

（4）降低成本（例如分销成本或促销成本）；

（5）完成品牌目标（例如提高品牌知名度）；

（6）扩大数据库的规模；

（7）完成客户关系管理目标（例如提高客户满意度，提高购买频率或维系客户的比例）；

（8）改进供应链管理（例如提高渠道成员的协作能力，增加合作伙伴数量，优化存货水平）。

在制定好网络营销目标后，企业需要审视自己的目标和之前规划的战略是否一致。利用目标—战略矩阵图，就可以很好地帮助营销人员理解他们在执行计划时所必需的条件（见表 9－2），每一个方格包含一个“是”或“否”，判断的依据是营销人员能否将目标与战略联系起来。

表 9－2　网络营销目标—战略矩阵图

在线经营目标	在线战略经营				
	在线广告	数据库营销	电子邮件	在线销售	病毒式营销
增加博客上的评价	是	否	是	否	是
搜集客户信息	否	是	是	是	是
改进客户服务	否	是	是	是	否
提高品牌知名度	是	是	是	是	是
销售产品或服务	是	是	是	是	是
改善公司形象	可能	是	是	是	是
开展促销活动	可能	是	是	是	是
引领销售	否	否	是	是	是

9.2.4 制订行动方案

厂商为了实现目标选择营销组合（4P）、客户关系管理以及其他战术，制订出详细的实施行动方案，同时去判断是否有一支合适的营销队伍（即员工队伍、部门结构、应用服务提供者以及其他的外部公司）去执行方案。只要战术得当，企业就可以有效地实现目标。

网络企业格外关注信息收集的战术，因为信息技术对自动化信息收集有很大的优势。企业可以运用网站、网络跟踪器、电子邮件、在线市场调研等形式来搜集现有客户、潜在客户及其他利益相关者的有关信息。其他重要的战术包括：

（1）网站日志分析软件。帮助企业了解用户在网站上的行为，以便更好地满足客户需求。

（2）商业智能。利用互联网进行二手信息调查，帮助企业了解竞争对手及其他市场力量的信息。

9.2.5 预算

任何一个策划的关键部分是确定预期的投资回报。企业可以将收益与成本比较，进行成本—收益分析，计算投资回报率（ROI）或内部收益率（IRR），从而判断自己所做的投入是否值得。投资回报率是指净利润与总资产（固定资产+流动资产）之比。网络营销企业的投资回报率一般按照项目利润÷投资额（包括市场调研、产品开发、新产品推广测试所投入的资金）来计算。

1. 收入预测

在预算中，企业可用一个固定的销售预测方法来评估网站在短期、中期、长期获取的收入。在计算过程中，企业要利用公司的历史数据、行业报告以及竞争对手的信息。收入预测的一个重要部分是评估网站在一段时间内的访问量，因为这些数字会对公司期望从网站中所获取的收入产生影响。网络经营的收入渠道主要包括网络站点的直接销售、广告销售、订阅费、会员介绍费。在伙伴站点实现的销售、佣金收入和其他收入。企业可以用电子数据表格的形式对这些分析进行汇总。电子表格能显示一段时期内的期望收入和获得这些收入的渠道。

在预测收入时，无形收益是很重要的一部分。和实体企业经营的情况相似，网络营销战略中的无形收益也很难确定。例如，美国航空公司开展一些活动，在活动期间，顾客会定期收到关于常客计划账户余额信息的电子邮件。这项工作能够创造多少品牌价值呢？网站帮助提高了品牌知名度，它的价值又有多大呢？用财务数据来显示这样的收益是一项非常繁重的工作，但又是必不可少的。

另外，通过网络的高效率所节约的成本也是企业的收入，这里称为企业的软收入。例如，如果在分销渠道上通过批发商、分销商和零售商将制造商和客户联系起来，那么每一个中间商都能从中获益。价格制定的方案一般是制造商将价格提高50%卖给消费者。因此，如果一个制造商以50美元的价格将其产品卖给批发商，那么终端消费者需要支付

165 美元才能购买到此产品。如果制造商跳过那些中间商而在网上直接将产品卖给消费者[称为"去中介"(Disintermediation)]，那么它可以将产品定价为 85 美元，增加了 30 美元的收入。这种方法能否为厂商带来利润，取决于把产品递送给消费者所花费的成本。另外还有一个例子，假设打印、邮寄一封邮件需要 1 美元，那么给 5 000 个消费者邮寄就需要 5 000 美元。事实上，这 5 000 美元厂商是可以节约的，如思科公司利用在线计算机系统来处理销售业务，每年竟然可以节约成本 2.7 亿美元。

2. 网络营销成本

开展网络营销会产生各种成本，例如人员工资、购置硬件和软件等设备的开支、项目设计费用等。此外，一些传统的营销成本也可能会出现在网络营销预算中。例如，为增加网络访问量而支付的离线广告成本。为简明起见，这里只讨论与技术相关的成本。一般来说，除了最基本的开支外，建立一个网站的成本少则 5 000 美元，多则高达 5 000 万美元。当然，若仅仅只开发一个最基本的网站，或者只开设一个博客，则要节省很多。以下列出的是网站开发可能发生的一些费用：

(1) 技术费用。包括软件和硬件购置费用、联网费用、服务器购置费用、教育方面的资料及培训费用，以及站点的运营及维护费用。

(2) 站点设计。网络站点需要平面设计师来创建一个具有吸引力的页面，包括图片和照片。

(3) 人员工资。所有参与网站开发和维护的工作人员的工资都要列入预算项目。

(4) 其他网站开发费用。除去技术费用和人员工资，其他的费用都在这一项中列支。比如域名注册、雇用专家编写内容或进行其他开发和设计活动所需的费用。

(5) 营销沟通费用。凡是与增加网站访问量吸引回头客消费直接相关的费用（比如在线或离线的广告、公关、促销活动等）都列入营销沟通费用。其他的费用包括：搜索引擎排名费用、在线咨询费用、邮件列表租金费用、竞赛奖励等。

(6) 杂项费用。杂项费用可能会有差旅费、电话费、网站建设初期发生的文具用品费用等。

9.2.6 评估

一旦网络营销策划开始实施，企业就应该对其进行评估，以保证策划的成功实施，这意味着网络营销人员必须在网站开通前建立好合适的跟踪系统。这一点将在下一节中详细展开。

总结以上网络营销策划流程，包括 6 个步骤，即形势分析、制订网络营销战略、确定目标、制订行动方案、预算、评估。具体见表 9-3。

表 9-3　网络营销策划流程

步骤	任务
1. 形势分析	收集相关营销信息，思考和审视企业的经营状况和环境，进行 SWOT 分析
2. 制订网络营销战略	判断组织与多变的市场机遇之间的一致性，完成第一层面战略（市场细分、目标市场、差异化市场、市场定位战略）与第二层面战略（4P 及 CRM/PRM 战略）；对目标进行必要的修改
3. 确定目标	判断并确定源自网络营销战略的一般目标
4. 制订行动方案	设计网络营销组合技术（产品与服务、定价与评估、分销与供应链管理、整合营销沟通战术）；设计 CRM 与信息收集战术；为实施行动方案设计组织架构
5. 预算	预测收益、估计为达到目标所需的成本
6. 评估	确定适当的绩效考核指标

9.3 网络营销组织

1. 组织结构的重组

以互联网为基础的网络营销给传统的企业组织带来了很大的冲击，它打破了原有的工作单元间的界限，而重新组合形成了一个直接为客户服务的工作组，企业间的业务单元不再是封闭的金字塔式层次结构，而是网络的相互沟通、相互学习的网状结构。

在网络营销的构架下，企业组织信息传递的方式由单向的“一对多”式向双向的“多对多”式转换。而且在“多对多”式的企业网络式的组织结构中，信息无须经过中间环节就可以达到沟通的双方，大大提高了工作的效率。这种管理模式下的网络营销主要有两个特点：一是网络营销构成了企业的内部网、数据库，所有业务单元可以很快地通过网络直接交流，管理人员之间沟通的机会大大增加，组织结构处于分布化和网络化结构；二是网络营销使得中间管理人员获得了更多的直接信息，大大提高了他们在企业管理决策中的作用。从而实现了扁平化的组织结构。

网络营销模式下的企业结构重组的另一个特点即是由集权制向分权制转换，网络营销的推行，使企业过去高度集中的决策中心组织改变为分散的多中心决策，这种多组织单元共同参与、共担责任并由共同利益驱动的决策过程使得员工的参与感和决策能力大大提高，充分发挥了员工的主观能动性，从而提高了企业的决策能力。

2. 业务流程的重组

组织结构的变化，使得组织层次减少，一切管理都是围绕保障核心业务工作的完成而进行的，因此，管理不再是过去的垂直式上级领导管理，而是等级较少的工作组式管理。管理的重点不再是完成计划，而是加强沟通，适应市场变化。随着管理手段的提升，企业管理效率必然提高，企业管理的难点不再是信息处理而是如何将信息转化为对企业决策有用的知识，所以企业在调整组织、改变管理方式时必须遵循一定的标准和方法。

业务流程重组（Business Process Reengineering，BPR）是分析如何采用信息技术来改造企业业务流程，而业务流程是指一系列为顾客创造价值而又相互关联的活动。业务流程重组不是简单的随意设计，它是在依赖有关技术改进和方法改进的基础上对原有的流程再设计和改变，提高流程效率和效用。下面是在设计过程中需遵循的几个基本原则：

（1）围绕输出而不是任务进行组织。通过确定和识别流程服务对象及目标，以最小成本和时间代价进行组织和管理。

（2）由使用输出结果的用户执行流程。设计良好的信息系统最终能综合全部流程，能够使得输出结果的最终用户自己引导输出结果。

（3）把信息的处理纳入实际的工作。没有必要设计一个独立的操作完成信息的处理，应配合实际工作处理，否则将降低工作效率和效用。

（4）将分散资源集中。网络技术使得信息工作者所在地点无关大局，并能保持集中控制。

（5）连接平行活动。业务活动的重复是常有的，通过信息分析揭示业务重复部分，并通过对这些活动背后的信息结构的理解取消重复和减少重复。

（6）将决策置于工作的执行之中。工作流程经常被中断以便高级管理人员给予批准，通过搞清楚决策的基础和必要的信息，决策点可能被转移到实际工作中去。

（7）在源头一次性获取信息。在很多组织中信息重复的水平令人吃惊，信息重复导致信息的不完整性和模糊性。

所以在网络营销中，有条件的企业可以利用 Internet Web 技术创立企业的 Extranet 系统，该系统是企业对外设立的一个营销运作的虚拟网络平台。在这个平台上，企业可以宣传产品品牌、企业形象、服务内容、沟通外界的商贸联系、开展网络营销业务等。网络营销要围绕 Extranet 来展开，营销策略中的相当一部分内容则要通过 Extranet 来实现，因此相应地必须对企业业务流程进行重组。例如，在商品或原材料的供需和信息服务方面，可将原来的各类订货汇合商业供销流程转移到网上，这样不仅节省了大量费用，而且有利于拓展销售的范围和市场，寻找到更好的供货商。

3. 企业员工的重组

企业实施网络营销后，营销组织结构必将发生变化，原来的岗位也将相应发生变化，组织内部许多原有旧岗位不再需要设立，一些新的岗位需要增加，同时一些岗位的人员可以减少，另外的一些岗位人员需要增加。

（1）顾客服务部门岗位变化。在传统营销组织机构中，顾客服务岗位主要是接待顾客、记录顾客的问题，然后将问题移交给有关单位处理，处理完后再反馈给顾客。因此，顾客不但等待周期长，而且经常出现无人过问的现象。在网络营销中，顾客服务成为重要岗位，要求能马上给顾客进行答复。因此，许多企业都成立了顾客服务中心，由许多有技术背景的专业人员提供服务。

（2）销售部门岗位变化。传统营销中，销售部门是重要部门，因为销售人员绩效的好坏直接关系到企业市场销售业绩的好坏。在网络营销中，企业可以通过互联网进行销售，相较于传统的一些销售人员，特别是推销人员的上门推销，其职能将发生变化。现在销售人员不再简单地推销，而是给客户进行产品介绍和说明，为客户的理性购买提供决策支持。

（3）市场部门岗位变化。传统营销中，市场部门岗位主要是进行广告宣传和促销策划。在网络营销中，市场部门不但要在传统市场继续进行活动，而且还要面对网上市场开展促销活动。因此，市场营销部门的岗位要求发生了变化，主要是提升营销人员对网上市场的认识。另一方面，由于顾客购物由过去的被动式有限选择变为主动的大范围选择，企业营销策略由过去的推式营销转变为拉式营销。市场部门在采用传统营销手段的同时，还要考虑促销活动如何吸引顾客注意，这对市场部门的岗位要求更高。

由于网络营销中信息和业务的紧密结合，使得企业员工工作及职业生涯的本质会发生重大变化，这就需要对企业员工进行重组。在这种情况下，企业应该改变人才培养模式，注重培养出能够横跨业务、管理与网络及其他信息技术的通才，以实现企业员工的重组。

9.4 网络营销绩效评估

网络营销绩效评估指的是企业通过科学的原理与方法，采取一定的指标来评定和测量其营销行为和效果。如今，许多企业的管理者已经意识到网络营销绩效评估的重要作用，正积极地建立和完善自身评估体系。这里我们采用平衡计分卡来提出一些重要的绩效考核指标。平衡计分卡是从客户、内部管理、学习与成长、财务四个角度，将组织的战略落实为可操作的衡量指标和目标值的一种新型绩效管理体系。需要注意的是，下面所阐述的是企业一般的目标和网络营销考核指标，企业可以根据具体的情况制定各自的考核指标体系，它不是一成不变的。关键在于企业要明确目标，根据目标设计考核指标，并以此来指导工作进程，确保目标的实现。

1. 客户视角考核指标

客户视角，是指以企业传递的客户价值来衡量绩效。客户视角考核指标最重要的是衡量客户的忠诚度和终身价值。还有一些其他的考核指标帮助企业提高客户价值，例如，客户对产品价值的感知，选定的目标市场是否合理，客户的购物模式等。企业还必须重视向合作伙伴和供应商提供的价值，因为他们若不满意，就很容易投入竞争对手的怀抱。在线客户的参与度是一项新的但又是十分重要的指标，它包括客户的人数，还有张贴到网站上的照片、视频以及种种由网络用户制作的内容。表 9 – 4 是网络营销企业可以制定的几种衡量客户价值的考核指标。

表 9 – 4　客户视角考核指标

目标	考核指标
提高对新网站的知晓度	目标市场对网站服务的知晓度
	网站访问人数
让客户参与网站经营	客户在网站上张贴的评论、照片、视频等数量
增加网站上软件的下载量	网站登录次数
提高网站客户满意度	对网站目标客户进行调查
	网站的访问量和网站滞留时间

（续上表）

目标	考核指标
提高在线购买价值和客户满意度	客户通过电子邮件或电话的投诉次数
	放弃的购物车数量
	相同产品在线和离线销售量
提高客户在线购买量和购买频率	数据挖掘，了解购买频率的变化情况
建立客户关系	人均购买量（使用网络跟踪器提供的数据）
	维系客户的百分比
从目标市场获取关系	根据细分市场标准进行数据挖掘，了解客户的购买方式
缩短从接受订单到递送商品的时间，短于竞争对手	从客户下单到商品配送之间的天数
	竞争对手的配送时间
提高电子票券的使用频率	电子票券的兑换量
建立网站社区	社区注册量
	注册用户上传的信息数量
为企业业务伙伴提供价值	—
增加合作伙伴	一段时间中的合作伙伴数量
与合作方网站进行交叉销售	从我方网站进入对方网站的访问人数

2. 内部管理视角考核指标

内部管理视角，是指评估企业如何通过内部经营管理来满足客户的期望值。此角度下的考核指标是网络营销企业制胜的关键要素。内部管理的许多目标影响着人力资源、信息技术和其他的各个领域，他们直接或间接地影响着营销战略，影响着经营绩效。需要指出的是，整个供应链也被纳入了内部管理的范畴。表 9－5 是从内部管理视角观察企业目标和绩效考核指标的。

表 9－5　内部管理视角考核指标

目标	考核指标
提高在线服务质量	目标市场调查
	利用在线服务的客户数量
	网站上运行服务软件的时间
提高在线技术支持的质量	回复客户电子邮件的时间
	处理一个问题的联系次数
	网站上“常见问题”栏目能够解决的问题数量
	客户跟踪调查
提高在线服务和产品的质量	某一绩效考核指标的产品测试数据

（续上表）

目标	考核指标
网站服务器空间充足，能够满足全年不间断运行	实际同时浏览的网页数量与最大可浏览量之比
	服务器网页刷新的比例
	备份网址的数量
提高客服代表回复在线求助的数量	客户求助数量与客服代表数量之比
改善网站内容管理	每日内容的刷新量
	统计网站点击量及点击模式
优化库存水平	仓库存货的平均数
	存货周转率
	供应商发货速度
提高供应链的价值	—
提高供应商满意度	供应商从本企业订单获取的利润
提高合作方的价值	从合作方网站进入我方网站的人数以及实际购买的人数
	合作方对产品设计的作用

3. 学习和创新视角考核指标

学习和创新视角（有时也被简单地称为“成长视角”），是平衡计分卡独特的属性之一，是指企业不仅要关注现有产品和服务的不断优化，而且还要关注产品的创新，这就要求员工不拘泥于日常的经营和销售，而要关注企业的可持续发展。对网络营销企业来说，这一点尤其重要。该角度下的指标大部分属于人力资源管理的范畴，除了产品创新和营销流程持续优化以外。由于科学技术的快速发展，这两者在网络营销企业中的地位都相当重要。表9-6列出的经营目标和考核指标都与网络营销企业有关。

表9-6　学习和创新视角考核指标

目标	考核指标
在线服务创新	一年中新服务产品的市场投放量
	竞争对手的服务中未含有的特色服务服务数量
	新服务创造的销售量所占的比例
客户关系管理的持续优化	员工提出的建议数量
	一段时间中服务改进的类型和数量
提高互联网因素促进销售的转换率	每位销售人员实现的互联网因素促成的销售额
	互联网因素促成的销售次数
提高信息管理系统的价值	员工登录网站的数量
	员工发布信息的数量
提高对新市场的渗透率	新市场中企业的销售份额

4. 财务视角考核指标

如果上述指标都能按照预定的目标实现，完成财务指标就是水到渠成的事情了。财务视角考核指标包括销售量、销售利润和投资回报等，表 9－7 显示的是网络营销企业常用的财务视角考核指标。

表 9－7 财务视角考核指标

目标	考核指标
增加在线产品的市场份额	市场份额比例（企业销售额占行业总销售额的比例）
销售额两位数增长	前后两个销售期的销售额
新产品一年 10% 的投资回报率	投资回报率
降低在线客户获得成本（CAC）	客户获得成本（按客户人均的广告成本计算）
提高网站转换率	网站访问者的人均订单数
提高个体客户利润	订单平均价值
	单位时间利润减去客户获得成本
新产品的第一年净利润至少达到 10%	净利润与销售额之比

9.5 网络营销控制

9.5.1 网络营销风险因素

网络营销的风险包括两大类：一类是经济性风险，包括时机风险、市场风险、技术风险、实施风险、效益风险、组织风险和政治风险等方面；另一类是人为风险，或称为非经济风险，是指由于人为因素造成的破坏而产生的风险，主要包括由计算机病毒和“黑客”的网络犯罪等形式而引起的风险。下面主要介绍人为风险因素：

1. 计算机病毒引起的风险

影响网络安全的一个重要因素是计算机病毒。所谓计算机病毒是指一种隐藏于计算机中，破坏其正常运行及存储于其中的文件，并且能够繁殖传播的程序。

2. “黑客”网络犯罪引起的风险

除了上述的一些别有用心的人通过编制病毒对企业网络进行恶性破坏以外，还有些被俗称为“黑客”的犯罪分子通过网络对企业进行骚扰，盗窃企业机密，以获取非法经济利益。黑客的原意是指热衷于设计电脑程序的人，他们对电脑非常着迷。但更多的黑客是犯罪分子，他们有的截取银行账号，盗取巨额资金；有的盗用电话号码，使得电话公司的客户蒙受巨大损失；有时，黑客在搜索到他们认为“有价值”的信息之后，向信息的管理者（通常是大公司或银行）发出威胁，扬言如果不定期给他们送钱，公司的计算机资料就会遭到破坏，或被植入计算机病毒，或重要资料被销毁、转移。这些人因此也被称为“窃客”。

3. 由网络知识产权受到侵犯而带来的风险

网络侵权实际上经常指的是侵犯版权，但实际上网上侵犯知识产权的形式还是多种多样的。网络营销服务对知识产权保护提出的新问题，主要体现在版权保护领域，而这一方面受到的侵犯也就形成了网络营销中人为风险的一大因素。

（1）作品和录音制品在网络营销环境下传播的问题。有些网站以链接的方式来复制，不直接盗版，他们主要采取链接合作的方式，和一些小网站（主要是个人网站）建立链接，由个人网站下载盗版的作品，在自己的网站上建立链接，效果一样。

（2）对作品和录音制品技术保密的问题。

（3）作品和录音制品的权利管理信息问题。

（4）数据库的保护问题。

在网络营销中，侵犯知识产权造成的风险还包括因著作权、域名和注册商标及名称权的侵犯所带来的风险。

9.5.2 网络营销风险控制

1. 网络营销风险控制概述

（1）网络营销风险控制的范围。网络营销风险控制的核心和关键问题是交易的安全性，这也是电子商务技术的难点。为了降低交易的风险性，必须从以下四个方面进行风险控制：

①信息保密性。交易中的商务信息均有保密的要求。

②交易者身份的确定性。能方便而可靠地确认对方身份是交易的前提。

③不可否认性。由于商情的千变万化，交易一旦达成是不能被否认的，否则必定会损害一方的利益。

④不可修改性。交易的文件是不可被修改的。网上交易文件也要能做到不可修改，以保障交易的严肃和公正。

（2）网络营销风险控制的措施。一个完整的网络交易安全体系，至少应包括以下三类措施，并且三者缺一不可：

①技术方面的措施。如防火墙技术、网络防毒、信息加密存储通信、身份认证、授权等。但只有技术措施并不能保证百分之百的安全。

②管理措施。包括交易的安全制度、交易安全的实时监控、提供实时改变安全策略的功能、对现有的安全系统漏洞的检查以及安全教育等。

③社会的法规政策与法律保障。包括在网上进行交易的统一商法以及各种网上的法律和法规等。

开展网络营销的企业，只有从上述三方面入手，才可能真正实现电子商务的安全运作。

2. 客户认证

客户认证（Client Authentication，CA）是基于用户的客户端主机 IP 地址的一种认证机制，它允许系统管理员为具有某一特定 IP 地址的授权用户设定访问权限。

客户认证技术是保证电子商务交易安全的一项重要技术。客户认证主要包括身份认证和信息认证。前者用于鉴别用户身份，后者用于保证通信双方的不可抵赖性和信息的完整性。在某些情况下，信息认证显得比信息保密更为重要。例如，买卖双方发生日用品业务或交易时，可能交易的具体内容并不需要保密，但是交易双方应当能够确认是对方发送或接收了这些信息，同时接收方还能确认接收的信息是完整的，信息在通信过程中没有被修改或替换。

3. 防止“黑客”入侵

防范“黑客”的技术措施，根据所选用的产品的不同，可以分为七类：网络安全检测设备、访问设备、浏览器/服务器软件、证书、商业软件、防火墙和安全工具包/软件。

4. 网络交易系统的安全管理制度

网络交易系统安全管理制度是用文字形式对各项安全要求所做的规定，它是保证企业网络营销取得成功的重要基础工作，是企业网络营销人员安全工作的规范和准则。这些制度应当包括人员管理制度、保密制度、跟踪审计稽核制度、系统维护制度等。

（1）人员管理制度。从事网络营销的人员，一方面必须具有传统市场营销的知识和经验；另一方面，又必须具有相应的计算机网络知识和操作技能。为保证网络营销系统安全运作，可以遵循下面一些基本原则：

①双人负责原则。重要业务不要安排一个人单独管理，应实行两人或多人相互制约的机制。

②任期有限原则。任何人不得长期担任与交易安全有关的职务。

③最小权限原则。明确规定只有网络管理员才可进行物理访问，只有网络人员才可进行软件安装工作。

（2）保密制度。网络营销涉及企业的市场、生产、财务、供应等多方面的机密，需要很好地划分信息的安全级别，确定安全防范重点，提出相应的保密措施。信息的安全级别一般可分为三级：

①绝密级。包括公司经营状况报告、订/出货价格、公司的发展规划等。此部分网址、密码不在互联网络上公开，只限于公司高层人员掌握。

②机密级。如公司的日常管理情况、会议通知等。此部分网址、密码不在互联网络上公开，只限于公司中层以上人员使用。

③秘密级。如公司简介、新产品介绍及订货方式等。此部分网址、密码在互联网络上公开，供消费者浏览，但必须有保护程序，防止“黑客”入侵。

保密工作的另一个重要的问题是对密钥的管理。大量的交易必然使用大量的密钥，密钥管理必须贯穿于密钥的产生、传递和销毁的全过程。密钥需要定期更换，否则可能让“黑客”通过积累密文增加破译机会。

（3）跟踪、审计、稽核制度。跟踪制度要求企业建立网络交易系统日志机制，用来记录系统运行的全过程。系统日志文件是自动生成的。它对系统的运行监督、维护分析、故障恢复，对于防止案件的发生或在发生案件后为侦破提供监督数据，都可以起到非常重要的作用。

审计制度包括经常对系统日志的检查、审核，及时查看对系统故意入侵行为的记录和对系统安全功能违反的记录，监控和处理各种安全事件，保存、维护和管理系统日志。

稽核制度是指工商管理、银行、税务人员利用计算机及网络系统，借助于稽核业务应用软件调阅、查询、审核、判断辖区内各电子商务参与单位业务经营活动的合理性、安全性，堵塞漏洞，保证电子商务交易安全，发出相应的警示或做出处理的一系列步骤及措施。

（4）系统维护制度。网络系统的日常维护制度包括如下内容：

①硬件设备维护。要求网络管理员必须建立系统设备档案，一般可用一个小型的数据库来完成这项功能。一旦某地设备发生故障，便可在网上查询。

②软件的日常管理和维护。一个是支撑系统软件，包括操作系统 Unix 或 Windows NT，数据库 Oracle 或 Sybase，开发工具 PowerBuilder、DelPhi 或 C 语言等；另一个是应用软件的维护，应用软件的管理和维护主要是版本控制。

③数据备份制度。这种保护措施还包括对系统设备的备份。

④病毒防范制度。病毒在网络环境下具有更强的传染性，对网络交易的顺利进行和交易数据的妥善保存造成极大的威胁。防止病毒入侵的有效方法是：安装防病毒软件；不打开陌生地址的电子邮件；认真执行病毒定期清理制度。

⑤控制权限。可以将网络系统中易感染病毒的文件的属性、权限加以限制，对各终端用户，只许他们具有只读权限，断绝病毒入侵的渠道，从而达到预防的目的。

⑥高度警惕网络陷阱。网络上常常会出现各种非常诱人的广告及免费使用的承诺，在从事网络营销时对此应保持高度的警惕。

⑦其他应急措施。应急措施是指在计算机灾难事件，即紧急事件或安全事故发生时，利用应急辅助软件和应急设施，排除灾难和故障，保障计算机信息系统继续运行或紧急恢复。在启动网络营销业务时，就必须制订交易安全计划和应急方案，一旦发生意外，立即实施，最大限度地减少损失，尽快恢复系统的正常工作。

5. 网络营销交易安全的法律保障

网上交易安全的法律保护问题，涉及两个基本问题：第一，网上交易首先是一种商品交易，其安全问题应当通过民商法加以保护；第二，网上交易是通过计算机及其网络实现的，其安全与否依赖于计算机及其网络自身的安全程度。

9.5.3 网络营销风险的消费者保护

企业在开展网络营销活动过程中，一个突出问题是要保护消费者的利益。网络营销作为电子商务的重要组成部分，同样如果缺乏对消费者保护，网络营销也难以顺利发展。

对于企业来说，在开展网络营销过程中保护消费者，也是保护企业自身利益，培育市场的发展。目前，企业在网络营销过程中对消费者的保护要从以下几个方面进行考虑：

1. 消费者隐私保护

在信息透明度很高的互联网上，企业可以很容易地在消费者不知情的情况下获得消费者的个性化信息，而许多信息都是消费者不愿意透露的。当企业为自己利益利用或者透露消费者个人隐私信息时，就对消费者造成了伤害。基于消费者对隐私的考虑，美国著名市场研究机构 Forrester 估计电子商务公司在去年就损失约 28 亿美元。根据研究，一些担心企业会使用他们个人资料的消费者不是停止在线购物，就是他们在网上的支出低于在其他方面的消费。

企业保护个人隐私的主要措施如下：

（1）在消费者知情的情况下来收集消费者的个人信息，并承诺对个人信息保护和非公开商业化使用。

（2）收集消费者的信息时，隐藏消费者信息的隐私部分，不包含消费者的个体识别信息（身份证号码、电话号码、姓名等）。

（3）在使用方面，如果企业收集的消费者信息只限于企业内部分析使用，消费者一般都比较能接受；如果企业将收集的消费者信息出售，则有可能造成对消费者隐私的侵犯，这是企业应当非常注意的。

2. 消费者免受侵扰

由于网上信息发布非常方便，特别是随着 E-mail 的广泛使用，许多企业为发布信息，经常向消费者发送 E-mail 广告，造成对消费者的侵扰。这类电子邮件一般被称为垃圾邮件。企业在向消费者发送 E-mail 时，要注意减少对消费者的侵扰。

企业发送 E-mail 时，为避免对消费者造成侵扰主要可以采用下面两种方式：

（1）企业利用一些邮件列表公司，向那些愿意接收广告信息的消费者发送广告信息，采用这种方式要收取一定的费用。

（2）在收集 E-mail 地址时要遵照消费者的意愿，只对愿意接收的消费者发送 E-mail，而且允许消费者取消对 E-mail 的接收。对消费者减少侵扰的最好方法是减少给消费者发送对消费者来说无用的 E-mail。

3. 提供真实可靠的信息

企业在网上开展网络营销活动时，要注意提供的信息的真实可靠性。消费者对网站访问的动因一个是感兴趣，另一个是信任。企业在网络营销活动中提供一些不真实信息，对消费者造成损害，势必对企业自身造成负面影响。

4. 提供完善的售后服务

企业利用网络营销渠道销售产品时，要特别注意产品质量和提供完善的售后服务。消费者在网上购买产品时，最担心的问题是无法现场检验产品的质量和感受产品的品质。因此，消费者在网上购物时，比较关心网站的信誉和售后服务。如果消费者在购买产品后，发现产品质量不符合要求，或者购买的产品与预期有很大差距，则可能给消费者带来不满足感。如果企业不能保证产品质量，同时又没有完善的售后服务，势必妨碍消费者利用网络营销渠道进行购物。

企业保护消费者既是保护消费者权益，同时也是保护自身权益。在互联网的虚拟网上市场中，企业实施网络营销活动，最大的挑战是树立网站的信誉，增强消费者对网站的信任。如果不采取积极措施保护消费者，消费者的反抗可能给企业带来致命的打击。

由于目前我国发展网络营销的环境还不是很完善，网上交易本身缺乏法律的认可和保护。目前我国的经济合同法尚未承认网上交易合同，当然更谈不上保护，网上交易需要新的立法对消费者权益进行保护。对网络营销风险的控制，除了政府、企业方面的努力外，消费者自己仍需要相应的自我保护意识，以免自身权益受到侵犯，其中最主要的保护手段是充分利用法律手段维护自身权益。

本章小结

网络营销策划是指企业以电子信息技术为基础，以计算机网络为媒介和手段，对将来要发生的营销活动及行为进行超前决策（包括网络营销调研、网络产品开发、网络分销、网络促销、网络服务等）。网络营销策划原则有：①系统性原则；②创新性原则；③操作性原则；④经济性原则；⑤协同性原则。网络营销策划需注意的要素包括：①倾听客户；②循序渐进；③密切注意顾客的变化；④灵活性；⑤应急支持计划和系统；⑥做先知，更要做先行。网络营销策划按不同的标准有不同的分类。按层次分类有：信息应用层策划、战术营销层策划、战略营销层策划；按现有进度分类有：改进型策划、创业型策划、辅助型策划、效益型策划；按目的分类有：销售型策划、服务型策划、品牌型策划、提升型策划与混合型策划。网络营销策划具有一定的流程，实施的步骤为：①形势分析；②制定网络营销战略；③确定目标；④制订行动方案；⑤预算；⑥评估。网络营销的实施使企业的组织结构、业务流程、企业员工开始进行重组。企业员工的重组中，顾客服务部门、销售部门和市场部门的岗位都发生了变化。平衡计分卡为网络营销企业提出了一些重要的绩效考核指标。企业可以根据具体的情况制定各自的考核指标体系，它并非一成不变。关键是在于企业要明确目标，根据目标设计考核指标，并以此来指导工作进程，确保目标的实现。网络营销的风险包括经济性风险与人为风险，其控制的核心和关键问题是交易的安全性，也是电子商务技术的难点。为了降低交易的风险性，必须从以下四个方面进行风险控制：①信息保密性；②交易者身份的确定性；③不可否认性；④不可修改性。一个完整的网络交易安全体系，至少应包括以下三类措施，并且三者缺一不可：①技术方面的措施；②管理措施；③社会的法规政策与法律保障。企业在网络营销过程中对消费者的保护要从下面几个方面进行考虑：①消费者隐私保护；②消费者免受侵扰；③提供真实可靠的信息；④提供完善的售后服务。

思考题

1. 简述网络营销策划的分类。
2. 网络营销策划流程的具体实施步骤有哪些？
3. 谈谈你对网络营销的企业人员重组问题的理解。
4. 如何运用平衡计分卡对网络营销的绩效进行评估？
5. 网络营销风险有哪些？该如何对消费者进行保护？

附　录

综合测试卷 A

一、单项选择题：在每小题的四个备选答案中，选出一个最佳答案，并将最佳答案的序号填在题干的括号内（共 7 小题，每小题 2 分，共 14 分）

1. 以下对企业利用 Web2.0 理解正确的是（　　）。

A. 员工会经常利用论坛诋毁公司、自曝家丑，或是批评公司的领导层和战略

B. 竞争对手会经常利用我们面向客户的网站，散布不满或者诽谤我们的产品和服务

C. 企业 Web2.0 的价值可以根据其产生的信息来评估

D. 企业 Web2.0 的真正好处往往是帮助人们建立社会联系

2. “麦网”（www.M18.com）是邮购公司上海麦考林国际邮购有限公司于 2000 年 4 月开通的一家电子商务门户网站。这样一种品牌模式是（　　）。

A. 网络品牌　B. 传统品牌　C. 混合品牌　D. 知名品牌

3. 目前制约我国企业采用 B2C 渠道模式的关键因素是（　　）。

A. 物流配送　B. 网站开发技术　C. 商品品种数　D. 网站的宣传

4. 由创作者所创建，通过一定的发送平台发送到自愿订阅用户的邮箱中的邮件是（　　）。

A. 论坛　B. 电子邮件　C. 新闻组　D. 邮件列表

5. 以下不属于按网页内容定位的广告是（　　）。

A. 百度推广　B. Google Adsence　C. 新浪爱问　D. 阿里妈妈

6. “企业可以借助互联网将不同的营销活动进行统一规划和协调，以统一的资信向消费者传达信息”这体现了网络营销的（　　）特点。

A. 互动性　B. 整合性　C. 跨时空性　D. 成长性

7. 网络营销最基本、最初级的应用方式是（　　）。

A. 网上市场调研　B. 企业上网宣传

C. 网络营销集成　D. 网上直接销售

二、名词解释（共5小题，每小题3分，共15分）

1. Click Rate（点击率）

2. Pageview（浏览量）

3. UniqueUsers（独立用户访问量）

4. 梅特卡夫定律

5. Integrated Marketing（网络整合营销）

三、简答题：回答问题时需展开论述，字数限定在100~140个字（共5小题，每小题7分，共35分）

1. 《新媒体时代的五条营销法则》中的第一条是“个人化”，请谈谈你的理解。

2. 简述什么是直复营销。

3. 试比较微博与博客的异同。

4. 试比较网络视频广告与电视广告的异同。

5. 根据你的理解，简述营销导向型企业网站应具备的功能。

四、案例分析题（共2小题，共36分）

唯品会

在法国长大的温州人洪晓波回国创业和另一位创始人沈亚联合于2008年08月成立了广州唯品会信息科技有限公司，旗下网站唯品会（Vipshop）于同年12月8日上线，是一家致力于打造中高端名牌特卖的新型电子商务网站，以低至一折起的价格售卖名牌商品，囊括品牌时装、箱包、鞋子、皮具、配饰、香水等。唯品会坚持以安全诚信的交易环境和服务平台、可对比的低价位、高品质的商品、专业的唯美设计、完善的售后服务，全方位地服务于每一位会员，打造中国最大的名牌折扣网。

一位经常上网购物的女性消费者对记者表示，购买打折名牌的消费需求肯定存在，但经记者介绍她登录该网站后发表评论说：“这个网站可以选择的东西不多嘛，如果买家几次登录都找不到自己想要的东西，其兴趣就会大大降低。”

以如此低折扣销售名牌产品，线下渠道难道不会反弹？品牌授权商难道不担心窜货或扰乱了渠道秩序？洪晓波解释说，唯品会采取限时销售，一个品牌一年只进行4~5次销售，一次销售限时8~11天，“对传统渠道几乎没有什么冲击”。把这种冲击削减到最低程度的另一原因是，唯品会瞄准的是品牌商及其代理商的库存难题。

“我和沈亚原来都是做传统贸易的，太了解库存了。”洪晓波说，“不管有没有金融危机的因素，厂商随时都面临处理库存的问题，存货占用仓库，处理不当还会影响品牌形象，而通过限时抢购的模式，厂商不仅可以减少仓库租金成本，还可以迅速回笼资金。”

“唯品会的商业模式是完全可行的，法国VP（Vente Privee）的年销售额都做到80多亿元了。”洪晓波告诉记者。

事实上，在唯品会创立前后，上海等地已经存在类似名牌折扣模式的电子商务网站，其中较知名的如88brands、VIP特卖等。“有些网站的创始人是法国人，与我们创立当初那样，不了解国情，照搬国外成功模式。”洪晓波说，“发展到现在，其中有些已经在市场上听不到声音了，有些则做得不温不火。由于Vente Privee网站的成功，目前世界各地的模仿者也是不断出现，包括2006年获得风险投资机构250万美元支持而创建的西班牙的BuyVip网站、意大利的Yoox网站，以及美国的RueLa La、Ideeli等网站。2007年，美国网站 Gilt 对这种商业模式进行了改造，专注于奢侈品品牌的打折销售。”

“Gilt 现在的年销售额也达到了6亿~7亿美金的规模。”洪晓波说。洪晓波向记者表示，中国的内需市场成长速度很快，随着支付、物流等环节的不断完善，未来中国 B2C 电子商务有着很好的前景，相信经过近两年的各方面准备，唯品会从今年下半年开始会在规模上实现更大的突破。

当然，他强调唯品会不会像凡客那样进行轰炸广告式的市场营销，也不会推出凡客那样的自有品牌产品，“唯品会不希望出现不打广告就没有销量的情况”，而是希望通过与社会上现有的品牌厂商形成合力，“给买家带来持续的购买刺激”。

相对于北京、上海等地，广东的电子商务市场相对没那么活跃。对此，洪晓波颇为认同，“在电子商务的人才方面，包括技术人才和营销人才，广州确实要弱一些，招聘时可以选择的空间有限。”

洪晓波说，唯品会之所以选择广州，与其共同创始人沈亚长期在这里经营贸易生意有关，可以很好地借用其人脉等各方面的资源。他也对记者表示，国内很多城市都推出了很多扶持电子商务发展的政策和优惠措施，但作为一个自认为在广州发展得还不错的电子商务企业，唯品会还没有感受到这方面的扶持。

唯品会发展历程

2008 年 12 月 唯品会名牌时尚折扣网正式运营，2008 年 12 月 唯品会与“中华保险”达成战略合作，为用户提供网购安全方案，联合推出“正品保险”，是国内首创为商品购买保险的网购网站

2009 年 8 月 唯品会会员突破 20 万，日均订单量达 500 单

2009 年 10 月 掌上唯品会上线（唯品会手机版）

2009 年 12 月 在线支付系统上线：网银大额支付、大力推行信用卡支付

2010 年 1 月 仓库升级，搬迁至信义路，占地 4 000 平方米

2010 年 10 月 获得第一轮风险投资（美国 DCM 和红杉资本）2 000 万美元，这是国内电子商务第一轮风投融资金额最大的

2010 年 10 月 仓库大升级，搬迁至南海普洛斯物流园，占地 2 万平方米，是华南区 B2C 最大的物流中心

2010 年 11 月 员工人数突破 800 人，公司搬迁至醉观公园，新办公环境占地 9 000 平方米

2010 年 11 月 唯品会会员数量达 150 万，开售日订单达 10 000 单

2011 年 1 月 试水奢侈品销售，VIPCLUB 上线

2011 年 4 月 跻身艾瑞发布的“2010 年中国 B2C 在线零售商交易额 Top30 榜单”，名列第 13 位，成为华南地区最大的电子商务公司

2011 年 5 月 获美红杉资本和 DCM 第二轮融资 5 000 万美元

2011 年 7 月 开启全国分仓，占地 2.4 万平方米的昆山淀山湖镇普洛斯物流园正式运行，为华东区域物流提速

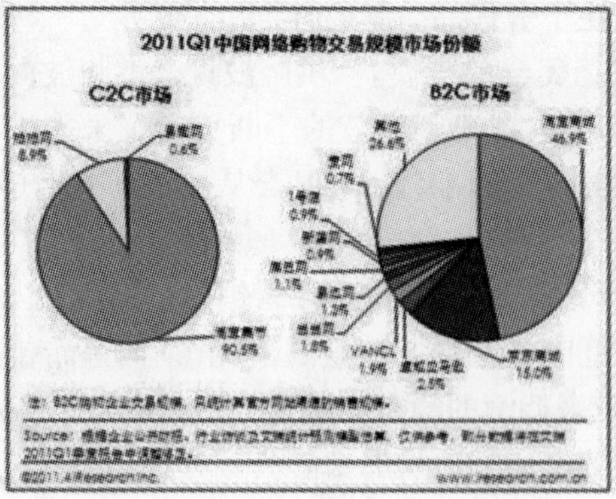

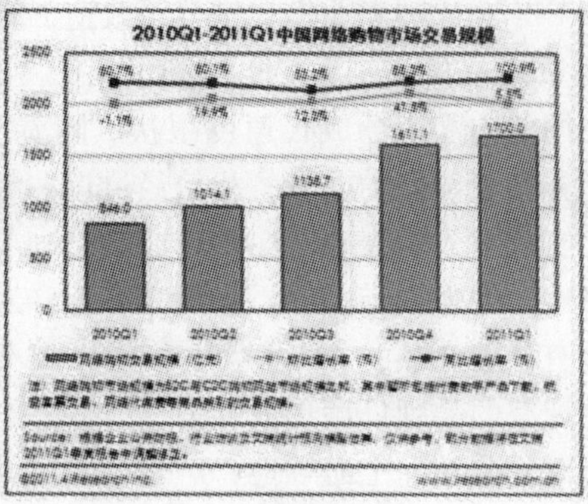

要求：公司将于2011年7月13日召开由各部门经理参加的总裁特别会议，商讨在互联网上建立唯品会的发展战略。你作为公司营销经理须在会议上提交一份报告（发言提纲），内容包括：

1. 利用SWOT工具分析企业的内外部经营环境（18分）。
2. 根据SWOT分析结果提出公司的发展策略（18分）。

完成这份报告或提纲，文字不要超过1 000字。

综合测试卷 B

一、单项选择题：在每小题的四个备选答案中，选出一个最佳答案，并将最佳答案的序号填在题干的括号内（共5小题，每小题2分，共10分）

1. 企业开展博客营销的一般原则是（ ）。

A. 正确处理个人观点与企业立场的关系

B. 博客文章应该注意保密

C. 博客文章必要的声明

D. 以上都需要处理好

2. 一般认为网络广告始于（ ）年。

A. 1946 B. 1990 C. 1994 D. 2000

3. 在互联网时代，一些人认为：营销策略将由4P向4C转变，4C营销策略是( )。

A. 顾客欲望与需求，产品生产所需的成本，方便购买，有效沟通

B. 顾客欲望与需求，满足欲望与需求所需的成本，企业品牌，有效沟通

C. 顾客欲望与需求，满足欲望与需求所需的成本，方便购买，有效沟通

D. 产品，价格，渠道，促销

4. “企业可以借助互联网将不同的营销活动进行统一规划和协调，以统一的资信向消费者传达信息”这体现了网络营销的（ ）特点。

A. 互动性 B. 整合性 C. 跨时空性 D. 成长性

5. 竞价排名是按照（ ）来计费的。

A. 按照给企业带来的潜在新客户的访问数量

C. 按照给企业固定客户的保留率

C. 按照给企业带来的销售额的增加量

D. 按照给企业减少的促销费用

二、名词解释（共5小题，每小题3分，共15分）

1. CPM（千人成本）

2. Stickiness（黏性）

3. 梅特卡夫定律

4. 软营销

5. 关系营销

三、简答题：回答问题时，字数限定为100～140个字。若是分点叙述，要点不超过5个（共4小题，每小题7分，共28分）

1. 试简单比较网络营销与电子商务两个概念的联系与区别。

2. 一个能承担网络营销功能的企业网站在设计上应该有哪些特点？为什么？

3. 简述关键词广告的特点。你是如何理解这些特点的?

4. 简述一般开展许可 E-mail 营销的主要步骤及每个步骤的主要工作。

四、论述题(共2小题,每小题15分,共30分)

1. 一个品牌资产包括核心产品/服务、附加的产品/服务和市场交流三个方面的内容,试分析如何通过互联网来推动企业品牌资产的建设。

2. 试分析 Web 2.0 对于网络创业的意义。

五、案例分析题(共1小题,共17分)

王老吉的网络品牌建设策略

王老吉凉茶是中国著名凉茶,于清朝道光年间(约1830年)由广东鹤山人王泽邦(乳名阿吉)所创。王泽邦本务农为生,当时地方瘟疫流行,他偕同妻儿上山避疫,途中巧遇一道士传授药方,王泽邦依照药方煮茶,帮助百姓治病。清文宗咸丰二年(1851年),王泽邦被册封为太医令,翌年在广州市十三行路靖远街开设了"王老吉凉茶铺",专营水碗凉茶。1949年新中国成立后,成立王老吉联合制药厂,2004年3月4日更名为广州王老吉药业股份有限公司。至2008年,红色易拉罐装王老吉凉茶的销售额突破100亿元人民币,成为销售额超越了可口可乐和百事可乐的中国罐装饮料市场第一品牌。王老吉这个老字号,在"中华老字号品牌价值百强榜"中排行第五,品牌价值22.44亿元人民币。

与中国其他传统企业一样,王老吉一直不怎么重视互联网的发展对企业的影响,至今只建了一个简单的网站,在上面偶尔发布部分公司过时的"新闻",其网址还经常无法登入。

2010年6月,王老吉品牌经营人不满足于目前的业绩,希望借助王老吉在传统饮料市场取得的成就,利用互联网杀入全球市场,继续与可口可乐和百事可乐抗衡。

要求:公司将于2010年7月13日召开由各部门经理参加的总裁特别会议,商讨在互联网上建立王老吉品牌的策略。你作为公司营销经理须在会议上提交一份报告(发言提纲),阐述你的观点及建议。

完成这份报告或提纲,文字不要超过800字。(不能重复论述题第一问的内容)

综合测试卷 A 评卷参考

一、单项选择题：在每小题的四个备选答案中，选出一个最佳答案，并将最佳答案的序号填在题干的括号内（共 7 小题，每小题 2 分，共 14 分）

1. D　　2. C　　3. A　　4. D　　5. C　　6. B　　7. B

二、名词解释（共 5 小题，每小题 3 分，共 15 分）

1. Click Rate（点击率）：广告被点击的次数与广告收视次数的比例。

2. Pageview（浏览量）：网站各网页被浏览的总次数。

3. UniqueUsers（独立用户访问量）：指在单位时间内访问某一站点的所有不同的用户的数量，一般由访问的客户机（IP 地址）确认。

4. 梅特卡夫定律：网络的有用性（价值）随着用户数量的平方数增加而增加。即网络的价值 $V = K \times N$&sup2。（K 为价值系数，N 为用户数量。）

5. Integrated Marketing（网络整合营销）：整合营销就是要运用多媒体组合，偏重多点广告诉求、注重各个不同种族、不同地区、不同类型、不同层次的消费者需求，全方位、立体化的行销方式。

三、简答题：回答问题时不要只答几个词语，但展开叙述时 100 ~ 140 汉字已足够（共 5 小题，每小题 7 分，共 35 分）

1.《新媒体时代的五条营销法则》中的第一条是“个人化”，请谈谈你的理解。

答：①和客户沟通就像是一场真正的谈话——全神贯注，想要听到的是自然、轻松、本性流露的人娓娓而谈，而不是做作的装腔作势。②所以，与其辛辛苦苦为公司设计一个精致的公众形象，还不如干脆在公司内部找一位真诚的、实实在在的人来代表公司。③这样，客户听到的内容就会是真实坦诚的，并且更具说服力。今天，使用真人来代表你的公司，最简单的方法之一就是为他们建立博客。你可以让公司的 CEO 建立博客，代表公司对外发言，也可以找一名杰出的员工代言公司。（以上任何 2 点各 3 分，文字 1 分，共 7 分）

2. 简述什么是直复营销。

答：直复营销中的“直”指产品或服务不经过经销商而直接到达顾客手中，“复”指顾客和企业之间的沟通和交流，顾客对企业实施的直复营销努力有明确的回复，企业可精确统计回复的数据并对结果进行评价。直复营销的特征包括：互动性、跨时空性、可评测性。（以上定义给 3 分，任何一点特征各 2 分共 4 分，共 7 分）

3. 试比较微博与博客的异同。

	微博	博客
内容篇幅	句、词	文
发布时间	实时	延时
发布方式	推、拉	推
发布平台	电脑、短信	电脑
界面	收发同一	收发不同
信息关联	强	弱

（以上任何3点各2分，文字1分，共7分）

4. 试比较网络视频广告与电视广告的异同。

答：（1）从形式上比较，以网络媒体为主的现代广告有着传统广告不可比拟的优势包括：①网络是全天候和全球性的；②传播速度快；③网络广告可以追踪广告的效益；④直复性；⑤互动性。（2）相同点：①动态性；②趣味性。（以上任何两点不同各2分，任何一点相同各2分，文字1分，共7分）

5. 根据你的理解，简述营销导向型企业网站应具备的功能。

答：情境、内容、社区、交流、交易。（该5点6分，文字1分，共7分）

四、案例分析题（共2小题，共36分）

1. 利用SWOT工具分析企业的内外部经营环境

答：S：①②③ W：①②③ O：①②③ T：①②③（以上S、W、O、T任何3点各4分，文字2分，共18分）

2. 依SWOT分析结果提出公司的发展策略

答：（以上任何策略各4分，任何一点分析各4分共12分，文字2分，共18分）

综合测试卷 B 评卷参考

一、单项选择题：在每小题的四个备选答案中，选出一个最佳答案，并将最佳答案的序号填在题干的括号内（共 5 小题，每小题 2 分，共 10 分）

1. D　　2. C　　3. C　　4. B　　5. A

二、名词解释（共 5 小题，每小题 3 分，共 15 分）

1. CPM（千人成本）：广告主为它的广告显示 1 000 次所付的费用。

2. Stickiness（黏性）：固定时间内，用户的回访次数；次数越高，黏性越高。

3. 梅特卡夫定律：网络的有用性（价值）随着用户数量的平方数增加而增加。即网络的价值 V = KXN&sup2。（K 为价值系数，N 为用户数量。）

4. 软营销：强调要尊重消费者的需要、感受和体验，让消费者自觉自愿地、主动地加入到营销活动过程中来。

5. 关系营销：以系统论为基本思想，将企业置身于社会经济大环境中考察企业的市场营销活动，认为企业营销是一个与消费者、竞争者、供应商、分销商及政府管理机构发生互动作用的过程，正确处理与他们的关系是企业营销的核心。

三、简答题：回答问题时 100 ~ 140 汉字已足够，若是分点叙述、则最多有 5 点已足够（共 4 小题，每小题 7 分，共 28 分）

1. 试简单比较网络营销与电子商务两个概念的联系与区别。

答：①网络营销是企业整体营销战略的一个组成部分，是为实现企业总体经营目标所进行的，以互联网为基本手段营造网上经营环境的各种活动。②它是基于因特网的一种新的商业模式，其特征是商务活动在因特网上以数字化电子方式完成。（通过比较两概念内涵与外延来作答）

2. 一个能承担网络营销功能的企业网站在设计上应该有哪些特点？（3 分）为什么？（4 分）

答：要注意（情境、内容、社区、定制、交流、链接、交易）选 3 点作答即可。

3. 简述关键词广告的特点。（3 分）你是如何理解这些特点的？（4 分）

答：①形式比较简单；②显示方式比较合理；③费用可以由用户自行控制；④可以随时查看流量统计；⑤可以方便地进行关键词管理。

4. 简述一般开展许可 E-mail 营销的主要步骤及每个步骤的主要工作。

答：①确定营销目的；②选择营销平台；③获取地址资源；④设计 E-mail 内容；⑤发送邮件；⑥营销效果跟踪。

四、论述题（共 2 小题，每小题 15 分，共 30 分）

1. 一个品牌资产包括核心产品/服务、附加的产品/服务和市场交流三个方面的内容，试分析如何通过互联网来推动企业品牌资产的建设。

答：以美国航空公司为例：①交流：离线和在线广告结合；突出对特优级会员的优

惠，包括不会过期的里程奖励和在线服务。②附加服务：优先服务；特优级频繁飞行人俱乐部；头等舱休息室奖励；舒适的座椅；每个航班配便携式去纤颤器。③核心服务：安全、准时地在两地间飞行。

2. 试分析 Web 2.0 对于网络创业的意义。

答：从以下几方面进行分析：①技术；②管理；③维护；④投入；⑤消费者认可。

五、案例分析题（共 1 小题，共 17 分）

答：略。（这是一个开放的题目，允许学生赞成或反对王老吉在互联网上投资建立强大品牌，但须给出足够理由。反对或赞成都应从以下方面进行分析：产品、市场、现有资源、创新、技术、人才）

参考文献

1. ［美］朱迪·施特劳斯，雷蒙德·弗罗斯特．网络营销（第5版）．时启亮，孙相云，刘芯愈译．北京：中国人民大学出版社，2010.

2. ［美］Philip Kotler，Kevin Lane Keller. 营销管理（第13版）．卢泰宏，高辉译．北京：中国人民大学出版社，2009.

3. ［美］阿尔文·C. 伯恩斯，罗纳德·F. 布什．营销调研：网络调研的应用．北京：中国人民大学出版社，2007.

4. 杨莉萍，谢芳，廖秀珍．网络营销．北京：北京理工大学出版社，2011.

5. 何建民，刘业政．网络营销．北京：电子工业出版社，2010.

6. 邓少灵．网络营销理论与实践．北京：人民交通出版社，2008.

7. 刘运．网络营销与策划．北京：清华大学出版社，2011.

8. 黄敏学等．网络营销（第2版）．武汉：武汉大学出版社，2008.

9. 瞿彭志等．网络营销（第3版）．北京：高等教育出版社，2009.

10. 陆川等．网络营销实务．北京：对外经济贸易大学出版社，2008.

11. 李琳娜等．网络营销策划与实务．武汉：武汉理工大学出版社，2006.

12. 杨坚贞．电子商务基础与应用（第5版）．西安：西安电子科技大学出版社，2006.

13. 刘建昌．网络营销：理论·方法·应用．北京：清华大学出版社，2010.

14. 韩彩霞．网络营销．北京：对外经济贸易大学出版社，2010.

15. 邵安兆，周岩．网络营销理论与实务．北京：北京邮电大学出版社，2008.

16. 李磊．网络营销．北京：对外经济贸易大学出版社，2009.

17. 李玉清，方成民．网络营销．大连：东北财经大学出版社，2008.

18. 范军环，宋沛军，柳西波．网络营销理论与实务．北京：中国农业大学出版社，2008.

19. 张泉馨．网络营销．济南：山东人民出版社，2009.

后 记

网络世界瞬息万变，网络营销技术日新月异。遍观现今的企业，几乎都将网络营销看作寻求发展与获取竞争优势的重要手段。然而，网络营销与传统市场的游戏规则和竞争手段有着很大的不同，他们中的很多对网络营销的特点及应用把握不够，没有发挥出网站本身的作用，使自己的网站淹没在网络的海洋中。能够有效利用网站进行消费者教育、顾客服务、网上交易和网上支付，被客户认知，使网站成为企业与客户间有效沟通平台的企业还是少数。

网络营销独特的魅力一直吸引着我在这一领域里不断学习和探索。除了对网络营销本身的认识和理解的不断深化外，作为一名老师，感受更多的是教学经验上的不断丰富。在这十多年来的教学实践中我发现，在密切接触网络的今天，学生的学习主动性和能动性是很强的，他们从来不满足于知识的灌输。互联网的信息是如此开放，他们自己就可以跟踪到最新的实践发展。我们老师和教材要做的，主要是提纲挈领地教给他们知识框架和思维方法，然后提出问题，并引导他们自己动手动脑去发现和解决问题，在解决问题的过程中领会知识要点。而老师在这个过程中所需要做的是适时地给学生适当的辅导和帮助，纠正他们的偏差和弥补他们思想上和行动上的不足。所以，本书的编写更多的是从教学组织安排出发考虑，有意使本教材不停留于面面俱到地介绍网络营销技巧与方法，而是搭建知识框架，为教学留有更大的空间和余地。

但是，网络营销是伴随着网络虚拟市场的发展而发挥理论指导作用的，我自己也深感网络营销理论体系还不够完善，还在摸索建设中；也唯恐出书的步伐跟不上不断动态发展的网络营销实践。但我尽可能地注重资料的翔实和丰富，通过网络营销实践的内容归纳出网络营销的一般规律，网络营销的环境和具体的方法技巧可能会发生变化，但这些基于实践产生的一般性的网络营销思想不会在短期内失效，这也是本书的价值所在。

本书是与暨南大学管理学院市场系叶生洪副教授合作完成的，暨南大学管理学院市场系硕士研究生周密也为本书的编写付出了辛勤的劳动。本书参阅了很多国内外专家学者的研究成果与相关著述，以及一些企业在开展网络营销时的实践经验。此外，本书也得到了学校领导的高度重视和出版社有关领导的支持和帮助，在此一并表示衷心的感谢！由于编著水平和时间有限，本书难免有不足之处，敬请各位老师和广大读者指正。

胡矗明

2012 年 3 月 28 日